العقلانية الغربية

العقلانية الغربية

د. منال محمد خليف

عدد الصفحات: 192

الطبعة الأولى: 2025

الناشر: الخيّاط

ISBN: 978-1-961420-32-8

First published in 2025

KHAYAT
Publishing

Washington, DC
United States
+1 7712221001
info@khayatpublishing.com
www.khayapublishing.com

د. منال محمد خليف

العقلانية الغربية

مدلولها وجذورها ومضامينها
من ديكارت إلى توماس كون

المحتوى

المقدمة

ما كان للإنسان أن يسير خطوةً واحدةً على هذه الأرض، ويسبح في عوالم الأكوان المتعددة لولا ملكة العقل، ذلك النور الغريزي الذي أودعه الله لديه، والقوة التي مكّنته من السيطرة على غيره من الكائنات الأخرى، واللغزُ الذي حيّر العلماء والفلاسفة على حدٍ سواء، فأنكرَ بعضهم أن يكون له تأثيرٌ في قدرة الإنسان على المعرفة، وذهب آخرون إلى اعتباره جزءاً مما يمكّن الإنسان من تحصيل المعارف الأساسية، في حين آمن الكثيرون بأنَّه الأداة الوحيدة التي جعلت منه ملِكاً في هذا العالم، وهذا كان حال الفلاسفة، والعلماء الذين أطلقنا عليهم لفظة العقلانيين أو العقلانية Rationalism؛ نتيجة قولهم بأولية العقل والفكر على المادة، على اعتبار أنَّ العقل هو ما يميز الإنسان عن غيره من الكائنات الأخرى، ويمكّنه من ادراكِ الحقائق الضرورية والأبدية، وتحصيل العلم، والسمو على معرفة الذات، ومعرفة المجهول وموجد العالم وخالقه الله، وتحقيق الخير الأقصى، وممارسة الحرية بطريقةٍ لا تُلحق الضررَ بالآخرين.

هذا التقديس لأهمية العقل والعقلانية دفعنا للبحث في أهميتها، وتتبع مسارها من عقلانية الحداثة إلى عقلانية القرن العشرين بصورة لا تخلو من النقد بالحجة والحجة المضادة، ولكون العقلانية من المفاهيم التي يُثار الخلاف حولها نتيجة سوء فهم مدلولها، حاولنا أن نكشف عن ثناياها ضمن ثلاثة فصول: يحاول الفصل الأول الكشف عن مدلول العقلانية، ومعرفة معناها لغةً واصطلاحاً، وتتبع جذورها، ومبررات ظهورها، ومعرفة معنى العقل في الفلسفة الإسلامية والغربية. في حين يتناول الفصل الثاني عقلانية الحداثة عند أهم أعلامها ديكارت .R Descartes وسبينوزا B. de Spinoza وليبنتز G.W.Leibniz، ومحاولة رصد المباني العلمية والفلسفية التي أسسوا عليها فلسفاتهم، ونسلط الضوء على ما تمخض عن رؤاهم المعرفية من نتائج ظهرت آثارها واضحة في نظرياتهم الميتافيزيقية واللاهوتية. وينفرد الفصل الثالث للحديث عن مآل عقلانية الحداثة في عصر الأنوار وفي ظل عقلانية إمانويل كانط .I Kant؛ لمعرفة الفروقات بين عقلانياتهم، وما أضافته عقلانية كانط وما عيوبها، وكيف تحولت عقلانية الحداثة ونظرتها اللاهوتية مع تطور العلم، وظهور العقلانية العلمية، وهنا نحاول التركيز على أهم أعلام عقلانية العلم كارل بوبر K.R.Popper، وتوماس كون T.Kuhn، وإمري لاكاتوش I.Lakatos، ونبحث فيما إذا كانت عقلانيتهم قد تحررت من عقلانية الحداثة، وهل أبقت على البحث في المسائل الإيمانية؟ وهل أخضعت العلم للعقل؟ هل استبدلت العلم بالدين؟ ما دور العقلانية في هيمنة الحضارة الأوروبية وما هو مآلها؟

الفصل الأول

مدلول العقل والعقلانية

لا يمكـن الحديـث عـن العقلانية بالعمـوم من دون الرجـوع إلى مدلول العقلانية بحد ذاته؛ أي معنى العقلانية، وفحواها، ومؤداها، والصورة الذهنية لمـا تـدل عليـه، ويقودنا فهـم المدلول إلى تمييـز العقلانية مـن حيث اللغة والاصـطلاح، واسـتجلاء بذورهـا الأساسـية؛ لمعرفـة الفتـرة التي ولِـدت فيها، ومبـررات ظهورهـا، وتوضيح مدى اخـتلاف فهم العقل زمانياً عبـر ما قُدم له من تعريفات عند العرب والغرب، وسيشكل ذلك الأساس النظري للدخول في معنـى العقلانية عند أهم من دعا إليهـا، ورصد تحولاتها من عقلانية الحداثة عند أهم ممثليها؛ أي ديكارت وسبينوزا وليبنتز، وصولاً إلى تداعيات ما خلفته هذه العقلانية على عصر الأنوار وعقلانية القرن العشرين وهو موضوع كتابنا الأساسي، وسنجيب خلال ذلك عن الأسئلة التالية: ما معنى العقل والعقلانية؟ وهل اختلف فهم العقل والعقلانية عبر العصور المختلفة؟

أولاً: المعنى اللغوي و المعنى الاصطلاحي للعقلانية

العقلانيـة Rationalism لفظٌ مركبٌ مـن Rational أي العقلية، وism، وهي لاحقة تعني في ا   لإنكليزية مذهب أو نظرية أو عقيدة تتفق عليها مجموعة أو مدرسـة ما، ويمكن إرجاع الجذر الاشتقاقي للكلمتين إلى الاسم اللاتيني «ratio» ومعناه العقل Reason. ويُطلق لفظ العقلاني على الشخص الذي يؤكد قدرات الإنسان العقلية تأكيداً خاصاً، ولديه إيمانٌ غير عادي بقيمة العقـل والمحاجّـة العقلية وأهميتها.[1] والعقل فـي اللغة العربية هو الحجر والنهي، وقد سـمي بذلك تشـبيهاً بعقل الناقة؛ لأنَّه يمنع صاحبه من العدول عن سـواء السـبيل كما يمنع العقال الناقة من الشـرود.[2] وجاء في المعجم الوسـيط عن العقل، بمعنى الإدراك، فنقول: عقلَ الفرد أي أدركَ الأشـياء على حقيقتهـا، والـغلام أدرك وميـز، يُقال ما فعلت هذا مذ عقلت. ويُقال العقل أيضـاً علـى ما يقابل الغريـزة التي لا اختيار لها ومنه «الإنسـان حيوان عاقل» ومـا يكون بـه التفكير، والاسـتدلال، وتركيب التصـورات والتصديقات، وما به يتميز الحسن من القبح، والخير من الشرّ، والحق من الباطل، والقلب، والديّة، والحصن، والملجأ.[3]

وقد يخلط البعـض بين العقلانية والمذهب العقلـي Intellectualism، فـي حين أنَّ هنـاك اختلافاً بينهما، فالمذهب العقلي يمتد بجذوره إلى عمق الفكر الفلسـفي، ويتمحور حـول العقل باعتباره الحقيقة النهائيـة المطلقة للوجـود، وأنَّ الكـون والواقع همـا تجسـيدٌ للعقل أو الذهـن، ويترتب على ذلـك أن يكون أسـاس المعرفة وأصلها من منبعٍ واحد وهو العقـل، وبذلك يقابـل المذهـب التجريبـي الذي يؤكـد أهمية الإدراك الحسـي فـي تحصيل

1. كوتنغهام، جون، العقلانية: فلسفة متجددة، تر: محمود منقذ الهاشمي، مركز الإنماء الحضاري، ط1، حلب، 1997. ص13
2. المعجم الفلسفي، صليبا، جميل، ج2، دار الكتاب اللبناني، بيروت، 1982. ص84
3. المعجم الوسيط، إبراهيم مصطفى وآخرون، تحقيق: مجمع اللغة العربية، ج2.

المعرفة، ويحكم على السلوك الإنساني عامة من منطلق الخبرة الحسية، في حين تصف العقلانية عيّنات السلوك، والمعتقدات، والحجج، والسياسات، والممارسات الأخرى للعقل البشري على أنَّها عقلانية، وعندما نقبل شيئاً على أنَّه عقلاني فهذا يعني أنَّه منطقي، ومطلوب ويتوافق مع هدف معترف به، مثل السعي إلى الحقيقة أو الخير.[4]

كما تمثّل العقلانية كلّ فلسفة تعظّم الدور الذي يؤديه العقل غير المحدود في اكتساب المعرفة، وتبررها،[5] ويُقال عن الفرد الذي يؤمن بالعقلانية إنَّه عقلاني، ويقابله سلباً لفظ «غير العقلاني»؛ أي أنْ تمارس سلوكاً يعبّر عن إيمانكَ بكينوناتٍ غير مادية. وأمام ذلك عارض البعض العقلانية؛ لأنَّ الإجراءات «غير العقلانية» غالباً ما تؤدي إلى النجاح، في حين قد تقود الإجراءات «العقلانية» إلى مشكلاتٍ هائلة. وعارض آخرون التفكير غير العقلاني بحجة أنَّه احتمالي، وظني، ولا نبلغ به الحقائق الإيمانية، ويؤدي إلى نتائج غير محمودة، فكان هذا دليلاً على أنَّ النظرة إلى العقلانية بحد ذاتها كانت نسبية، فما هو عقلاني عند فرد قد لا يكون كذلك عند آخر، والشخص ذاته قد ينظر إلى أمر بصورةٍ عقلانية، ويتناوله آخر بطريقة حسية تجريبية.

وكذلك تظهر هذه النسبية في خلط بعض المفكرين بين العقلانية والمذهب العقلي، ونحن لا ننكر أنَّ العقلانية تعود في جذورها إلى المذهب العقلي كما سنوضح لاحقاً، ويوجد الكثير من نقاط التقاطع بين مصطلح العقلانية وما أقرّه المذهب العقلاني في كثيرٍ من الأمور، ولا سيما القول بأولوية العقل عند عقلانية الحداثة، والتقابل بينه وبين المادة أو الجسد،

4. The Oxford Dictionary of Philosophy, Simon Blackburn (Ed), Linear, Oxford University Press, Oxford New York, 1994.p.319.

5. Ibid.p.318.

بيد أنَّ فلاسفة عصر الأنوار خلطوا بين مصطلح العقلانية والمذهب العقلي، ونظروا إلى العقلانية على أنَّها القدرة المطلقة للعقل، والبحث العلمي في التوصل إلى جميع الحقائق عن العالم، والتحرر من كلّ سلطة خارجية، والسعي لتحقيق رفاهية الإنسان، وترتّب على ذلك رفض القول بوجود قوى خارقة تسيطر على الطبيعة، أو الغيبيات.[6] في حين نظر آخرون إلى العقلانية بوصفها كلّ نزعة إنسانية معارضة لسلطة الدين ومناهضة لرجال الدين.[7] فظهر مصطلح «العقلاني» للبعض نسبياً يختلف بحسب استخدام الفلاسفة للعقل، ولا سيما أنّنا بتنا أمام نزعاتٍ، ومذاهب عقلانية مختلفة تدافع عن العقل مقابل المذاهب المناهضة له، وظهرتْ اتجاهات متعددة من العقلانية بحسب مقتضيات العصر وتطوره.

وأمام ذلك لا يمكن أن نحدد تعريفاً واحداً للعقلانية يجمع كلّ مفرادتها؛ لأنَّ كلّ رؤية عقلانية تنطلق من الظروف التي مارس فيها الفيلسوف حرية الفكر، والمنطلق الديني الذي تماشتْ فلسفته معه، ولكي نجد ضالتنا كان لابدّ من الابتعاد عن الغلط المنطقي الذي يقع فيه الكثيرون في حصر المصطلح ضمن تعريف، والتعبير عنه من خلال معانيه المختلفة:

المعنى الميتافيزيقي: وجود علّة أولى أو جوهر أول للعالم، ومرجع معقول وهو المحرك الأول الله عند أرسطو Aristotle، وعند ابن سينا هو العلة الأولى، ومبدأ الوجود المعلول على الإطلاق فلا يوجد سوى علّة واحدة مطلقة هي واجب الوجود ويقابله العالم أو ممكن الوجود.

- **المعنى المنطقي:** تنشأ المعرفة عن مبادئ عقلية قبلية وضرورية كمبادئ الفكر، والمقولات العقلية، والمفاهيم الرياضية.

---

6. The Encyclopedia of Philosophy, Edward, Paul (ed), vol.7, Macmillan Company, New York 1967, P67.

7. The Oxford Dictionary of Philosophy, Simon Blackburn (Ed).p.318.

– **المعنى المعرفي:** العقل شرطٌ أساسي في إمكان التجربة، والتي لا تكون ممكنة إلا إذا كان هنالك مبادئ عقلية تنظم معطيات الحس.

– **معيار الصدق:** الإيمان بقدرة العقل على الوصول إلى الحقيقة، والقول بمطابقة ما في الأذهان مع ما في الأعيان، أو مطابقة قوانين العقل وقوانين الأشياء الخارجية، وكلّ موجود معقول، وكلّ معقول موجود.

– **المعنى الديني:** العقائد الإيمانية مطابقة لأحكام العقل.[8]

رغم أنَّ هناك اختلافاً في هذه المعاني كما سنوضح لاحقاً عند العقلانية، لكنها تعود جميعها إلى مبدأ واحد ثابت، وهو العقل الذي يمكن أن نرجعه كوجود أول إلى العقل الكلي «الله» عز وجل، الذي وهب العقول الفردية في العالم المادي، وذلك يقودنا للسؤال هل يمكن العودة في العقلانية كمبحثٍ إلى تاريخ وجود الإنسان على هذه الأرض؟

ثانياً جذور العقلانية ومبررات ظهورها

يمكن أن نرجع جذور العقلانية كنمطٍ في التفكير إلى الفكر الشرقي القديم في مصر والهند، وهذا يخولنا القول: إنَّ الإنسان استخدم العقل منذ أن وجد على هذه الأرض، وأدركَ أهميته في التفكير والمعرفة، وبنى عليه حضارات مختلفة، رغم سيطرة التفكير غير العقلاني عليها، أما العقلانية كتيار فلسفي، فيمكن القول: إنَّها تمتد بجذورها إلى الفلسفة اليونانية، وظهرت بدافع رغبة الفلاسفة اليونان في تجاوز المحسوس إلى المعقول والمجرد، وكان لهم هذا بفضل علماء الرياضيات ومدرستهم التي عُرفت بالفيثاغورية نسبةً إلى مؤسسها فيثاغورس Pythagoreans في القرن السادس قبل الميلاد، الذي نظر إلى الطبيعة قبل غاليليو G.Galilei على أنَّها محكومة بقوانينٍ لا يمكن صياغتها إلا في معادلاتٍ رياضية، ومبادئ الرياضيات هي أهم مبادئ

---

8. المعجم الفلسفي، صليبا، جميل، ج2، دار الكتاب اللبناني، بيروت، 1982. ص91

الأشياء جميعاً، والعدد أساس العالم، ومع أنَّهم أكّدوا حقيقة الكثرة والتعدد، بيد أنَّهم مهدوا لظهور فكرة الوحدة والثبات عند المدرسة الإيلية،[9] التي أسسها اكسينوفان، ومعه بدأ تفضيل العقل على الخبرة الحسية كمصدرٍ للمعرفة، وأيّده في ذلك بارمنيدس Parmenides؛ الذي نظر إلى التغير على أنَّه وهم أو تناقض ذاتي، ولخّص مذهبه بالقول: إنَّ«الواحد موجود وأنَّ الصيرورة، والتغير وهم».[10] وميّز بين الحس والعقل، والحقيقة والظاهر.

وكانت أفكاره موضع جدلٍ عند زينون الإيلي Zeno of Elea، الذي قدّم حججاً ضد الكثرة الفيثاغورية، ورأى أنَّ الحواس تُظهر لنا العالم متحرك في حين يبيّن العقل عكس ذلك، وإذا اخترنا بين العقل والحواس فسنختار العقل.[11] ولذلك بقي مفهوم الواحد عند بارمنيدس حسياً ومادياً على الرغم مما قدمه من تفرقة بينهما، ولم يظهر الحديث بشكلٍ رئيسي عن العقل أو النوس Nous إلا مع انكساغوراس Anaxagoras الذي عرّفنا على العقل كمبدأ يمتلك سلطاناً على جميع الأشياء الحيّة، وهو الذي حرّك الحركة الكلية، فحرّكت الأشياء الحركة الأولى، وهو الذي بثّ النظام في الأشياء كلّها. والعقل لامتناه، يحكم نفسه بنفسه، ولا يمتزج بشيءٍ، لكنه يوجد وحده قائماً بذاته.[12]

ومع ذلك لم يصل انكساغوراس إلى مفهوم العقل بالمعنى غير المادي الذي ظهر عند سقراط Socrates، وأفلاطون Plato، وأرسطو، حيث هاجم سقراط دعوة السفسطائيين ببناء المعرفة على الحواس، وأثبت أهمية العقل

9. كوبلستون، فرديرك، تاريخ الفلسفة، (اليونان وروما)، تر: سعيد توفيق - محمود سيد أحمد، مراجعة: إمام عبد الفتاح إمام، مج1، المركز القومي للترجمة، القاهرة، 2013. ص68 وص88.

10. المرجع نفسه. ص88.

11. للمزيد راجع: كرم، يوسف، تاريخ الفلسفة اليونانية، مؤسسة هنداوي للتعليم والثقافة، القاهرة، 2014. ص37 48. (بتصرف)

12. كوبلستون، فرديرك، تاريخ الفلسفة، (اليونان وروما). ص117.

بوصفه أداةً للمعرفة، وهو عام مشترك عند جميع الناس، والحقائق ثابتة في العالم الخارجي؛ لأنَّ الناس جميعاً يرونها بمنظارٍ واحد، ولا يختلف إدراك العقل في شخصٍ عن الآخر.[13] وتوّج أفلاطون دعوة العقل هذه، والدفاع عنها في نظريته بالمثل، وسلّم مع سقراط أنَّ العلم عبارة عن المدركات العقلية التي يستخلصها العقل من الجزئيات، ولم يوافقه في أنَّ الصور الذهنية ليس لها وجود يطابقها في العالم الخارجي، بل إنَّ لها حقيقة خارجية مستقلة عن الإنسان، فالإدراكات الكلية التي يصل إليها العقل هي أسماء لها مسميات في الواقع.[14]

على الرغم من مخالفة أرسطو لأستاذه أفلاطون في كثيرٍ من الأمور، بيد أنَّه كان المؤثر الأساسي في ظهور العقلانية لاحقاً، ولا سيما تأكيده أنَّ العقل يمكن أن يزودنا بالحقائق الضرورية الجوهرية، كفكرة المحرك الأول، ووجود مبادئ عامة يستند إليها التفكير المنطقي، وقد أخذ بتفسيره هذا من أتى بعده من شُرّاح، ولا سيما الاسكندر الأفروديسي Alexander of Aphrodusuas، الذي نظر إلى العقل الفعّال على أنَّه الإله المتمثل في نفوس البشر، ومهمته إدراك معاني الأشياء، وكان لتمييزه بين العقل الهيولاني أو المنفعل والعقل المكتسب، والعقل الفعّال، أثرٌ واضح أيضاً عند كثيرٍ من الفلاسفة العقلانيين الإسلاميين والمسيحيين في القرون الوسطى من أمثال بيتر أبيلارد Peter Abelard، والقديس توما الأكويني Thomas Aquinas.

في المقابل ما كان لأفكار هؤلاء أن تغتني لولا ظهور الحركة الفلسفية العقلية عند العرب، والتي ساعد في ظهورها وانتعاشها ما شهدوه من تطور في المعرفة، وما جرّته لهم حركات الترجمة في العصر العباسي، ورغبتهم

13. نجيب محمود، زكي، وأحمد أمين، قصة الفلسفة اليونانية، مؤسسة هنداوي، 2018. ص84.
14. المرجع نفسه. ص102.

في الاستفادة من تراث الحضارات القديمة. كما أنَّ دور العقل في الحضارة الإسلامية برز كأداةٍ لمعرفة الشريعة، فالإيمان بالله واجبٌ بالعقل قبل أن يكون واجباً بالشرع؛ لأنَّ الإيمان بالشرع متوقف على الإيمان بالله. وقد أكّد القرآن الكريم أهمية العقل، وبرهن على أنَّ نجاح الإنسان يتوقف عليه. وظهر الدفاع عن العقل عند المعتزلة التي نادت بمبدأ تحميل الإنسان مسؤولية تصرفاته كافة ما دام مزوداً بالعقل الذي يميز بين الحسن والقبح، والنفع والضرر، والصحة والخطأ، وبذلك أسست فلسفتها على أساس دور العقل في حياة الإنسان،[15] ومهّدت بحركتها ودفاعها عن العقل لظهور الفلاسفة العقلانيين العرب، الذين استخدموا العقل للتعبير عن العقائد والأفكار الإسلامية، والدفاع عن العقيدة ضد خصومها، مثل الكندي والفارابي وابن سينا، الذين سعوا للتوفيق بين الدين الإسلامي والعقلانية اليونانية، وظهر العقل عند ابن رشد كأساسٍ في فهم الشريعة، فإنْ تعارض معها كان التأويل أداةً لتحقيق الاتفاق بينهما. وكان لأفكارهم أثرٌ في ظهور العقلانية اللاهوتية لاحقاً، نظراً لدورهم في شرح فلسفة أرسطو وأفلاطون.

ثالثاً: معنى العقل في الفلسفة الإسلامية والغربية

يُطلق العقل عند علماء النفس على مجموع الوظائف النفسية المتعلقة بتحصيل المعرفة، كالإدراك، والتداعي، والذاكرة، والتخيّل، والحكم والاستدلال، ويرادفه الذهن والفهم، ويضاده الحدس والغريزة.[16] أما عند الفلاسفة العقلانيين فقد ظهر اختلافٌ حول تعريف العقل، وفهم طبيعته،

15. العلي، صالح أحمد، وآخرون، مكانة العقل في الفكر الإسلامي، بحوث ومناقشات المجمع العلمي العراقي، الفصل الثاني، الصلة بين المنقول والمعقول في المنطق الإسلامي، مصطفى إبراهيم الزملي، مركز دراسات الوحدة العربية، ط2، بيروت، 1998. ص26، وص36.

16. المعجم الفلسفي، صليبا، جميل، ج2. ص 8889.

وكانت معانيه مختلفة عمّا يعرفه الجمهور، الذي يطلق العقل على ثلاثة أوجه، الأول: يرجع إلى وقار الإنسان وهيئته، ويكون حدّه أنَّه هيئة محمودة للإنسان في كلامه، واختياره، وحركاته، وسكناته. الثاني: يُراد به ما يكتسبه الإنسان بالتجارب من الأحكام الكلية، فيكون حدّه أنَّه معانٍ مجتمعة في الذهن تكوّن مقدمات تستنبط بها الأغراض والمصالح. الثالث: يراد به صحة الفطرة الأولى في الإنسان فيكون حدّه أنَّه قوة تدرك صفات الأشياء من حسنها، وقبحها، وكمالها، ونقصانها.[17] أما عند الفلاسفة فيمكن النظر إلى العقل من أربع وجوه، أولاً: العقل العام، وهو ما يميز به الحق من الباطل، والصواب من الخطأ. ثانياً: يُطلق على أسمى صور العمليات الذهنية بعامة، وعلى البرهنة والاستدلال بخاصة. ثالثاً: يُراد بالعقل المبادئ اليقينية التي يلتقي عندها العقلاء جميعاً، كمبادئ الفكر. رابعاً: ما يساوي العلّة أو السبب، كالسبب الكافي عند ليبنتز.[18]

وعلى الرغم من الاعتقاد السائد في كثيرٍ من الأحيان أنَّ القدرة على التفكير العقلاني هي ما يميز البشر عن الحيوانات الأخرى، إلا أنَّ هناك القليل من الإجماع على طبيعة هذه القدرة، وقد وجد الفلاسفة اليونان أنَّ العقل يشكّل جزءاً أساسياً من الخير الأقصى للبشر،[19] وعرّف أفلاطون العقل على أنَّه الأداة التي نستعين بها للوصول إلى المعرفة مهما كان نوعها.[20] ويمثل العقل عند أرسطو أداةً للفهم والمعرفة، وهو من قوى النفس، ويختلف عن باقي القوى في كونه سابقاً في وجوده عن البدن وهو خالد، وعند دخول هذا العقل البدن يحتاج إلى مبدأ القوة التي ربما طبع عليها أشكالاً، وهنا يفرّق بين العقل الفعال والعقل المنفعل، ويقوم العقل

17. المرجع نفسه. ص84.

18. المعجم الفلسفي، الهيئة العامة لشئون المطابع الأميرية، القاهرة، 1983.ص120.

19. The Oxford Dictionary of Philosophy, Simon Blackburn (Ed).p.319.

20. نجيب محمود، زكي، وأحمد أمين، قصة الفلسفة اليونانية. ص102.

الفعال النشط بتجريد الصور من التصورات الذهنية التي تصبح فعلية عندما يستقبلها العقل المنفعل، أما العقل الفعّال وحده هو الخالد وهذا العقل هو المفارق اللامنفعل غير الممتزج، من حيث أنَّه جوهر بالعقل؛ لأنَّ الفاعل دائماً أسمى من المنفعل.[21] والعقل الإنساني لا يعقل الأشياء دفعةً واحدة وإنَّما بالتدرّج مع نمو الإنسان، والنفس إنَّ «أدركت إحدى الصور العقلية تتحد معها ولا تفترق عن المعقولات إلا إذا كانت موجودة بالقوة أي على هيئةِ استعدادٍ لقبولها، أما العقل المكتسب فهو العقل الذي يفكر وينتقل من القوة إلى الفعل، وهو العقل الأول بعد أنْ اتحد بالصور أو المعاني العقلية»،[22] ويكون العقل الفعّال علّة إخراج العقل من مجرد الاستعداد إلى الإدراك الفعلي، وهو مجرد من المادة ولا يقبل الفساد، وخالد، وخالقٌ للعقل المادي، وهذا أمرٌ خالف به فلاسفة الإسلام أرسطو، ولا سيما الفارابي، وابن سينا، فالعقل الفعّال هو آخر العقول المفارقة أو أرواح الملائكة.[23] وعند أرسطو المبدأ الأول هو المحرك الأول، وهو الله عند فلاسفة الإسلام.

يتضح ذلك في فلسفة الفارابي الذي يرى أنَّ اسم العقل يُقال على أنحاءٍ كثيرة:

أ. الشيء الذي به يقول الجمهور في الإنسان إنَّه عاقل، وهو من كان فاضلاً وجيد الرويّة في استنباط ما ينبغي أن يؤثر من خيرٍ أو يتجنب من شر

ب. العقل الذي يردده المتكلمون على ألسنتهم فيقولون هذا مما يوجبه العقل أو ينفيه العقل، ويعنون به المشهور في بادئ رأي الجميع.

ج. العقل الذي يذكره أرسطو في كتبه، وهو في كتاب البرهان قوة النفس التي بها يحصل للإنسان اليقين بالمقدمات الكلية الصادقة الضرورية

21. كوبلستون، فرديرك، تاريخ الفلسفة، (اليونان وروما). ص440.
22. عبد المعطي، فاروق، نصوص ومصطلحات فلسفية، دار الكتب العلمية، بيروت، ط1، 1993. ص142.
23. المرجع نفسه 1993. ص143(بتصرف)

بالفطـرة والطبع، وهذه القوة جزءٌ من النفس تحصل لها المعرفة الأولى،[24] وقصد بها في كتاب التحليلات القوة التي يستعين بها المرء للوصول بطريقةٍ مباشـرة إلـى نتيجة يقينية يسـتنبطها من بعض المقدمـات أو القضايا العامة الضرورية.[25] أما العقل في كتاب الأخلاق فإنَّه جزءٌ من النفس الذي يحصل فيـه المواظبـة على اعتياد شـيء مما هو في جنسٍ من الأمـور. ويُقال العقل فـي كتـابِ النفـس علـى أربعـة أنحاء، عقـل بالقـوة، وعقـل بالفعـل، وعقل مسـتفاد، والعقـل الفعّـال. أما العقـل الذي ذكره فـي كتاب ما بعـد الطبيعة فيعني به مبدأ المبادئ كلّها، ومبدأ أول للموجودات كلّها، وهو العقل الأول، والمحـرك الأول.[26] وعنـد الفارابـي: إذا أدرك العقل الأشـياء المادية تحولتْ إلـى معقولات وصـار لها وجود في العقل يخالـف وجودها المادي، وحصول المعرفـة الحسـية هو انتقالٌ للعقـل من القوة إلى الفعـل، ولا يكون الانتقال بفعل الإنسان نفسه، بل هو مرهون بفعل العقل الفعّال الذي هو أعلى مرتبة مـن العقل الإنسـاني... وكلّ عقل فعّـال لما بعده ومنفعلٌ بالنسـبة لما قبله، والعقل الفعّال دائماً ولا ينفعل لسواه أبداً هو الله.[27]

فـي حيـن فرّق ابن سـينا بيـن ثلاثة أنواع مـن العقول: العقـل بالقوة من كلّ وجـه: كالعقـل الإنسـاني، والعقـل بالفعل مـن كلّ وجه: ليـس فيه ما هو بالقـوة البتـة، وتُقال علـى الله عزّ وجل، ومن العقول ما هـو بالقوة من وجه وبالفعـل من وجه: وهـذه قد تزيد أو تقلّ من حيث توزعها.[28] والنفس كما

24. أبو نصر الفارابي، رسالة في العقل، نشرها الأب موريس بويج، المطبعة الكاثوليكية، بيروت لبنان، ج1، سنة 1938، ص413، وص5455.

25. عبد المعطي، فاروق، نصوص ومصطلحات فلسفية. ص145

26. أبو نصر الفارابي، رسالة في العقل. ص413، وص5455.

27. الموسوعة الفلسفية المختصرة، جوناثان. ري، وج. أو. أرمسون، تر: فؤاد كامل وآخرون، مراجعة: زكي نجيب محمود، المركز القومي للترجمة، ط1، 2013. ص209210.

28. ابن سينا، التعليقات، تحقيق وتقديم: حسن مجيد العبيدي، دار الفرقد، دمشق، 2009. ص ص99100 (بتصرف)

يقـول: «إذا طالعـت شـيئاً مـن الملكـوت فإنَّهـا لا محالة تكون مجـردة، غير مسـتصحبة لقـوة خيالية أو وهمية أو غيرها، ويفيـض عليها العقل الفعّال... ذلـك المعنـى كلياً... دفعـةً واحدة، ثم يفيض عن النفس إلـى القوة الخيالية فيتخيلـه مفصلاً منتظماً بعبارةٍ مسـموعة منظومـة... العقل الفعّال لا يكون محتاجـاً إلـى قـوة تخيلية في إفاضـة الوحي علـى النفس فيخاطـب بألفاظ مسـموعة مفصلـة».[29] وعند ابن سـينا يمثل العقل الإنسـاني بـرأي محمد البهـي «وسـيلة إدراك العالـم المتميـز فـي الجملة مـن الوجود، وهـو عالم العقول أو المجردات، أشـرف وأدخل في القيمة من الحس الذي هو وسـيلة معرفـة العالـم الخسـيس في الجملـة من الموجـود، وهو عالم المحسـوس، والمعرفـة العقليـة أفضـل من المعرفة الحسـية».[30] وتحصـل المعرفة على حـدّ تعبيـر ابن سـينا من المحسـوس إلـى المعقول، «ثـم يميـز بالعقل بين المتشـابهات والمتباينـات، ونعـرف حينئـذ بالفعـل بعـض لوازمـه، وأفعاله، وتأثيراته، وخواصه فيتدرج من ذلك إلى معرفته معرفة مجملة غير محققة، وربما لم يعرف من لوازمه إلا اليسـير».[31] وبذلك يكون للعقل الدور الأكبر فـي عمليـة المعرفة وليس الحـس؛ لأنَّ «الحس طريق إلى معرفة الشـيء لا علمـه، وإنَّما نعلم الشـيء بالفكر والقوة العقلية، وبهمـا تفيض المجهولات بالاسـتعانة عليها بالأوائل».[32] وهي الفكرة التي تبلورتْ في القرن السـابع عشـر وأوائـل القرن الثامن عشـر، وأفـادتْ بإرجاع الحكم في كلّ شـيء إلى العقـل، ولا مجال للظواهر الوجدانية، والإرادية في الأعمال الذهنية.

كان لهـذه الأفـكار الإسلاميـة أثرهـا في مفهـوم العقل في عصـر النهضة، ودوره في التحولات الفكرية والثقافية، حيث بدا العقل في القرنين السادس

29. المصدر نفسه. ص115116.
30. البهي، محمد، الجانب الإلهي من التفكير الإسلامي، ط2، 1962. ص 502.
31. ابن سينا، التعليقات. ص118.
32. المصدر نفسه. ص122.

عشـر والسـابع عشـر، مختلفـاً عمّـا تناولتـه العقلانيـة السـابقة عليـه، وظهر مصطلح العقلانية تارةً في ثوبٍ ديني وتارةً أخرى في رداء العقل، واتسـمتْ العقلانية بتأكيد الجوهر الروحاني ووجود الله. ونظر كلّ من ديكارت، وأرنولد جولينكسA.Geulincx ، ونيكولاس مالبرانش N.Malepranche، وسبينوزا، وليبنتـز إلى العقل باعتبـاره منطقة للحقائق الخالدة، والمشـتركة بين الفكر الإنسـاني والإلهـي، وذهبوا إلى أنَّ مـا ندركه بنور العقل هـو الإلهي. وبدأت تحولات العقلانية مع عقلانية ديكارت التي اتسمت بطابع المثالية، والعودة إلى الأفلاطونية، وغيّر تمييزه بين النفس والجسد النظرة إلى الجسد، وسُميت عقلانيتـه بالعقلانيـة المعرفية أو المثالية أو الفطريـة. ونظر إلى العقل على أنَّـه مـا يميز الإنسـان عـن الحيوانات، التـي لا تمتلك عقـولاً، ولا يمثّل العقل على الإطلاق صفحة بيضاء، بل توجد أفكار فطرية نبني عليها معرفتنا للعالم الخارجـي، وبذلك نصّب نفسـه مدافعاً عن العقل، واعتبـره أهم قوى النفس على الإطلاق، وهو النفس الناطقة التي ينبغي أن تهيمن على نشاط الإنسان، وقـوة الإصابـة فـي الحكم، وتمييـز الحق من الباطـل، وما يتسـاوى به الناس بالفطـرة، وسـبب اختلافنا هـو الطريقة التي نوجـه فيها أفكارنـا، والمهم هو حسـن اسـتخدامنا للعقـل.[33] وهـذا العقل هـو ذاته بين البشـر، وهو أعدل الأشـياء قسـمة بينهم، وكانت رؤيته هذه بمثابة رسـالة تربوية مفادها إتاحة التعليـم للجميـع، مـن دون مراعـاة مـا بينهـم من فروقـات فرديـة، أو اعتبار مسـتويات الـذكاء بينهم.[34] ولكن لسـان حـال ديكارت هنا كان كـسـقراط سـابقاً، والذي أهدى للعالم أمر تعقّل المعقـولات، وأكّد أهمية العقل، الذي جعل منه ديكارت جوهراً أساسياً للمعرفة، ورجّح كفّة العقل على الحس.

33. عبد المعطي، فاروق، نصوص ومصطلحات فلسفية. ص43 (بتصرف)

34. هوديدي، يحيى، قصة الفلسفة الغربية، دار الثقافة للنشر والتوزيع، القاهرة، (د ط)، 1993. ص50.

وكان من العقلانيين المتأثرين بـديكارت: جولينكس، ومالبرانش، حيث آمن جولينكس بفكرة الانسـجام المحدد مسـبقاً، قبل أن تظهـر عند ليبنتز، ونظـر إلـى الفضيلة على أنَّهـا محبة الله والعقل، وأنكر وجود وسـيط ينقل الصـور الحسـية مـن العالـم المادي إلـى إدراكنـا العقلي، أو يحمـل الأوامر العقليـة إلـى أعضاء الجسـد. ويـرى أنَّ العلاقـة بين العقل والجسـد تحصل بتدخـل اللـه، بما له من قوةٍ مطلقة، فإذا انطبـع على أعضاء الحس أثرٌ من العالـم الخارجي، وتريـد أن تنقله إلى العقل، فإنَّ الله يحدث ذلك بمعجزةٍ من عنده، من دون أن يتصل الجسـد بالعقل.[35] في حين ذهب مالبرانش إلـى أنَّ الإنسـان لا يعرف الأجسـام المادية ذاتها، بل مثُلهـا الفكرية الكائنة فـي اللـه. ولمـا كان هـذا الكـون له صـورة فكريـة تُماثلـه تمامـاً وموجودة فـي الله أمكننا معرفتها بمشـاهدة تلك الصـورة الذهنية عنها. ويقول: «إنَّ العقـل لا يفهـم شـيئاً مـا إلا برؤيتـه فـي فكـرة اللانهائـي التـي لديـه، وإنَّه لَخطـأ محـض أن نظنّ أنَّ... فكرة اللانهائي قـد تكونَت من مجموعة الأفكار التـي نُكونها عن الأشـياء الجزئية، بل العكس هـو الصحيح، فالأفكار الجزئية تكتسِـب وجودهـا من فكـرة اللانهائـي، كمـا أنَّ المخلوقات كلّها اكتسـبَت وجودهـا من الكائـن الإلهي الذي لا يمكن أن يتفـرع وجوده عن وجودها. ويسـتحيل أن يُفهم العالم الخارجي بذاته، ولا يمكن فَهمه إلا بإدراكنا إياه في الكائن الذي يحتويه، فإنْ لم نرَ الله، فإنَّنا لن نرى شـيئاً آخر».[36] وكان مذهب مالبرانش، في أنّ كل شيءٍ في الله، ممهداً لمذهب وحدة الوجود، الـذي دعـا إليه خلَفُه سـبينوزا، بل إن وحدة الوجود هـي النتيجة المنطقية التـي تخرج من مذهب مالبرانش.[37]

---

35. نجيب محمود، زكي، وأحمد أمين، قصة الفلسفة الحديثة، مؤسسة هنداوي، 2020. ص7172.

36. المرجع نفسه. ص73.

37. المرجع نفسه. ص73.

وعلى الرغم من تأثّر سبينوزا وليبنتز بأفكار ديكارت، لكنهما قدما فهماً جديداً للعقل وطبيعته، إذ تحدث سبينوزا عن العقل الإلهي، أو الله بوصفه جوهر أساسي لكلّ شيء، وجعل الفكر والامتداد صفتين له، وكل العقول والأشياء تعود إليه. فكانت عقلانيته لاهوتية مادية، وعُرفَ مذهبه باسم وحدة الوجود، أي الله والطبيعة جوهر واحد، وكان العقل أداته في ذلك عبر سلسلة من الاستدلالات الهندسية. في حين عرّف ليبنتز العقل بأنّه: «الحقيقة المعروفة التي إذا ما ارتبطت بحقيقة أخرى جعلتنا نصدق الثانية... ونطلق عليه العقل إذا ما كان علّةً لحكمنا وللحقيقة أيضاً، ونسميه عقلاً قبلياً إذا ما كان علّة للحقائق، فالعلّة بالنسبة للأشياء كالعقل بالنسبة إلى الحقائق، ولهذا تُسمى العلّة نفسها عقلاً، وخاصة العلّة النهائية...[العقل] هو الملكة التي تدرك العلاقة بين الحقائق، ويطلق على ملكة التفكير».[38] فمهمة العقل بحسب هذا التعريف هي البحث في علل الأشياء والعلاقات بينها، وملكة الحكم على الحقيقة. وحاول ليبنتز الجمع بين عقلانية ديكارت وفكرة أرسطو عن الصورة، وفكره الخاص بالمونادات؛ أي أنَّ العالم يتألف من وحدات لا تتجزأ، وأضفى بذلك طابعاً روحياً على الجسم، وأكّد التوافق بين العقل والدين، واستخدم العقلانية لتحقيق نوع من التناغم بينهما. ولكنه رأى أنَّ الطريق للوصول إلى الحقيقة في كلّ منهما مختلف، فالطريق إلى الحقيقة الدينية هو الوحي، في حين أنَّ الطريق إلى الحقيقة العقلية هو العقل. لكنه أخفق في تطبيق منهجه؛ لأنَّه رفع الدين فوق العقل، بل واعتبر العقل عاجزاً عن فهم العقائد الإيمانية، بيدّ أنَّ ما قدمته عقلانية الحداثة ما لبث، كما سنبين لاحقاً، أن واجه نقداً لاذعاً من قبل فلاسفة عصر الأنوار

38. Leibniz, G. W. New Essays Concerning Human Understanding, Together With An Appendix Consisting of some of his shorter Pieces, Translated from The original Latin, French German, with Notes by A.G. Langley, the Macmillan Company, 1896.pp.555556.

مـن أمثـال كانـط، وهيغل Hegel، ويظهـر ذلك في تقديمهمـا لرؤية جديدة للآليـة التي يعمل بها العقل، وفـي تأكيدهما أنَّ العقل هو الطريقة الوحيدة التـي تمكّـن الإنسـان من التصـرّف بحريـة، والفصل بيـن الأفعـال المتناقضة بسبب المشاعر المتضاربة.(39) وكان لتمييز كانط بين العقل المحض والعقل العملـي أثـرٌ واضـح فـي العقلانيـة المعاصـرة، إذ يُطلقهما كانط علـى كلّ ما هـو قبلي في الفكـر؛ أي على الملكة المتعالية التـي تتضمن مبادئ المعرفة القبلية المسـتقلة عن التجربة، وكذلك يطلقه على الملكة الفكرية المتعالية التـي تولّـد فينا بعض المعانـي المجردة كمعنى النفـس، والعالم، والله، وهو بهـذا المعنـى ليس مقابلاً للتجربة، وإنَّما للذهـن أو الفهم، وله ناحية عملية خاصة، وهي أنَّ مسلمات الأخلاق الأساسية متعلقة به، كمعنى الحرية وخلود النفـس. ويُطلـق علـى كلّ ما يُنسـب إلى العقل لفظـة عقلي، كقولنـا العلوم العقليـة، والمبـادئ العقلية، وكلّ عقلي عند هيغل هـو موجود بالفعل، وكلّ موجود بالفعل هو عقلي.(40)

ويقابل العقلي مصطلح التجريبي، وكلّ ما هو عقلي ينبغي أن يطابق ما في العقل من مبادئ حتى يكون صادقاً وصحيحاً، أو ما في الأعيان ينبغي أن ينطبـق على ما في الأذهان، وعلـى الضد من ذلك نرى أنَّ أنصار التجريبية لا يؤمنون إلا بصدق ما هو قابل للتحقق التجريبي أو التأييد التجريبي، ويؤكدون أنَّ مـا فـي الأذهان لا يكون صادقاً إن لم يطابق ما في الأعيان. لكن العقلانية خَطـتْ بعـد هيغل وكانط، خطـوات أبعد مما يكمن وراء هـذا التمييز، ومما تمسـكت بـه العقلانية الأصيلة التي ميّـزت بين القبلـي والتجريبي، واختلف معنى الصدق، والنظرة إلى دور العقل وطبيعته عند العقلانية المعاصرة أو ما يُطلق عليه العقلانية العلمية، إذ عرّف غاسـتون باشلار Gaston Bachelard

39. The Oxford Dictionary of Philosophy, Simon Blackburn (Ed).p.319.

40. المعجم الفلسفي، صليبا، جميل، ج2. ص89.

العقل بقوله: «العقل قادر على أنْ يقوم انطلاقاً من التجربة بصياغة منظومة للمعرفة يتحقق فيها الانسجام تدريجياً، بفضل التقدم العلمي والمراجعة الدائمة التي يفرضها العلم على العلماء، فالعلم يغذي العقل وعلى هذا الأخير أنْ يخضع للعلم الذي يتطور باستمرار».[41] وبذلك دخلت مفاهيم ومدلولات مختلفة للعقلانية، وتغيرت النظرة إلى مكانة العقل، وهذا ما سنوضحه عند الحديث عن عقلانية الحداثة وتطور العلم، والعقلانية العلمية.

41. الجابري، محمد عابد، مدخل إلى فلسفة العلوم: العقلانية المعاصرة وتطور الفكر العلمي، مركز دراسات الوحدة العربية، ط6، بيروت، فبراير، 2006. ص36.

الفصل الثاني

عقلانية الحداثة

تجلت عقلانيـة الحداثة في أبهى حلّتها عند الثالـوث العقلاني؛ ديكارت وسـبينوزا وليبنتـز؛ لكونهـم المؤثـر الأساسـي فـي عقلانيـة الحداثـة وما بعد الحداثـة، وإن اختلفت ظاهرياً في تناولها لأهم المسـائل الفلسـفية كمعرفة النفس والعالم الخارجي، ومكانة الإنسـان في هذا العالم، والآلية التي نوفق فيهـا بيـن العقـل والدين. نعـم؛ فقد شـهدنا مع عقلانيـة الحداثة عـودة إلى البحـث فـي إشـكالية العقل والنقـل ضمن ثـوبٍ لاهوتي، ونقـول «لاهوتي» وليـس «ديني»، رغم ارتباط الدين باللاهـوت؛ لأنَّ اللاهوت نمطٌ من التفكير الواعي المدافع عن الترسـيمات الدينية بتوسّط العقل، انطلاقاً من ترسيمات الدين بوصفها ترسيمات بديهية. في حين يُنظر إلى الدين على أنَّه وحيٌ من اللـه لأنبيائه لهدايـة النّاس؛[42] لذلـك نطلق على عقلانيـة الحداثة العقلانية

42. للمزيد راجع: برقاوي، أحمد، ما الفلسفة، بيت الفلسفة، الفجيرة، دولة الإمارات العربية المتحدة، 2023. ص47

اللاهوتية وليس الدينية، إذ لم يكن بحثها في المسائل الإيمانية بالاستناد إلى حجج مرسلة من الوحي، بل إلى حجج عقلية، استندوا فيها إلى أسلافهم من العقلانيين، وأكدوا فيها مكانة الذات ودور الإنسان، ولا سيما عقلانية ديكارت التي شهدنا معها عودة إلى الذات، وبحثاً عن اليقين والثبات في عالم الإنسان المتغير، وثنائية النفس والجسد. والطبيعة الطابعة والطبيعة المطبوعة عند سبينوزا «الله والطبيعة»، وفكرة المونادات عند ليبنتز، وموقفه من العقل والآلية التي نعرفُ بها الحقائق العقلية والحقائق الواقعية. فكان الله برأي ديكارت، هو الضامن للأفكار في عقلي، وهذه الأفكار فطرية نؤسس عليها كلّ معرفتنا، في حين أرجع سبينوزا كلّ شيء إلى الجوهر الواحد الله، وجعل المادة والعقل صفتان له، وأكّد ليبنتز أنَّ مبادئ العقل هبةٌ إلهية، فظهرت عقلانيتهم في ثوبٍ لاهوتي، واختلفوا حول العلاقة بين العقل والإيمان، وانقسمت إلى ثلاث رؤى: الأولى ترجّح العقل على الإيمان، والثانية العكس، في حين توفق الرؤية الثالثة بين العقل والإيمان. وسوف يتضمن بحثنا في هذين الاتجاهين إجابة عن الأسئلة الأساسية ألا وهي: كيف فهمت العقلانية اللاهوتية العلاقة بين الذات الإنسانية والذات الإلهية؟ وما براهينها على وجود الله؟ وما رؤيتها عن المسائل الإيمانية الأساسية كالنبوة والمعجزات وعلاقة العقل بالإيمان؟ وقبل كلّ شيء سنجيب عن سؤال: هل انبثقت أفكار العقلانية اللاهوتية من فراغ؟ وإنْ لم يكن كذلك فما المباني التي أسست عليها مذهبها؟

أولاً: مباني عقلانية الحداثة

تمثل العقلانية منهجاً أساسياً للتفكير عند العقلانيين في عصر النهضة؛ كونهم اتخذوا من العقل منطلقاً لموقفهم من نظرية المعرفة أو فهم العالم والمسائل الفقهية واللاهوتية، على الرغم من اختلافهم في تصور طبيعة

العقل، وفهم المسائل الإيمانية، وتطبيق رؤيتهم العقلانية على السلوك الأخلاقي والاجتماعي. ولا شكّ أنَّ هناك عوامل مختلفة أثّرت في بلورة أفكارهم، وأهمها النهضة العلمية، والفكرية، والثقافية في هذا العصر، وما شهده الإنسان من تحطيمٍ لأصنامِ الماضي، وطردٍ للكثير من الأفكار غير العلمية، والخلاص من عصر الانغلاق الفكري. وهو أمرٌ فيه اختلاف؛ إذ تعالتْ الأصوات بين من يرى أنَّ العقلانية الغربية الحديثة أحدثت قطيعة مع الماضي وتحولاً أساسياً، وبين من يؤكد أهمية العصور السابقة في التمهيد لنشأتها. وإذا قاربنا الصواب نجد أنَّ لا شيء ينشأ من فراغ؛ فالعقلانية الغربية وجدتْ جذورها الأساسية في العقلانيات السابقة لها، وكان للعلم دورٌ أساسي أيضاً في التمهيد لولادتها، وكان للفلسفات السابقة عليها أيضاً القول الفصل في أهم نظرياتها. وبغية توضيح ذلك آثرنا البحث في أهم مبانيها، والإجابة عن سؤال: ما المباني الأساسية التي مهّدت لولادة عقلانية الحداثة؟

1. المباني العلمية

تظهر العقلانية في أحد أشكالها مدافعةً عن الدين أمام أيّ فكرٍ مناهض له، وهذا ما اتصفتْ به عقلانية الكنيسة مقابل النظريات العلمية التي شكّلت قاعدةً أساسية لانبعاث عقلانية الحداثة، وظهور تحول في النظرة إلى الذات والإرادة الإنسانية وموقع الإنسان في هذا العالم، وكان تأثير العلم الحديث واضحاً في عقلانية ديكارت وأتباعه لعدة أسباب، منها أنَّ أفكاراً جريئة كتلك التي قدمتها العقلانية ما كان لها أن تظهر في ظلّ ممانعة رجال الدين، وكلنا يعلم السطوة التي مارسوها على الفكر في القرون الوسطى، وأعادوا الكرَّة من جديد عندما بزغت الأفكار العلمية في عصر النهضة، كنظرية مركزية الأرض التي أعاد إحياءها كوبرنيكوس، وأنعشها غاليليو من خلال رؤيته للطبيعة بمنظارٍ مختلف، وعلى أنَّها كتابٌ مكتوب بلغة الرياضيات؛

فكانـت براهينـه علـى مركزية الشـمس ثورةً فـي الحقلين العلمـي والديني؛ لذلك ما لبثت الكنيسـة أنْ شـنّت عليها هجوماً عنيفـاً، وكفّرت غاليليو؛ وكان هدفهـا الأساسـي كمـا يذهب إلى ذلـك الفيلسـوف اللاعقلاني بـول فييرابند P.K.Feyerabend، نـزع الخبـرة الفلكية الّتي ادّعى امتلاكهـا بحجةٍ مخالفة نظريتـه لتعاليمهـا، فتذرعـتْ بحجـجٍ أخلاقيـة، واجتماعية لتوجيـه التهم له، ووقفـتْ ضـد أيّ نظريـة تخلُّ بما ينصُ عليـه الكتابُ المقـدس، واعتبرتْ كلّ ما يخرج عن تعاليمها بمثابةِ جريمة يحاسـبُ عليها قانون الكنيسة، لكنها لم تكـنْ محقّـة، وكانَـتْ عقلانية إلى حـدٍ كبير أكثر مما كان لـدى بعض العلماء والفلاسـفة الّذين ميزوا بين الحقائق والقيم،[43] ولكن عقلانيتها هذه قيّدت العلمـاء، وجعلتهـم ينظـرون إلـى العالـم بمـا يتفق مع مـا يتضمنـه الكتاب المقدس من تعاليم.

وهـو أمـرٌ خضعـتْ له أيضـاً نظريـات اسـحق نيوتـن I. Newton؛ الّذي فُرض عليه الأخذ بالكتاب المقدس عند معارضته للكاثوليكية، انطلاقاً من أنَّ البحـث يجب أنْ يسـتخدم مصدرين، أعمـال الله: الكون الرائـع، وكلمة الله: الكتاب المقدس. وتوصلَ إلى أنَّ الله، كونه الرب والأب، ليس مبدأً مجرداً، بل ويصحح أحياناً مسار الأجسام المادية.[44] وتمكّن في زمانه من إثبات قوانينه بمـا يتوافق مع تعاليم الكنيسـة، ولـم يكـنْ حراً في تقريـر أيّ حقيقة علمية؛ لأنَّ الكنيسـة هي المؤسسـة الأقوى الّتي كانَ من واجبها تعليم النّاس مبادئ الثالـوث، ولا ينبغـي أنْ يُفاجأ مناصرو العلم بذلك، حتّـى لو لم يكنْ بمقدور الكنيسة البرهنة على اعتقاداتها، وإثبات صدقها كما هو الحال في العلم؛ لأنَّ أفكارهـا بـرأي بعضهم لا يمكـنْ إخضاعها لاختبارٍ تجريبي، فـي حين يتعامل

43. Feyerabend, Paul K., Galileo and the Tyranny Of Truth, University of California, Berkeley. http://adsabs.harvard.edu/abs/1985gamf.conf.155F.12.p. 159.

44. Feyerabend, P. K., Galileo and the Tyranny Of Truth.p. 159.

العلم فقط مع ما يمكن برهنته عبر التجربة، ولا يشغل باله بمناقشة مبادئ غامضة لا يمكن الوثوق بها.[45] لذلك عاش العلم في صراعٍ دائم مع الدين.

لكـن ذلـك لـم يمنع نيوتن مـن خوضه في الأمـور الدينيـة، وتقديم رأيه في الكثير من المسـائل التي ناقشـتها فلسـفة القرون الوسـطى، وقد شكّلت براهينـه علـى وجـود الله ركيزةً أساسـية لبراهين ديـكارت وسـبينوزا وليبنتز لاحقاً على وجود الله، إذ قدم نيوتن حقائق تؤكد وجود ضرورة مادية عمياء تحكـم العالـم، وبجعل إلهـه روحاً محضاً تتـرأس الكون، وملـكاً، وربّاً عظيماً، وأميـراً يُحتـذى بحكومته. وقبل خلـق العالم، كان إلهه ذا سيادة بلا رعايا أو أملاك، وشـكّلت فكرتـه عـن الإلـه الملك الأسـاس الـذي بنتْ عليـه العقلانية الفلسـفية فكـرة العلاقـة بيـن الله والإنسـان، وهـي فكرةٌ شـيّدَ عليهـا بعقله الفيزيائي والرياضي، وبناءً على ما وفّرته له الكنيسة والفلسفات القديمة من حقائـق، فكـرةَ الإله الواحد والخالد، والموجود في كلّ مكان من حيث تأثيره وقدرته، وجوهره.[46]

كان لأفـكاره الدينيـة هـذه وقعهـا عنـد العقلانيـة الحديثة، بيـد أنَّها لم تسـلم مـن نقد التيارات المناهضة لها، ولا سـيما أنَّ مـا قدّمه نيوتن لم يكن بـرأي الفيلسـوف الطبيعاني والمـادي بارون دي هولبـاخ P.H.T.Holbach سوى معضلةٍ مبهمةٍ، وجهودٍ لا تُصدق على التوفيق بين السمات اللاهوتية، أو الصفـات المجـردة، والصفـات الإنسـانية الممنوحة للملـك المؤلّه؛ ونرى فيـه صفات سـلبية، لم تعدْ مناسـبة للإنسـان، بـل ممنوحة لسـيادة الطبيعة التـي يفترضـون أنَّها ملـكٌ، فهناك دائماً الإله العظيم الذي يحتاج إلى البشـر

45. Tarnas, R. The Passion of the Western Mind: Understanding The Ideas That Have Shaped Our World View. London: Pimlico, 1996.P.306.

46. هولباخ، بارون دي، «عن الإله: أدلة على وجوده، وسماته، وتأثيره على سعادة الإنسان»، مج2، تر: منال محمد خليف، دار أبكالو للتوزيع والنشر، بغداد، 2023. ص71(بتصرف)

ليمارس إمبراطوريته التي لن يكون ملكاً من دونها، ولو لم يكن هناك شيء، لما كان الربّ إلهاً.[47] وسوف نوضح لاحقاً المآخذ على موقف العقلانية الحديثة من المسائل الإيمانية، وحسبنا أنْ نؤكد هنا أنَّ تأثير النظريات التي قدمها غاليليو ونيوتن، لم يكن فحسب في المجال الديني، بل أيضاً في نظرة العقلانية إلى العلاقة بين العقل والمادة، أو النفس والجسد، والعالم، والمعرفة، والوجود ككل.

2. المباني الفلسفية

أمام السعي الحثيث إلى الكشف عن الحقيقة، الذي شهدناه عند العقلانية القديمة، نجد أنَّ عقلانية الحداثة لا هدف لها سوى السيطرة والهيمنة على العالم، ولم تعد غايتها البحث عن العلّة الكامنة وراء الأشياء، بل عن العلّة الفاعلة المتمثلة بإبراز دور الذات في هذا العالم. لكن ذلك لا يمنع من القول: إنَّ العقلانية القديمة شكّلت ركيزةً أساسية لعقلانية الحداثة، وظهر ذلك في عودة المدرسة الإيلية للظهور من جديد، وتطورها ضمن عقلانية القرن السابع عشر، بفضل اعتقادها أنَّ نموذج المعرفة كان الحدس الفكري غير الحسي، وأنَّ الله يتدخل في جميع الأشياء، وأنَّ البشر يبصرون معرفتهم بفضل الرياضيات.[48] وظهر أيضاً تأثير منطق أرسطو عند ديكارت في حديثه عن الحقائق الأبدية، وفكرة الجوهر، التي تبلورتْ أيضاً عند سبينوزا وليبنتز لكن ضمن وشاح اللاهوت المسيحي، إذ لم تكن هذه الفكرة ابتكاراً للعقلانية، بل نجد جذوراً لها كمقولةٍ في كتاب أرسطو «التحليلات»، وأسهب الفلاسفة العرب في شرحها وتمييزها، كشروحات ابن رشد، الذي عرّف الجوهر بقوله: هو «الأول وهو المقول جوهر بالتحقيق والتقديم فهو شخص الجوهر الذي

47. المصدر نفسه.ص71(بتصرف)

48. The Oxford Dictionary of Philosophy, Simon Blackburn (Ed).p.318.

تقـدَمَ رسـمه، أعني الذي لا يُقال علـى موضوع ولا هو في موضوع، مثل هذا الإنسـان المشـار إليه والفرس المشـار إليه».[49] والجوهر كما يذكر الساوي: «إمـا بسـيطٌ وإمـا مركب، والبسـيط هـو ما لا يكون جـزءاً في تقـوّم المركب وماهيته، ومفارق للمادة، وإما يدخل في ماهيته، كالخشـب بالنسبة للسرير أو كشـكل السـرير».[50] مـن هنـا نُظـر إلى مقولـة الجوهر كأسـاسٍ لتوضيح الماهيات، وغيرها من الحقائق. وتحدث ديكارت عن ثلاث جواهر هي: الله والذهـن والمـادة، فكان العقـل جوهراً، في حين خالفه سـبينوزا، وبيّن أنَّ ما لا يمكن انكاره ليس الوجود في ذاته بل وجود الكون، الذي أطلق عليه اسم الجوهـر، وعرّفـه بقولـه: «ما يوجد في ذاتـه ويتصور بذاتـه: أي ما لا يتوقف بناء تصوره على تصور شيء آخر».[51] ويذهب إلى حدّ جعل الجوهر كينونة مسـتقلة، وهي علّة وجودها، واسـتناداً إلى ذلك، استوحى مذهبه في وحدة الوجود، وأوكلَ إلى مقولة الجوهر الواحد كلّ ما في الوجود. في حين خالفه ليبنتـز، ونفـى صفـة الامتداد عن الجوهـر؛ لأنَّ الامتداد ينطـوي على التعدد، ومـن ثم يمكن أنْ ينتمي فقط إلى مجموعـة من الجواهر، وكلّ جوهر مفرد يلـزم أن يكـون غير ممتـد، وهناك عدد لامتنـاهٍ من الجواهـر.[52] وظهرَ تأثير أرسطو أيضاً في حديثهم عن الحركة والمادة والنفس كما سنوضح لاحقاً.

ويكفينـا أن نوضـح هنا الأسـس التي بُنيـت عليها عقلانيـة الحداثة، التي يُقال إنَّها وليدة علم القرن السادس عشر كما يزعم الكثيرون إنَّ ديكارت هو

49. ابن رشد، أبو الوليد، نص تلخيص المنطق االأرسطي، تج جيرار جيهامي، مج23، كتاب فاطغورياس وباري ارمينياس، دار الفكر اللبناني ط1 بيروت 1996. ص17.

50. الساوي، زين الدين عمر بن سهلان الساوي، البصائر النصيرية في علم المنطق، تقديم وتحقيق: حسن المراغي، مؤسسة الصادق، ط1. (د.ت). ص105.

51. سبينوزا، باروخ، علم الأخلاق، تر: جلال الدين سعيد، مراجعة: جورج كتورة، مركز دراسات الوحدة العربية، بيروت، تشرين الأول، 2009. ص31.

52. رسل، برتراند، تاريخ الفلسفة الغربية، (الفلسفة الحديثة)، تر: محمد فتحي الشنيطي، ج3، الهيئة المصرية العامة للكتاب، القاهرة، 2012. ص140 (بتصرف)

مؤسس العقلانية الحديثة أو عقلانية الحداثة كما أطلقنا عليها، وهذا إغفالٌ لأثرِ عقلانية العصور الوسطى، ولاسيما الفكر الإسلامي، واللاهوتي المسيحي، الـذي عـاش هيمنة المنطق الأرسـطي علـى التفكير العقلانـي، وقد أوضحنا سـابقاً أنَّ التفكيـر الإنسـاني لا يتضمـن أيّ قطيعـة، لذلك لا يجـدر أن نرمي بعرض الحائط جميع الإسهامات العقلانية التي قُدمت في العصور الوسطى، حيث كان العقل في الفلسـفة المسـيحية خادماً للاهوت المسـيحي، واعتُبر أداةً للديـن عنـد العقلانييـن مـن أمثـال أوغسـطين Augustine، وأبـيلارد، الـذي أثار الشـكوك حول العديـد من المعتقدات الدينيـة اللاهوتية، وكذلك القديس أنسـيلم Anselm، الذي بدا تأثيره واضحاً في أدلة عقلانية الحداثة علـى وجـود الله، وفيما يتعلق بمفهوم الخطيئـة، ونجد تأثّر ديكارت واضحاً في مسـألة الفعل الإنسـاني، والإرادة الحرة بالأفلاطونية، ونـرى أيضاً تغلغل الفلسـفة التأمليـة لـنيقولا دي كوسـا Nicholas of cuss فـي ثنايـا أفـكار ديكارت، وليبنتز.

نلمـس كذلك أثرَ القديس الأكويني فيمـا يتعلق بنظرية المعرفة والعلم بالحقائـق الأبديّـة، وقـد اسـتند ديـكارت إليـه أيضـاً فـي موقفه مـن الوحي المسـيحي بوصفه مهيمناً على العقل. وفي حين عمـد الأكويني إلى المزج بين العقلانية اليونانية والمسـائل المتعلقة بالوحي ضمن كلّ متناغم، تناول ديـكارت حقائـق المنطـق والرياضيـات بالطريقـة ذاتها التي تعامـل بها مع الحقائـق الأبديـة، التي يرجـع عدم تغييرها إلى مشـيئة اللـه الثابتة، وكذلك الأكوينـي الـذي لـم يميـز بيـن المعرفـة القبليـة والبعديـة، بـل بيـن معرفة الماهيـات ومعرفة أشـياء وأحـداث بعينها، ويوجد انفصـال كبير بين معرفة اللـه بالحقائـق الضرورية، ومعرفته بالحقائق المشـروطة كالأمـور المتعلقة بحقيقـة تاريخيـة. ويعتقـد الأكويني أنَّ كلّ مـا يمكن معرفتـه علمياً يتكون مـن اسـتنتاجات مسـتمدة بفضلِ التفكيـر المنطقي من قضايـا واضحة بحدّ

ذاتها. وأمكنَ وضع اكتشافات أيّ علم كمجموعة من المبرهنات في نسقٍ استنباطي تكون بديهياته مبرهنات لعلمٍ آخر أو قضايا واضحة بحدّ ذاتها. وبالتالي، يمكن اعتبار معرفة الفرد بعلمٍ معين ميلاً عقلياً موحداً يمتدُ في نطاقه ليشمل جميع المبرهنات التي يمكن إثباتها في العلم.(53)

وبناءً على ذلك لا يمكن أن نرفع الراية لديكارت، ونطلق عليه اسم أبو الفلسفة الحديثة بناءً على أسطورة أنَّ منهجه قلبَ الفكر الفلسفي في عصره، وأنهى فترة العصور الوسطى، وافتتح حقبةً جديدة من التفكير الفلسفي؛ لأنَّ ذلك يؤدي إلى القول: إنَّه مؤسس العقلانية بناءً على منهجه الأصيل في البحث، ولو عدنا إلى الإرث الأساسي لهذا المنهج، لرأينا أيضاً بذوره عند الفكر المسيحي، ولا سيما القديس أوغسطين، المؤثر الأساسي في عقلية الفكر اللاهوتي الغربي، ولا يمكن الزعم بأصالة منهج ديكارت؛ لأنَّ الشك المنهجي لم يكن ابتكاراً له، بل نجد جذوره أيضاً في الفكر الإسلامي عند الفيلسوف العقلاني أبو حامد الغزالي؛ الذي رأى في الشك وسيلةً للتمييز بين الحق والباطل، وانعتاقاً من ربقةِ التقليد الأعمى، في قوله: «قد كان التعطش إلى إدراك حقائق الأمور دأبي وديدني من أول أمري وريعان عمري، غريزةً، والفطرة من الله وضعها في جبلتي، لا باختياري وحيلتي، حتى انحلّت عني رابطة التقليد، وانكسرت عني العقائد الموروثة على قرب عهد السن صبا».(54) وبناءً على ذلك، هل يحقّ لنا أنْ نزعم حقاً أنَّ ديكارت هو أبو الفلسفة الحديثة أم أنَّه مرممٌ لها؟

إذا قاربنا الصواب، فسنجد أنفسنا أمام حقيقةٍ لا مفرّ منها، ألا وهي: إنَّ الأفكار لا تولد من فراغ، ولاشكّ أنَّ ديكارت لم يستطع أن يخلع عنه ثوب

53. كيني، أنتوني، إله الفلاسفة، تر: منال محمد خليف، دار أبكالو للطباعة والنشر، ط1، بغداد، 2021. ص ص 6566.(بتصرف)

54. الغزالي، أبي حامد، المنقذ من الضلال، حققه: جميل صليبا وآخرون، دار الأندلس، بيروت، لبنان، ط7، 1967. ص66.

العصور الوسطى، ولا يمكن أن نجد عبارةً عنده خاليةً من تأثير الفلسفة الإسلامية، وكذلك إدخاله للرياضيات في فهم الحقائق الفلسفية، إذ حاول أن يصل كغيره من العقلانيين إلى جعل العلوم الطبيعية يقينية، وواضحة، ودقيقة كحال الرياضيات، ولذلك وجد في شكّه المنهجي أداةً للوصول إلى اليقين، وكان يأمل في تأسيس نسقٍ فلسفي يُجمع الناس عليه على غرارِ هندسة إقليدس، تماماً كما فعل الأكويني الذي اعتمد كنموذجٍ للمنهج العلمي نسقاً بديهياً مماثلاً للهندسة الإقليدية.

يمكن أن نُرجع جذور عقلانية ديكارت أيضاً إلى بيكون الذي نبّه الأنظار إلى عقم الاستقراء الأرسطي، وما قدّمه من أسس المنطق الجديد الذي يعتمد على التجربة والاستقراء. وكذلك الأمر في أفكار ليبنتز، التي ارتبطت بمجملها بمفكري القرون الوسطى، مثل الفلسفة التأملية لنيقولا دي كوسا، الذي حكم فكره فكرة الوحدة، من حيث أنَّها التأليف المنسجم بين الاختلافات، ويظهر هذا في حديثه عن الله بوصفه الموفّق بين المتناقضات، ومع ذلك يضم الكمالات المتميزة للمخلوقات.[55] ويمكن القول: إنَّ فكرة الانسجام الكلي ما كانت لتظهر عند ليبنتز لولا أفكار دي كوسا، وكذلك برونو، وكبلر، وإنَّ عقلانية الحداثة بنت أسسها على العقلانية القديمة وعقلانية القرون الوسطى، والعلم الحديث.

نجد ذلك واضحاً في نظرة عقلانية الحداثة إلى اللاهوت، ومماثلة أفكارها اللاهوتية لما كانت عليه عند فلاسفة القرون الوسطى، فكانت محاولاتها في إثبات وجود الله امتداداً لمحاولةِ القدماء في تأكيد وجود جوهر مفارق لهذا العالم المادي، ورغم ظهورها كتيارٍ معارض للكهنوت

55. كوبلستون، فرديرك، تاريخ الفلسفة، (من أوكام إلى سوريز)، تر: إمام عبد الفتاح إمام، ومحمود سيد أحمد، مراجعة: إمام عبد الفتاح إمام، مج3، المركز القومي للترجمة، القاهرة، 2013. ص321.

المسيحي، لكنها لم تكن معادية للاهوت أو التفكير الديني؛ لأنَّ هناك محاولات من قبل بعضهم للتوفيق بين العقل والنقل، ولم تخلُ هذه المحاولات التوفيقية من التأثير الواضح للعقلانية السابقة عليها، ولا سيما عقلانية ابن رشد، وكانت أدلتها في إثبات وجود الله عقلية، ولم تسلم من نقد العديد من الفلاسفة المناهضين للعقلانية، من باب أنَّ الروحانيات محجوبة عنا، ولا علم لنا بها، ونحن قاصرون عن تجريدها، إذ لا يقع تحت التجريد الذهني إلا ما تنقله لنا الحواس من جزئيات، في حين لا يمكن ذلك فيما يتعلق بالمعقولات الروحانية؛ لكوننا كما يقول ابن خلدون: «لا ندرك الذوات الروحانية حتى نجرد منها ماهيات أخرى بحجاب الحس بيننا وبينها، فلا يتأتّى لنا برهان عليها، ولا مُدرك لنا في إثبات وجودها»،[56] فلا نثبت وجود إلا ما ندركه، ولا تقفُ النفس على ما وراء عالم الحس. فما «لا مادة له، لا يمكن البرهان عليه؛ لأنَّ مقدمات البرهان من شرطها أن تكون ذاتية».[57] والأقرب للصواب أن نقول: إنَّ معرفتنا بها ظنية. وهذا يناقض ما بينته عقلانية الحداثة من حجج على وجود الله، وقدرة العقل على تحصيل المعرفة، ولا سيما الحقائق الأبدية والأزلية، لما يملكه من وعيٍ لمعرفة الله والعالم كلّه، وهو الطريق لإثبات وجود الله. وبناءً على أدلتها في مسألة معرفة الله وإثبات وجوده، سنوضح موقفها من مسألة الفعل الإنساني، والخطيئة ومشكلة الشرّ، والبحث في الطرق المؤدية لمعرفة الحقيقة الإلهية في عقلانية ديكارت وسبينوزا وليبنتز، ونجيب عن سؤال إلى أيّ مدى كانت عقلانيتهم مخلصة في عقلانيتها ومقاربة لعقلانية من سبقوها؟

56. ابن خلدون، عبد الرحمن بن محمد، مقدمة ابن خلدون، شرح وتقديم: محمد الإسكندراني، دار الكتاب العربي، بيروت، 2008. ص475.

57. المصدر نفسه. ص475.

ثانياً: الثنائية الديكارتية واللاهوت المقنع

1. النفس والشك المنهجي

قـدم ديكارت ضمـن رؤيتـه المثالية نظرية إبسـتمولوجية تتناسـب مع رأي الكنيسـة في عصره، وتحاول خلع رداء العقلية الدينية الوسـطية، فنظر إلى العقل كأداةٍ لمعرفة الحقائق، وجعل الشـك منهجاً للوصول إلى اليقين، وقيّد العقل بقواعد ملزمة، لكن عقلانيته لم تختلف كثيراً عمّا قدمه أرسطو، الذي لم يُظهر ضمن كتاباته حديثاً عن الأفكار الفطرية، بل عن مبادئ عقلية أساسية، تكون بمثابـةِ الأسـاس للعلـم، في حيـن تدخل هذه المبـادئ عند ديكارت ضمن الأفكار الأولية الفطرية. وكانت المهمة الأساسية التي وقعتْ على عاتقه أن يتجاوز الفلسفة الأرسطية، ولا سيما تقويض المنطق الصوري؛ لاعتقـاده أنَّـه منطـقٌ عقيم ولا يتماشـى مع تطـور العلم الحديـث، ورأى أنَّ العلـم ينبغـي أن يسـتند إلى فكـرة الكم لا الكيـف، وكان يقصـد بذلك ربط المنطـق بالرياضيـات التي تمثـل المنطق الحقيقي للعقـل.[58] فردّ المنطق إلى سيكولوجية العقل، ونظرَ إلى قوانين الفكر على أنَّها مبادئ نفسية، وبما أنَّ غاية المنطق هي الوصول إلى اليقين وهو حالة نفسـية، فهذا دليلٌ على إمكانيـة ردّ المنطـق إلـى علم النفـس، ويمكن ردّ الحكم إلـى قوتين: عقلية وسيكولوجية، وهذه الأخيرة هي العنصر الأساسي في الحكم.[59] وربما هذا مـا ضلّـل العديد من الباحثين المعاصرين، الذيـن خلطوا بين المنطق وعلم النفس، إضافةً إلى أنَّ هيمنة المنطق الأرسطي لم تضمحل وما زال المنطق بأكمله صورياً.

---

58. النشار، علي سامي، المنطق الصوري منذ أرسطو حتى عصورنا الحاضرة، دار المعرفة الجامعية، 2000. ص ص36 38 (بتصرف)

59. المرجع نفسه. ص ص 6263. (بتصرف)

زد على ذلك أنَّ فكرة البداهة والاستنباط اللتين أسس عليهما ديكارت شكّه لم تكن شيئاً جديداً على التفكير العقلي، ولم يكن الاستنباط سوى نوع من البداهة، لكن ديكارت وضع البداهة في مرتبةٍ أعلى من الاستنباط برأي مهدي فضل الله، فالفكرة البديهية لا تثير أدنى شكّ في صدقها، أما الفكرة المستنبطة، فيمكن الشكّ فيها؛ لأنَّها قد لا تكون بديهية بالضرورة، بالرغم من اعتمادها على فكرةٍ بديهية، لكن البعض رأى أنَّ الاستنباط الديكارتي نوعٌ من البداهة، وأنَّ ديكارت يدمج بينهما، فإذا كانت البداهة تعني إدراك الطبائع البسيطة، فليس الاستنباط سوى إدراك الروابط القائمة بين هذه الطبائع البسيطة عن طريق البداهة.[60] وأياً كان الأمر، فإنَّ فكرة البداهة تلخّص منهجه بأكمله، ونجد ذلك عبر تمييزه بين أربع قواعد للعقل:

قاعدة اليقين أو البداهة: ألا أتقبل أيّ أمرٍ على أنَّه حقيقة بديهية حتى يتبين لي بالدليل القاطع أنَّه كذلك، فلا أتسرّع بالأحكام، ولا أميل مع الهوى.

قاعدة التحليل: أنْ أجزّئ كلّ فكرةٍ إلى مكوناتها البسيطة التي تتألف منها، حتى يتسنى لي استيعابها وفهمها على نحوٍ أفضل.

قاعدة التركيب: أن أعيد تأليفَ ما كنتُ قد فكّكته، فأراه في وحدةٍ مفهومة.

قاعدة الإحصاء الشامل: أنْ أعيد مراجعة جميع الخطوات التي حللتها وركبتها، لأتيقن من أنَّني لم أغفل أيّاً من خطواتي.[61] ويمكن أن نطبق هذه القواعد في حلّنا لأيّ مشكلةٍ تعترضنا.

ولا يمكننا الاستغناء عن أيّ من هذه القواعد في تفكيرنا السليم، وهي

60. فضل الله، مهدي، فلسفة ديكارت ومنهجه، دار الطليعة، بيروت، ط3، 1996. ص ص104107 (بتصرف)

61. المرجع نفسه. ص ص108111 (بتصرف)

بديهية عند أيّ إنسان، ويطبقها من تلقاء ذاته من دون أيّ وصفةٍ عقلانية من ديـكارت، الـذي بالغ في إعطاء العقل دوراً أكبر على حسـاب الحواس، وعلى الرغـم من اعترافه بجزءٍ من موضوعية العالم الخارجي، غير أنَّ أولوية العقل بدت واضحة من خلال تمييزه بين ثلاثة أنواع من الأفكار:

الحسـية: تأتينـا عـن طريـق الحـواس، كاللـون، والطعـم، والحجـم، والشـكل، والتـي تنطبع في أذهاننا، ممـا يؤكد إقراره بوجود عالم خارجي منفصل عن الذات.

الخياليـة: هـي أفكار لا وجود لها في عالم الواقـع، كأفكارنا عن الحصان المجنـح، والغـول، والعنقـاء، ولـم ينتبـه ديـكارت هنـا بحسـب الفيلسـوف التجريبـي ديفيـد هيـوم D.Hume إلـى أنَّ جميعها أفـكار مركبة مـن أفكار بسيطة مستوحاة من العالم الخارجي، وأياً كانَتْ الفكرة الّتي يُعتقد بانتمائها إلى العقل، يمكن تحليلها إلى مجموعةٍ من الانطباعات الحسية البسيطة.[62]

الفطريـة: هـي الأفـكار التـي لا دخل للخيال فـي حياكتهـا، ولا للحواس، مثـل فكـرة الكوجيتـو، والبديهيات الرياضيـة؛ التي دافع عنها ديـكارت، على الرغم من عدم قدرته على تقديم دليل مقنع بشأنها، لكنه جعل العقل أساساً للمعرفـة، وبنـاءً عليـه أصبح منهـج الرياضيات منهجـاً لتحديـد الميتافيزيقا، التـي باتـت علمـاً دقيقـاً يمكن إثبـات قضاياه بيقيـنٍ رياضـي. وكلّ معرفة لا يكـون قوامهـا الحدس العقلي لا يمكـن الركون إليهـا، ولا يرتبط هذا الحدس بالحواس ولا بالخيال، وإنّما بالذهن المحض.[63] فالإنسان يولد مزوداً بأفكارٍ فطريـة يبنـي عليها كلّ معرفـةٍ يقينية عن العالم الخارجـي والداخلي، وحتى وجود الله عزّ وجل. بيدَ أنَّ القول: إنَّ الإنسان يولد مزود بمعرفةٍ فطرية عن

62. راجع: هيوم، دايفيد، تحقيق في الذهن البشري، تر: محمد محجوب، مركز دراسات الوحدة العربية، بيروت، ط1، 2008. ص ص4042. (بتصرف)

63. ديكارت، رينيه، التأملات في الفلسفة الأولى، تر: عثمان أمين، المركز القومي للترجمة، ع1397، القاهرة، 2009. ص ص1115 (بتصرف)

42 \ العقلانية الغربية

عالمه الداخلي، وعالمه الخارجي، ووجود الله، أمرٌ لا يخلو من الشـكّ، إذ أنَّ الطفل كما يرى مهدي فضل الله يمرّ بمراحل مختلفة حتى يصل إلى مرحلة معرفته بنفسه، أو إحساسه بذاته. وكذلك الأمرُ فيما يتعلق بالعالم الخارجي، فالمولود الجديد لا يميز بين أناه الخاص، والعالم الخارجي، وأفكاره عن الله تحتـاج إلى مدةٍ زمنية طويلة حتى تتشـكل في ذهنـه، ولو كانت معرفة الله فطريـة لمـا وجِد ملاحدة في هـذا العالـم.[64] وربما هذا يماثـل النقد الذي وجهته التجريبية لاحقاً لفطرية الأفكار، من أمثال التجريبي جون لوك John Lockce، الـذي رفـض وجود أفـكار فطرية في أسـاس المعرفة، وأكّـد أنَّ كلّ المعرفـة تجريبية، والعقل يولد صفحة بيضـاء، ولو كانت هناك أفكار فطرية لكان للطفل معرفةٌ بمبادئ العقل، ولما اختلف الناس حول الدين، والعادات الاجتماعية، والأخلاقية.[65] وكانت هذه المعارضات تتخذ عادةً صورة بسيطة أكثـر منهـا معقـدة، إذ يجدر بنـا أنْ نلاحظ المـدى الذي يوافـق فيه ديكارت علـى البحـث التجريبـي، ومدى مشـاركة لوك فـي الرؤية العقلانيـة للمعرفة الحقيقيـة كنـوعٍ مـن الحـدس الفكـري. وكذلك الأمر فـي اعتراضـات بيركلي George Berkeley، الـذي عُـرِف بفلسـفته التجريبيـة والمثاليـة أو المثالية الذاتيـة، وتظهر مثاليته في رفضه لأي وجـود للمادة في العالم الخارجي، ولا وجود سـوى للعقل، وكلّ شـيءٍ موجود يعتمد على العقـل، وتظهر تجريبيته في تأكيده أنَّ الواقع يتكون من كلّ ما تدركه الحواس.[66]

لكـن ديـكارت حاولَ الدفـاع عن موقفه وقـدّم رداً مفـاده أنَّ الأمر يرجع إلـى سـوء اسـتخدام العقول عند البشـر، إذ ينبغي أن نشـكّ بكلّ مـا يُنقل لنا مـن معـارف، وألا نأخـذ أيّ شـيء علـى أنَّـه حقيقـة مطلقـة، حتـى يتبين لنا

64. فضل الله، مهدي، فلسفة ديكارت ومنهجه. ص116 (بتصرف)

65. The Oxford Dictionary of Philosophy, Simon Blackburn (Ed), Linear, Oxford University Press, Oxford New York, 1994. p. 220.

66. Berkeley, George | Internet Encyclopedia of Philosophy (utm.edu)

بالدليـل القاطـع أنَّـه كذلـك، من هنـا بدأتْ رحلته في الشـك في كلّ شـيء يخـرج عـن إطار الحـدس العقلي، والمنهـج الرياضي. أخضع كلّ شـيءٍ إلى الشـك، وكانـت بدايـة الشـك بالحـواس التي تخدعنـا، ولا يمكـن أن نتعرّف مـن خلالها على العالم الخارجي؛ لأنَّ كلّ ما نعرفه عنه بواسـطتها لا يتعدّى الظواهـر، أمـا المعرفة الحقيقية فهي معرفة العقل، الذي يمتلك عنه أفكاراً محـددة وواضحـة. ولا تشـكّل الحـواس أداةً موثوقة للمعرفـة، إذ يقول في كتابه «العالم»: «لو كانت حاسـة السـمع تحمل إلى فكرنا الصور الحقيقية لموضوعهـا، لـكان يجـب أنْ يجعلنا بدل أن ندرك الصـوت، أن نتصور حركة أجزاء الهواء الذي يرتجف...بإزاء آذاننا».[67] وقسْ على ذلك باقي الحواس، كالعين التي تنقل لنا ما هو صغير على أنَّه أكبر حجماً، والعكس صحيح، ولا ندرك حقيقة الأشياء، ونرتقي بالحكم الحسـي إلى مرتبة الحقيقة من دون اسـتخدام العقل أو الاسـتدلالات الهندسـية، إذ يقول: «تبدو لنا الأرض بادئ ذي بـدء أكبـر بكثير من كلّ الأجسـام الأخـرى الكائنة في العالـم، كما يبدو القمـر والشـمس أكبر من النجوم...لكن إذا صحّحنا خطأ نظرنا باسـتدلالاتٍ هندسـية لا تخطئ... فسـنجد أنَّ القمر أصغر من الأرض وأنَّ الشـمس أكبر مـن الاثنيـن بكثيـر».[68] هنـا نسـأل هـل مكّنت الاسـتدلالات الهندسـية في عصر ديكارت من تطوير نظرتنا إلى الأجسـام البعيدة في الفضاء، أم كانت ملاحظات غاليليو المسـلحة بالآلة هي السبب؟

لا نجـد عنـد ديـكارت إجابـةً عـن هـذا السـؤال، ولعلـه لـم يلـم بعلوم معاصريـه بما فيـه الكفاية، ولم يطّلع على أبحاث غاليليو جيداً، بل اسـتمر فـي الشـك، حتى في أفكارنـا المتأتية من عالمنا الداخلـي، كما في الأحلام، إذ يقول: «لمّا رأيتُ أنَّ الأفكار نفسها التي تكون لنا في حال اليقظة يمكن

67. ديكارت، رينيه، العالم، تر: إميل خوري، دار المنتخب العربي، 1999. ص12

68. المصدر نفسه. ص15.

أن تنتابنا ونحن نيام، دون أن تكون من بينها فكرة واحدة صحيحة، عزمتُ على أن أعتبر أنَّ كلّ الأشياء التي تسرّبت إلى ذهني لا تزيد حقيقةً عن أضغاثِ الأحلام».[69] هذا ما قاده إلى الشكّ في كلّ المعتقدات التي تشربناها منذ الصغر، وحتى في قدرة العقل على الوصول إلى الحقيقة، وفي وجوده هو ككائن حي مفكر، وفي صحة وجود العالم الحسي، ووجود الله. وتوصلَ إلى حقيقةٍ يقينية بنى عليها فلسفته العقلية بمجملها، وهي حقيقة وجوده كذاتٍ مفكرة «أنا أفكر إذن أنا موجود»، أو «الكوجيتو»، والفكر هو حقيقة وجوده. لكن هل بنى حقائقه هنا من دون وجود أفكار سابقة؟

كانت الإجابة عن هذا السؤال بالسلب لدى معاصريه، ومنهم اللاهوتي بيير جاسندي Gassendi؛ الذي انتقد شكّه بالأفكار السابقة، ورأى أنّنا لا نستطيع التخلّص منها، ليس فقط لكونها جزءاً من كياننا وشخصيتنا، بل لأنَّها مكوِنة للفكر ذاته، إذ لا يمكن فصل الفكر عن موضوعه؛ لذلك استبعد جاسندي منهج الحدس العقلي، فالتصورات التي تكوّنها النفس ابتداءً من الخبرة الحسية ليس لها سوى قيمة إجرائية فقط.[70] وهذا ما دفع الفيلسوف المعاصر أنتوني كيني Anthony Kenny، إلى القول: «إنَّ ما قدمه ديكارت ليس سوى نظرية ميتافيزيقية روحانية للعقل؛ كونها تعزلُ عباراتٍ تتعلق بالحياة العقلية عن أيّة إمكانية للتحقق أو التكذيب في العالم عموماً»،[71] وهذا يبدو واضحاً في اتخاذه العقل كأداةٍ للحكم،

69. ديكارت، رينيه، حديث الطريقة، تر: عمر الشارني، مركز دراسات الوحدة العربية، بيروت، ط1، تموز، 2008. ص161.

70. جعفر، عبد الوهاب، أضواء على الفلسفة الديكارتية، الفتح للطباعة والنشر، الأسكندرية، د ط، 1990. ص76. (بتصرف)

71. كيني، أنتوني، الإله المجهول، تر: منال محمد خليف، دار أبكالو للطباعة والنشر، ط1، بغداد، 2023. ص179.

فبعد أنْ شكّ في كلّ المعارف وحتى في العقل، عادَ ليتخذه أداةً أساسية للمعرفة. وذهب إلى أنَّ «القدرة على الحكم الجيد، والتمييز بين الصواب والخطأ واحد عند كلّ الناس، ولا يعود تنوع الآراء إلى كون البعض أكثر تعقلاً من الآخر، بل لكوننا نقود أفكارنا في دروب مختلفة».[72]

حاول ديكارت أن يثبت أنَّ أول مرحلةٍ من مراحل معرفتنا هي اكتشاف وجود ذواتنا، وانطلاقاً من إعادة بنائه للمعرفة ككل على صرحِ العلم، أظهر أنَّ الحواس لا تخدعنا فحسب، بل تنقل صورةً مخالفة للواقع، ولا توصف الخواطر كالإرادة والانفعال، بالصدق أو الكذب، ولا تكون الفكرة صادقة ولا كاذبة بذاتها، بل يقع الخطأ من حيث الحكم؛ لأنَّه ينطوي على تقريرٍ للوجود. بيد أنَّه ينتهي هنا برأي عثمان أمين إلى دورٍ منطقي يتمثل في أنَّ كلّ تصور ذهني يجب أن يكون صورة في الذهن لموضوعٍ خارج عنه، لكن كلّ تصور إنَّما هو «نحو من أنحاء فكري»، أي يجري داخل ذهني، فهل من الممكن لذهني أنْ يعرف ما هو خارج عنه؟ في سبيل الإجابة عن ذلك يتحدث ديكارت عمّا يسميه «وجود موضوعي للأفكار»، أي ما يوجد بالتمثّل في الفكر. وهذا ما قاده إلى التفرقة بين تمثّل الجواهر والأعراض، وهي الصفات التي لا توجد بذاتها بل تفتقر إلى غيرها، في حين أنَّ الجواهر أشياء قائمة بذاتها، ومستقلة عن غيرها، كالحقائق الأبدية والرياضية، وحقيقة الوجود اللامتناهي، أي الله.[73] ويكمن يقيني في عدم قدرتي على الشكّ في ذاتي، «أنا أفكر إذن أنا موجود»، فالذات هي المقياس هنا، أو الكوجيتو، والتي لم تكن بحدّ ذاتها سوى فكرة صورية بحتة، ولا وجود لها في الواقع، وكان متناقضاً في تمييز الفكر عن المادة، وهذا قادنا إلى القول: إنَّه كان متوهماً في تجاوز فلسفته العقلية المعرفية

72. ديكارت، رينيه، حديث الطريقة. ص42.

73. ديكارت، رينيه، التأملات في الفلسفة الأولى. ص ص1420 (بتصرف)

للمنطـق الأرسـطي، وأنَّه يشـبه أرسـطو في حديثه عـن الجوهـر والحقائق الأبديـة، وسـنبين ذلـك لاحقـاً فـي توضيحنا لموقفـه اللاهوتي، وحسـبنا أن نبحـث فـي تأثيـر عقلانيته في فهـم العلاقة بيـن النفس والجسـد، وطبيعة فهمـه للمادة في أفكاره اللاهوتية، وكيف ميّز الإنسـان بعقله عن غيره من الكائنات الأخرى.

نظر ديكارت إلى العقل والمادة كعالمين منفصلين، انسـجاماً مع مبدأ الكوجيتـو الـذي يتضمـن القـول: إنَّ الإنسـان فـي جوهـره، كنايةٌ عـن عقلٍ مفكر، وأنَّ الجسـد من الناحية المنطقية، ليس شـيئاً جوهرياً في الإنسـان، وهو منفصلٌ عن العقل، وماهيته الامتداد، في حين أنَّ ماهية العقل الفكر، وهو ذو طبيعة روحية خالصة، ولكن بينهما وحدة، مع أنَّ الجسـد بطبيعته منقسـم دائمـاً، على خلاف العقل الـذي يبدو متّحداً به، ولا يتلقى مباشـرةً الأثـر مـن جميـع أجـزاء البـدن، بل مـن أصغر جـزءٍ في المـخ، ممـا يجعله يحـسّ شـيئاً بعينـه، وينبّـه أجـزاء الجسـد الأخـرى.[74] وظنّ أنَّه حـلّ بذلك مشـكلة العلاقـة بين العقـل والجسـد، بيد أنَّه زادهـا تعقيـداً وغموضاً، ولا سـيما مـا تركته مـن أثرٍ في الفيزيـاء الحديثة، التي أضافت فكـرةَ أنَّ العالم المادي مغلق سببياً، أي أنَّ الأجسام المادية لا تؤثر إلا في الأجسام المادية، ولا يوجـد شـيء آخر خـارج المادة.[75] ولم ينسـب في بحثه عـن المفهوم اليقينـي للمـادة أيّـة طبيعـة أو ينفـي عنها صـور العناصر الأربعـة، وجميع الصفـات المحسوسـة، ولا يقـول بالمادة الأولـى التي تحدثَ عنهـا القدماء، بل يرى أنَّها جسـمٌ حقيقي تام الصلابة، يملأ وبصورة متسـاوية العالم كلّه.

لكن عقلانيته لم تُظهر هنا سـوى دفاعه عن نتيجتين وهما: نفي وجود

74. المصدر نفسه. ص ص262 264 (بتصرف)

75. يدري، باديس، الواقع والزمن والفيزياء الأساسية، معهد الفيزياء، جامعة عنابة، الجزائر، 2018. ص108 (بتصرف)

الـخلاء، فحيث الامتداد هناك مادة، وحيث المادة لا خلاء، وبناءً عليها قدم تفسـيره للجاذبيـة الأرضية،[76]* أما النتيجة الثانيـة فهي الوحدة الجوهرية للعالم المادي وموجوداته، والقول: إنَّ كلّ الأجسام صُنعت من المادة ذاتها. لكنـه لـم ينتبه إلـى أنَّ الحركة تحتاج إلى الـخلاء، كما أنَّ حديثـه عن الحركة الدائريـة لتبريـر ذلك لم يكن مقنعاً، وهو أشـبه بما قدمه أرسـطو في نظرية الحركـة؛ لكونـه يذهـب إلى أنَّ الجسـم عندما يتـرك مكانه فإنَّه يحتـل دائماً مكان جسمٍ آخر، وهذا يحتل بدوره مكاناً آخر، وهكذا دواليك، ولسنا بحاجة إلى افتراض أيّ خلاء Vacuum[77]** تتحرك فيه الأجسـام.[78] وهذا مخالف للفيزياء المعاصرة، ويتعارض مع قوله بوحدة العالم المادي، إذ كيف يفسـر تنوع الموجودات إذا كان العالم كلّه مكون من المادة ذاتها؟

هنـا يجيب ديكارت: إنَّ ما يفسـر تنوع الموجـودات واختلافها هو حركة أجزائهـا، وحجمها وهيئتهـا، وترتيبها. ولا يعترف من حيث الحركة إلا بالحركة المكانيـة، وهي من البسـاطة بحيث لا تمكّن من شـرح سـائر التغيرات التي تحـدث فـي العالم فحسـب، بل ومبـادئ الرياضيات نفسـها. ويرفـض أن يردّ أصـل الحركة إلى مصـدر خارج المادة، معطياً بذلك عالـم الطبيعة قدراً أكبر

76. * فسر ديكارت الجاذبية الأرضية بامتناع وجود الخلاء، ومرد ذلك إلى أن أجزاء السماء المحيطة بالأرض، لما كانت تدور بسرعة أشد مما تفعله أجزاء الأرض، تنزع إلى الخروج عن مجراها بقوة أشد من أجزاء الأرض كذلك، وهذا ما يعرف بالقوة الطاردة لكن ما يمنعنا من ذلك هو امتناع وجود الخلاء في الطبيعة، وامتناع خروج أي جزء من هذه المادة عن مجراه دون أن يحل محله جزء آخر، فإذا كان من المحال على أجزاء السماء المحيطة الخروج عن مسار تحركها ودورانها، فمن الأولى ألا تخرج أجزاء الأرض كذلك عن مسار حركتها، وهذا هو سبب جاذبية الأرض برأيه، للمزيد انظر: ديكارت، رينيه، العالم، تر:إميل خوري. ص.113.

77. ** الخلاء: وهو حيز خالٍ من ذرات غاز أو جزئيات، ويكون فيه الضغط أخفض بكثير من الضغط الجوي العادي. راجع: معجم مصطلحات الفيزياء، مطبوعات مجمع اللغة العربية، دمشق، 2015. ص511.

78. ديكارت، رينيه، العالم. ص ص1820 (بتصرف)

مـن الاسـتقلالية. ولا يبحث فـي علّة الحركـة، ويكتفي بالاعتقاد أنَّها شـرّعت في الحركة منذ شـرّع العالم بالكون، ويمتنع توقف حركتها في أيّ وقت.[79] وبذلـك قـدّم شـرحاً سـببياً للعديـد مـن الظواهـر ولا سـيما مـا يتعلـق بوزن الأجسام، والذي يرجع إلى التأثير الواقع على السطح الأعلى لذراتها من الأثير المحيط، وشرح الجاذبية بامتناع وجود الخلاء،[80] فالسبب هنا موجود، لكن قولـه هذا لم يلقَ ترحيباً عند الكثيرين، ولاسـيما معاصـره ليبنتز، الذي رفض الامتـداد بالمعنـى الديكارتي، أو اعتبـار المقاومة ماهية للمـادة الأولى، وأن يكـون الامتـداد مجرد صفة لهذا الشـيء الممتد، فالمادة بحاجة لقوة تفسّـر حركتهـا ما دامت الحركة تفترض وجود قوة تدفعها للانتقال من حركةٍ بالقوة إلى حركة فعلية.[81]

فـي حيـن ذهـب بيركلي إلـى أنَّ المـادة لا وجود لهـا في الخـارج، وإنَّما يخيـل إلينـا أنَّهـا موجـودة، ولا وجود إلا للـروح والعقل، وما من شـيءٍ خارج العقـل، الـذي لا يـدرك الأشـياء بنفسـه، ولا بقوة إرادتـه، بل يسـتمد الإدراك مـن اللـه القـادر الـذي يطبع الصـور في عقولنـا، ونحن نسـميها عادةً أشـياء حقيقية. ويقول: «ليست الآراء والأفكار خيالات باطلة يتخيلها العقل، بل هي الموجودات الحقيقية التي تقبل التغير، ولذلك كان وجودها أكثر تحققاً من الأشـياء الخارجيـة الزائلـة التي تقع عليها حواسـنا ولا ثبات لهـا، ولا يمكن أن تكـون موضوعاً للعلوم فضلاً من أنْ يدركهـا العقل».[82] وأضافَ فكرة الروح، ولكن من دون توضيح العلاقة الفعلية بينها وبين النفس والجسد.

79. المصدر نفسه. ص ص21 26 (بتصرف)

80. راجع المصدر نفسه. ص113 (بتصرف)

81. ليبنتز، ج. ف، أبحاث جديدة في الفهم الإنساني، سلسلة نصوص فلسفية، تر: أحمد فؤاد كامل، دار الثقافة للنشر والتوزيع، فاس، المغرب، 1983. ص31 (بتصرف)

82. رابوبرت، أ، س، مبادئ الفلسفة، تر: أحمد أمين، مؤسسة هنداوي، القاهرة، 2012. ص103

بينما رأى أتباع النظرية الوظيفية في الفلسفة المعاصرة، من أمثال بُتنام Hilary Putnam أنَّ الفيزياء انشغلت بتلك القوة المؤثرة في الجسم المادي، ورفضتْ الشرح الكيفي، وتصورتْ أنَّ للعالم الميكانيكي منطقاً وبرنامجاً خاصاً به، ومن هنا نُظر إلى العلاقة بين العقل والجسم على أنَّها سببية، وبدت الحوادث العقلية موازية للحوادث الفيزيائية، أو متفاعلة معها،[83] ونُظرَ إلى ديكارت على أنَّه يتغاضى عن أنَّ الحالات النفسية كالتفكير تكون ضمنية ولا تُردّ إلى أنماطٍ، وقوانين سببية يمكن التنبؤ فيها بنتيجة فريدة؛ فالحالات العقلية ليست مادية، وكما قال بُتنام: «العقل لا يمكن أنْ يكون متجانساً أو طبيعانياً».[84] معبّراً بذلك عن رفضه لتلك الصورة التفاعلية الّتي تحدث عنها ديكارت، وتمييزه بين الجسد والعقل أو النفس، والتي وصفها بأنَّها: «جوهر محض، ومهما تتغير جميع أعراضها فلن تصير شيئاً آخر، في حين أنَّ الجسد يصير شيئاً آخر متى شكّل بعض أجزائه، والجسد فانٍ أما النفس فباقية بطبيعتها».[85] ويتضح موقف ديكارت هذا في ثلاث أدلةٍ يميز فيها بين النفس والجسد، وهي:

دليل الأنيّة: يمكن أن يتجاهل الإنسان كلّ ما حوله ما عدا أنَّه نفسٌ مفكرة، على خلاف الجسد، الذي قد يختلّ شعوري به. وهذا الدليل ليس بالجديد عند ديكارت؛ إذ نجد مثيلاً له عند ابن سينا في برهان الرجل المعلق في الفضاء.

دليل وحدة النفس وعدم قابليتها للقسمة: على خلافِ الجسد الذي يمكن أن نميّز فيه مجموعة من الأعضاء، لا يمكننا أن نميز في النفس كشيءٍ

83. بُتنام، هيلاري، العقل والصدق والتاريخ، تر: حيدر حاج إسماعيل، مراجعة: هيثم غالب الناهي، مركز دراسات الوحدة العربية، بيروت، ط1، 2012. ص ص 129130.

84. Putnam, H. Realism and Reason, in Philosophical Paper: vol.3. Cambridge: Cambridge University Press, 1983. p.229.

85. ديكارت، رينيه، التأملات في الفلسفة الأولى. ص57 58

مفكـر أيّ أجـزاء، ولا ندركهـا إلا كوحدة واحـدة. ونجد هذا الدليـل أيضاً عند ابن سينا وكذلك الغزالي، الذي أثبتَ أنَّ النفس جوهر غير منقسم ولا متحيز. وكان هذا الدليل كما يشير إلى ذلك فضل الله موضع نقدٍ عند خصوم ديكارت مـن التجريبيين، ولا سـيما هيوم الـذي ينكر تماماً وجود النفـس أو الروح أو الذات؛ لأنَّها لا تقابل أيّ شيء محسوس في العالم الخارجي. وما فكرة النفس إلا مـن خلقِ الوهم والخيال؛ لأنَّـه لا وجود لها، ومهما تأملنا فيها فلن نتمكن من أنْ ندرك سوى حالات لها.[86] مع أنَّه تحدث في كتابه «تحقيق في الذهن البشـري» عن مدركات الذهن وقسّمها إلى نوعين: الخواطر أو الأفكار، وهي أقلّ قوة وحيوية، والانطباعات، وهي الإدراكات الأكثر حياةً، وبإمكاننا تحليل أيّ فكـرة يُعتقـد بانتمائها إلى العقـل إلى مجموعة من الانطباعات الحسـية البسيطة.[87] وهذا يؤكد التفاعل بين النفس والجسد، ولا ينفي وجود النفس أو انفصالها عن الجسد، إذ لا معنى لها من دونه.

دليـل إدراك النفـس للمعقولات البسـيطة: يقوم هـذا الدليل على أنَّ النفس تتعقل بالفطرة مبادئ أولية بسـيطة، لا تنحل إلى أجزاءٍ أكثر بسـاطة منها، ولا تتمظهر في شكلٍ مادي، وهي خالدة، وقد ذكرنا أنفاً بطلان أيّ دليلٍ علـى وجـود أفكارٍ فطرية عند كلّ النـاس، وليس لدينا دليل على خلودها، بل فنائها؛ فالنفس تفنى بفناء الجسـد كما أشـار أرسطو، وليست خالدة، والقول بخلودها لا يؤكد سوى أفلاطونية ديكارت، وعدم تمييزه بين النفس والروح.

أمـا عن حديث ديـكارت عن التفاعل بين النفس والجسـد، فإنَّ تفسـيره يماثل ما قدمه علم الأعصاب الحديث، مع فرق أنَّه يصرّ على التمييز بينهما، وهـو تفسـيرٌ ميتافيزيقي، ويعـارض ما يقرّه العلم الحديـث عن العقل الذي جعلـه ديـكارت متحـداً بالدمـاغ، وأكّد التفاعـل بينهما، ولكـن لا يمكن قبول

86. فضل الله، مهدي، فلسفة ديكارت ومنهجه. ص119 123 (بتصرف)

87. للمزيد انظر: هيوم، دايفيد، تحقيق في الذهن البشري. ص4042. وص62. (بتصرف)

تلك الوحدة الجوهرية وما نشأ عنها، ولا يسعنا سوى القول مع بُتنام إنَّ «المؤسسة الديكارتية بأكملها كانت على خطأ».[88] وهو خطأ نبّه إليه معاصروه أنفسهم، وحاولوا أن يقدموا رؤية بديلة عنها، لكنها بقيت تحمل الطابع الميتافيزيقي نفسه الذي تحدث عنه ديكارت. لم يكنْ العالم العقلي الديكارتي برأي كيني متاحاً إلا من خلال الاستبطان؛ حيث يجب أنْ يتعلّم كلّ شخص معاني المحمولات المطبّقة في هذا العالم العقلي من خلال النظر إلى محتويات عالمه الخاص به، ورداً على ديكارت نشأتْ أيضاً النظرية السلوكية التي أنكرتْ وجود العالم العقلي، ورأت أنَّنا عندما ننسب حالات أو أفعال عقلية إلى الناس، نُدلي في الحقيقة بتصريحاتٍ حول سلوكهم الجسدي الفعلي أو الافتراضي؛ أي السلوك الموجود في عالمِ المادة،[89] وليس العقل. كما اعتقد فيتغنشتاين L.Wittgenstein، الذي رفض الميتافيزيقا الديكارتية، أنَّ الأحداث والحالات العقلية لا يمكنْ اختزالها في تعابيرها الجسدية، ولا فصلها تماماً عنها كما اعتقدَ ديكارت، إضافةً إلى أنَّ العلاقة بين الحالات العقلية والجسدية ليست علاقة اختزال منطقي، وليست علاقة سببية، ويمثلُ التعبير الجسدي عن العملية العقلية معياراً لتلك العملية؛ وهذا يعني أنَّ جزءاً من تصور عملية عقلية من نوعٍ معين كان ينبغي أن يكون له مظهرٌ مميزٌ، ذلك أنَّ المعايير التي نعزو إليها الحالات الذهنية، والأفعال العقلية هي الحالات، والأنشطة الجسدية.[90]

مع ذلك أعادَ علم الأعصاب تسليط الضوء على دور الميتافيزيقا في فهم الأحداث العقلانية، لكنه أخذ بالحسبان عنصراً ثالثاً إلى جانب العقل والجسد، ألا وهو الروح، كحال عالم الأعصاب المعاصر أكليس Eccles، الّذي

88. Putnam, H. Realism and Reason, in Philosophical Paper. p.229.

89. كيني، أنتوني، الإله المجهول. ص68 (بتصرف)

90. المصدر نفسه. ص68 (بتصرف)

أكد أهميتها عندما تحدّث عن العلاقة بين العقل والجسد. وربما كان لإدخال الروح هنا أهمية كبيرة في فهم الوعي، لكنه أشار إلى وجود وعي أحادي، وأنَّ قدرة أحد فصي الدماغ على إثارةِ وعي منفرد لا يعني أنَّ هناك محليْن للوعي، فالوعـي واحـد، ولكن هناك وظائف منفصلة لنصفي الدماغ الأيمن والأيسـر، وقد مكّنتنا التجارب من التعرّف على الأنماط اللمسـية الفائقة بواسـطة اليد اليسرى، وعلى الشيء عبر اللمس الأولي، وظهر أنَّ اليد اليمنى عادةً ما تفشل فـي التعرّف على الأشـياء بفاصل اختبار مدته بضع ثوان. وأنَّ أسـماء الأشـياء تومضُ للنصف الأيسـر لكن لا يمكن الكلام بها، ويمكن عند لمس الأشـياء أنْ يتعـرّف عليهـا النصف الأيسـر لكن لا يمكن تسـميتها، وعند ملامسـتها باليد اليمنـى يمكنْ على الفور ذكر اسـمائها، وكانـت النتائج دائماً توضح أنَّ هناك انفصال تام بين نصفي الدماغ من حيث الاسـتجابات الحسـية.[91] لكن هذه النظـرة معقـدة، وربما تبدو الرؤيـة الّتي تقول بالمحليْن أكثر بسـاطة؛ كونّها تؤكـد أنَّ قدرات سـلوكية معينـة كافية للوعي. وهذا يتفق مـع الواقعية الّتي تفيـد أنَّ الحيوانـات واعيـة، غير أنَّ هنـاك اختلاف في الحيوانـات الّتي تحوز علـى دمـاغٍ سـليم، وجزء واحد مـن الدماغ المنقسـم.[92] وهـذا يتعارض مع الرؤية التي أكدها ديكارت عن أنَّ الحيوانات لا عقول لها، أو وعي، ولا تفكر.

هنـا نجيـب عن سـؤال هل العقل ميزة للإنسـان فقط كمـا ذكر ديكارت، ونجـد إجابـة عن هذا السـؤال عند كيني الـذي ذهب إلى أنَّ هـذا يعود إلى ما قصده بالعقل، فهل يقصد العمليات العقلية الأساسـية، أم الوعي بالذات؟ صحيح أنَّ الحيوانات لا تمتلك وعياً بالذات كما يفعل البشر، ولا التصور الذي يُظهره البشـر عند اسـتخدامهم لضمير المتكلم الأول. لكـن الوعي بالذات لا

91. Popper, K.& Eccles.C. John, The Self and Its Brain: An Argument For Interactionism, Routledge, London And New York, 1983. pp.317320.

92. بُتنام، هيلاري، العقل والصدق والتاريخ. ص153. (بتصرف)

يماثـل الوعـي، ذلـك أنَّ الوعـي ممكـن من حيث شـكله الحسـي في حالِ غيـاب الوعـي بالـذات. فـإذا حدّدنـا العقل مـن حيـث الأنشـطة الروحية السـامية التي حدّد فيها بعض الفلاسـفة ماهيته، فيبدو أنَّنا مضطرون إلى القـول: إنَّ كلّ البشـر ليس لديهم عقول؛ لأنَّه لا يُعقـل أنْ يمتلك جميعهم القـدرة علـى أن يكونـوا علمـاء أو شـعراء أو ميتافيزيقييـن أو متصوفيـن. وربمـا باسـتطاعتهم أن يفهمـوا أسـمى الأفـكار القـادرة علـى التعبيـر عن لغةِ البشـر في حالِ حصولهم على التدريب المناسـب.[93] لكن لكي نقرر برأيـه إلـى أيّ مـدى كان ديـكارت محقـاً، أو مخطئـاً، يجـب أنْ نوضـح ما نعنيـه بالقـول: «إنَّ الحيوانات لا تفكر».

ربمـا كان يقصـد ديكارت بحسـب ما ذهـب إليه كينـي أنَّ الحيوانات ليـس لديهـا الوعي الديكارتـي، وأنَّها لا تمتلك أفـكاراً أو معتقدات خاصة، تمكّنهـا مـن الاتصـال بالعالم الخارجـي. وإذا كان هذا هـو المقصود، فإنَّ القول صحيح. لكن هذا الأمر غير مهم أيضاً؛ لأنَّه إذا كان هذا هو ما تعنيه كلمـة «يفكـر»، فـإنَّ البشـر لا يفكرون أيضـاً. وليـس لدينا وعـيٌ ديكارتي كحالِ الحيوانات؛ لأنَّ هذا الوعي باطلٌ لا معنى له. ومن الممكن أنَّه أراد القول: إنَّ الحيوانات كالآلات، وإنَّ سـلوكها يخضعُ للشرح الآلي، ولا يوجد أيُّ مجـالٍ فـي تكويـن الحيـوان يخبرنـا عن جوهـرٍ غير مادي. وقد نسـلّم بأنَّـه لا توجـد «أنـا Ego» حيوانية غير ماديـة: لكننا قد نتسـاءل أيضاً عمّا إذا كانـت هنـاك «أنا» بشـرية غيـر مادية، وقـد نعتبرُ هذا سـؤالاً مفتوحاً عمّـا إذا كان السـلوك البشـري غيـر خاضـعٍ بحدّ ذاتـه ربما للشـرح الآلي. وربما كان المقصود أنَّ الحيوانات لا تسـتطيع اسـتخدام اللغة، ولا تمتلكُ قـدرةً نوعيـة محددة على تعلّمها، وهو أمرٌ يختلفُ عن الذكاء العام. ومن المؤكـد أنَّ ديـكارت أشـارَ إلى ذلـك، كما أثـارَ العديد من علماءِ السـلوك

93. كيني، أنتوني، الإله المجهول. ص74 (بتصرف)

الحيوانـي جـدلاً حوله، حيث ادعى بعضهم أنَّ الشـمبانزي المدرب تدريباً خاصـاً قد أتقنَ بالفعل لغة الإنسـان.[94]

لكـن ينبغـي أن نأخـذ بالاعتبـار بـرأي كينـي أنَّ هنـاك فرقـاً بيـن العقـل والتفكيـر، حيـث يمثل التفكير نشـاطاً أو حالة، بينما العقل مقدرة، ويشـمل التفكير أنواعاً مختلفة من النشاط أكثر مما تمتلكه مقدرة العقل. وإذا كانت الأنشـطة الفكريـة تنطوي على إنشـاء الرمـوز واسـتخدامها، فـإنَّ الحيوانات البكماء لا عقول لديها؛ لأنَّها لا تُنشئ الرموز وتستخدمها كما نفعل نحن، لكن ذلك لا يحسم السؤال عمّا إذا كانت تفكر. ذلك أنَّها فاعلة واعية بلا شكّ، فإنْ كان الجماد والنباتات التي لا تشعر قادرة على التأثير، فمن باب أولى القول: إنَّ الحيوانات فاعلة. وتكون واعية على عكس الأحجار والأشجار، بمعنى أنَّها قادرة على الإدراك والإحسـاس. ولا يوجد أيّ تجسيم في عزو الإدراك الحسي لهـا، ولا نسـتخدم المجاز إذا تحدثنـا عن عينِ طائر أو سـمكة. وهذا يدحض دعـوة ديكارت بأنَّ الحيوانات لا تمتلك إحساساً بالمعنـى الحقيقي طالما لا توجد معطيات حسـية، ولا يكفي القول: إنَّها كانت تمتلك الأدوات المناسـبة في أجسادها، قياساً بحواسها، لإثبات أنَّها استطاعت أنْ تدركَ حقاً من خلالها. وقد نتفق على أنَّ مجرد وجود الأداة المناسبة للإدراك والإحساس ليس كافياً؛ لكون الدماغ البشري متصلٌ بالأعصاب، ومجرد إزالته عن الجسد ووضعه في المختبر، يختفي الإحساس، ولكن الأداة الحيوانية ليست في المختبر، بل في كائـنٍ حيوانـي، ويمكنه أنْ يتفاعل ككل ويتصرف بالطريقة المناسـبة لإظهار أنمـاطٍ مختلفـة من الوعـي بالبيئة المميزة بحـواسٍ مختلفة، ولـه معتقدات ورغبـات بسـيطة، ننسـبها له على أسـاس سـلوكه وقدراتـه واحتياجاته. وفي هذه الحال، يمكننا الاستفادة من بنية الكلام غير المباشر كما نفعلُ في حالة البشـر، ويمثلُ الاعتقاد والرغبة تصورات ذات ميلٍ، ونحدد ماهيته من خلال

94. المصدر نفسه. ص80 (بتصرف)

وصف ما يمكن اعتباره تمريناً يتعلق بالميل.[95] وربما سلّمَ ديكارت بذلك، لكن هذا يعود إلى تصوره للخيال على أنَّه قدرة الدماغ على إنتاج الصور، ولم يكن هناك سببٌ لإنكار وجود صور مادية في أدمغة الحيوانات تماماً كحال أدمغة البشر. لكن إنْ كان الخيال هو القدرة على التخيّل العقلي وليس التخيل الدماغي فهل للحيوانات خيالٌ بهذا المعنى؟

يجيب كيني هنا بأنَّنا لا نملك المبرر الذي يخولنا لإنكار ذلك كما فعل ديكارت وغيره من العقلانيين، إذا فكّرنا في الصورِ الذهنية على أنَّها نسخةً أقل وضوحاً من انطباعات الحس. وذلك مع علمنا أنَّ لديها إحساسٌ حقيقي، وإذا سلّمنا بأنَّ لها القدرة بسبب الانطباعات الحية، فلماذا لا تكون القدرة بسبب انطباعات أقل حيوية؟ لكن الأمرَ أكثر تعقيداً من ذلك؛ لأنَّ امتلاك الصور الذهنية كباقي العمليات الباطنية الأخرى يتطلب معياراً خارجياً، حيث نتعرّف على الصور الذهنية لبعضنا البعض بالاستماع إلى أوصافها. وفي حالِ الإنسان، يكون المعيار لحدوث الصور الذهنية لغوياً. علاوة على أنَّ قدرتنا على الحصول على صورٍ ذهنية يرتبطُ بقدرتنا على التحدث إلى أنفسنا. بالكاد يدّعي أكثر محبي الحيوانات تعصباً أيضاً أنَّ لها لغةً لا تستخدمها إلا في مناجاتها الباطنية. ومع ذلك لا يكون كلّ تخيلٍ ذهني لغوياً حتى في حالتنا، ولا يمثلُ كلّ ما أراهُ بعين عقلي مادةً مكتوبة، ولا يكون كلّ صوتٍ أسمعه في أذنِ عقلي كلمات منطوقة.[96] ومع أنَّ كيني يقع هنا في شرك العقلانية، لكن تبريره لم يوضح الأساس الذي بنى عليه ديكارت إنكاره لوجود الوعي وحتى الخيال عند الحيوانات؛ لكونه لا يملك الدليل الذي يخوله لتأكيد ذلك، فقد بتنا اليوم أمام العديد من الحقائق في علم الحيوان، التي تبين وجود الوعي عند الحيوان وإنْ كان غير قادر على النطق بها، كما أنَّ علم

95. المصدر نفسه. ص81 (بتصرف)

96. المصدر نفسه. ص8687 (بتصرف)

الأعصاب والـذكاء الاصطناعي يطالعنا يومياً بابتكارات جديدة تتعلق بالعقل والدماغ البشري، وبقي أنْ نسأل هل اتفق أتباع ديكارت مع رؤيته عن ثنائية النفس والجسد؟

تظهر الإجابة بالنفي لا، إذ رفض سـبينوزا ثنائية العقلالجسـد، واستلزمت عقلانيتـه إبطـال هـذه الثنائيـة؛ لأنَّها لـو كانـت حقيقية لكانت هنـاك علاقة اعتباطية وغير قابلة للتفسـير بين الذهن والجسـد، وهذا يتعارض مع الزعم العقلاني أنَّ هناك صِلات مفهومة عقلياً تربط كلّ الظواهر.[97] يقول سبينوزا أيضاً: «الجوهر المفكر والجوهر الممتد هما نفس الجوهر، يدرك تارةً تحت صفـة مـن الصفات وطـوراً تحت صفة أخـرى»،[98] ولا تمثل النفس سـوى ما يطرأ على الجسد من تغيرات تحدثها فيها الموجودات الخارجية، وبذلك ينكر ثنائيـة ديكارت، ويؤكد أنَّ النفس متحدة بالجسـد، ولا مجـال للفصل بينهما، والتجربة تثبت وجود علاقة ديالكتيكية بينهما.[99] والنفس غير منفصلة عن الجسد، بل هي صوت الجسد ذاته؛ لأنَّ ماهية الإنسان تُعرف بهما معاً، بحيث يشكلان الشيء ذاته، والفكر والامتداد شيءٌ واحد، سواء تصورنا الطبيعة في صفة الفكر أو الامتداد فإنَّنا سـنجد النظام نفسـه. وليس الفكر سوى الجسد، وهـو حـالٌ مـن أحواله لا غيـر، لكنه يضيف هنـا البعـد الميتافيزيقي ويرجع الفكـر والامتـداد إلـى أنَّهما صفة من صفـات الله، أو بمعنى آخر، الله شـيء مفكـر وممتـد. ويبـرر ذلك في قولـه: إنَّ «علّـة الوجود الصـوري للأفكار هي الله منظوراً إليه فقط كشـيءٍ مفكر، لا كشـيءٍ يتجلى من خلال صفة أخرى، بمعنـى أنَّ العلـة الفاعلة لأفكار كلّ من صفات الله والأشـياء الجزئية ليسـت الموضوعات التي تمثلها هذه الأفكار، أي ليسـت هي الأشياء المدركة، وإنَّما

97. كوتنغهام، جون، العقلانية: فلسفة متجددة. ص66 (بتصرف)

98. سبنوزا، باروخ، علم الأخلاق. ص88

99. عباسية، رحال، الحرية والسلطة السياسية في فلسفة سبينوزا، إشراف: أرزقي بن عامر، جامعة وهران، الجزائر، رسالة ماجستير غير منشورة، 2015. ص21 22 (بتصرف)

هي الله نفسه من حيث أنَّه شيء مفكر».[100] وبذلك تكون النفس البشرية جـزءٌ من عقل الله اللامتناهي، وإداركها للأشـياء هـو إدراكُ الله، ليس بما هو لانهائـي، وإنَّمـا بما يتبدى من خلال طبيعة النفس البشـرية، وبما هو مؤلفٌ لماهيتهـا، ويمتلـك هـذه الفكـرة أو تلـك، وعندما نقـول: إنَّ اللـه لديه هذه الفكـرة أو تلـك، ليس بما هو مكون لطبيعة النفس البشـرية فحسـب بل من جهة كونه يملك بالإضافة إلى هذه النفس والاشـتراك معها، فكرة شـيءٍ آخر، ونقـول آنـذاك إنَّ النفس تدرك شـيئاً ما إدراكاً جزئيـاً.[101] بيد أنَّ قوله هذا لا يصمد أيضاً أمام تطور علم الأعصاب الحديث، والعلاقة بين العقل والدماغ، إذ لا نجد لدى سبينوزا تفسيراً للحالات الذهنية واختلافها عن الحالات العصبية، أو الإيلية التي ترتبط بها الأوصاف الذهنية بالأوصاف المادية.

لكن سـبينوزا أضـاف إلى العلاقة بيـن العقل والدماغ بعـداً ميتافيزيقاً لا يمكن الاسـتناد إليه، وكانت أفكاره كحال ديكارت محط نقدٍ أيضاً عند أنصار الوظيفيـة المادية مـن أمثال دانيـال دينيـت Danial Dennett، الذي رفض وجـود بعـدٍ ميتافيزيقـي للأحـداث العقلية معتبـراً أنَّ مصطلحـات من قبيل الرغبة، والنية هي مجرد أدوات للتعبير عن الطبيعة المادية للنشاط العقلي عنـد الإنسـان، ولا يمكـن أنْ يكـون لهـا وجود حقيقـي، فهي تصـف فقط ما يحـدث مـن نشـاطٍ داخـل الدماغ البشـري،[102] ولكنّـه لم ينـفِ وجود هذه الحالات العقلية، بل أكّد أنَّ لها وجوداً موضوعياً أصيلاً لا يحتاج لردّه لوجود آخـر. وافتـرض أنَّ العقـل مـوزعٌ في جميـع أنحاء الجسـد، بقولـه: «لا يمكن للمرء أنْ يبعدني عن جسـدي [الـذي] يحوي أكبر قدر مني، قيمي، وواجبي،

100. سبينوزا، باروخ، علم الأخلاق. ص86
101. المصدر نفسه. ص94 (بتصرف)
102. الفضلي، صلاح، آلية عمل العقل عند الإنسان، عصير الكتب للنشر والتوزيع، ط1، 2019. ص32 (بتصرف)

وذكرياتي».[103] فالعقل برأيه يحتاج إلى الجسد لكي يدرك العالم الخارجي، وكمستشارٍ وقاضٍ، وهذا يوضح إمكانية الامتداد في كلا الاتجاهين برأيه: من الجسد إلى الدماغ، ومنه إلى العالم الخارجي، فمن جانب هناك أجساد حكيمة صغيرة ضمن الجسد الرئيسي، وأجساد حكيمة صغيرة جداً داخل تلك. ومن جانب آخر، هناك أجساد ضخمة خارجها في الثقافة وأجساد ضخمة جداً خارج تلك. وتلك الحكمة الجسدية المخزنة يمكن العثور عليها ليس فقط على مستوى الأعضاء الجسدية بل في مكوّنات الدماغ ذاته، كما أنَّ كلّ خلية عصبية فردية مع تقاطعاتها المتشابكة لها بطريقتها الخاصة حكمة قليلة من العقل، وليس مجرد بوابة سلبية لنقل المعلومات بل نظاماً يشتمل على قليل من القصدية في حقوقه الخاصة، ومعتقداته، ورغباته، وعقلانيته.[104]

يمكن تقديم هذا النقد أيضاً للبعد الميتافيزيقي الذي أضافه ليبنتز عبر رفضه لما ذهب إليه ديكارت من أنَّ النفس وحدها التي تدرك، وكذلك تحديده للعقل منهجياً على أنَّه الوعي، ونفيه أنْ يكون لدى الحيوانات عقولاً، وأن تكون واعية، وهو مخطئٌ في هذا. إذ يقول ليبنتز: «هذا الذي أخطأ فيه الديكارتيون خطأ كبيراً عندما اعتبروا الإدراكات التي لا نشعر بها غير موجودة، وهو الأمر الذي جعلهم كذلك يعتقدون أنَّ الأرواح وحدها مونادات، وأنَّه ليس للبهائم نفوس أو كمالات أخرى».[105] وبذلك يرفض ثنائية ديكارت، ويؤيد وجود ما يسميه التناغم أو الانسجام بين المونادات، إذ أنَّ «النفس تمثل البدن بصورة طبيعية...لأنَّها عبارة عن عالمٍ صغير،

103. Dennett, D. C, Toward an Understanding of Consciousness, Review by: Nicholas Humphrey, The Journal of Philosophy, Vol.94. No.2. Feb.1997. p.98.

104. Ibid. p. p.99.

105. مصطفى، بلبولة، ليبنتز ديكارتيًا، الأكاديمية للدراسات الاجتماعية والإنسانية، ع8، الشلف، 2012. ص123

حيث تمثل الأفكار المتميزة الله، وتمثل الأفكار الغامضة العالم».[106] وإن كنا نراها متحدة بالجسد طبيعياً، لكنها متميزة عنه من الناحية المنطقية، ومستقلة عنه. ويختلف بهذا عن ديكارت في النظر إلى العلاقة بين النفس والجسد، فالعلاقة عند ليبنتز ليست علاقة بين جوهرين منفصلين، بل علاقة تواصل، والجسد نوعٌ من الصورة تعبّر ديناميكياً أو طبيعياً عن النفس، والجسد بطاقة لها، ويعرض مظاهرها كلّها، وبذلك تكون العلاقة بينهما علاقة توازي وتواصل، وهما متوازيان توازي المعنى والعلامة، أو الدال والمدلول.[107] وبذلك لم يخرج عمّا قاله سبينوزا، ولم يقدم تفسيراً مقنعاً للعلاقة بين النفس والجسد.

لا يمكننا الأخذ بنظرية الموازاة بين النفس والجسد أو العقل والجسد، ولا يمكن قبول مطابقة الحوادث العقلية للحوادث الدماغية، حيث بدتْ رؤية ليبنتز ملطخة بالتفكير اللاهوتي؛ الّذي افتقر إلى القدرة على التمييز بين النفس أو العقل والروح، ونظرَ إلى الجسم كما يشير بُتنام على أنَّه ساعة معبأة تدير طريقتها حتى الموت، وكذلك الحوادث العقلية تكون مرتبة بواسطة قضاء إلهي، بحيث أنَّ حالةً دماغية تقع دائماً مع حدوث إحساس معين،[108] غير أنَّ تلك النظرة لا تعطي تبريراً كافياً للعلاقة بين العقل والدماغ، وسبباً واضحاً لهذا التوازي، الّذي يجعل الحالات العقلية مطابقة للحالات الدماغية أو الفيزيائية. وبناءً عليه لا يمكننا قبول ما ذهبت إليه عقلانية ديكارت وأتباعه عن تحديد العلاقة بين العقل والجسد وبراهينهم، وادعاءاتهم؛ كونها مبنية على أدلة ميتافيزيقية، ويمكننا القول مع كوتنغهام في نقده لهم: إنَّ «الفيلسوف العقلاني يبدأ...كعنكبوت بيكون...ينسج

106. ليبنتز، ج. ف، مقالة في الميتافيزيقا، تر: الطاهر بن قيزة، مركز دراسات الوحدة العربية، بيروت، 2006. (ص197 ضمن الحاشية)

107. ليبنتز، ج. ف، أبحاث جديدة في الفهم الإنساني. ص34 (بتصرف)

108. بُتنام، هيلاري، العقل والصدق والتاريخ. ص130. (بتصرف)

نسجه الميتافيزيقا المفصلة التي قد يكون لها سحر داخلي معين، ولكن قد لا تحمل أيّة صلة مفيدة بالعالم الحقيقي».[109] وذلك واضحٌ في تناولهم للكثير من الأمور، ولا سيما إدخالهم فكرة الجوهر والمونادات في فهم الوجود كما سنوضح لاحقاً، وحسبنا أن نبيّن فيما يلي الأثر الذي تركته ثنائية ديكارت في نظريته اللاهوتية وأدلته على وجود الله.

2. الأنانة والأدلة الديكارتية على وجود الله

أوضحنا ضمن رحلة الشك الديكارتي ثلاث أقطاب، هي الأنا العالم الله، حيث يظهر القطب الأول عند ديكارت كمعيارٍ لليقين في كلّ شيء حتى في إثبات وجود الله، ويكون العالم أو الطبيعة هي القطب الثاني، أما القطب الثالث فهو الله الفاعل في هذا العالم والخالق له، وهو الجوهر الأول، ولا ينفصل وجوده عن ماهيته، ويظهر ذلك جلياً في قوله: «لا أستطيع أن أتصور غير الله شيئاً يخص الوجود ماهيته على جهة الضرورة، ولكوني لا أستطيع أن أتصور إلهين أو أكثر على شاكلته، وإذا سلمنا بأنَّ ثمة إلهاً هو الآن موجود فإنّي أرى بوضوح أنّه لابدّ أن يكون موجوداً منذ الأزل و...إلى الأبد، وأتصور في الله صفات أخرى كثيرة لا أستطيع أن أنقص أو أغير منها شيئاً».[110] وبديهي ألا يعقل العقل غير ذلك.

لكن ألا يعني قوله هذا أنَّ الوجود والماهية ليس لهما المعنى ذاته، إذ أنَّ قوله بعدم الانفصال يقرّ بوجود كينونتين لا تنفصلان، وهذا محال، ولا معنى لقوله اللاحق بعدم القدرة على تصور إلهين، طالما أنَّ هناك حديث عن الانفصال أو عدمه، وكان الأجدر به أنْ يذكر كما يقول الشيرازي: إنَّ «وجوده تعالى ماهيته، وماهيته وجوده؛ لأنَّه لو لم يكن وجود كلّ شيء،

109. كوتنغهام، جون، العقلانية: فلسفة متجددة. ص57

110. ديكارت، رينيه، التأملات في الفلسفة الأولى. ص217.

لـم يكـن بسـيط الـذات، ولا محـض الوجـود، بل يكون وجوداً لبعض الأشياء وعدماً للبعض، فلزم فيه تركيب من عدم، وخلط بيـن إمكان ووجوب، وهو محـال».(111) فوجـوده ماهيته، وماهيته وجوده، بيد أنَّ خطـأ ديكارت هذا انعكـس لاحقـاً علـى أدلته الضعيفة على وجود الله، التي بيّن مـن خلالها تهافت الفلسفة العقلانية ووقوعها في شرك الإلحاد:

أ. الدليل الأنطولوجي: نحن نستدلّ على وجود الله بالاستناد إلى وجود فكرة الكامل في ذهني أو عدم تصور شيء له كلّ الكمالات، وليس له وجود مـادي غيـر الكائـن الكامـل اللـه، الـذي أتيقن مـن كماله بناءً علـى وجودي الناقـص، إذ يقـول ديكـارت: «اللـه خلقني علـى صورته، وحين أجعل نفسـي موضوع تفكيري، لا أتبين قط أنّي شـيءٌ ناقص...دائم النزوع والاشـتياق إلى شـيءٍ أحسـن وأعظم منـي، بل أعرفُ في الوقت ذاته أنَّ الـذي أعتمد عليه، يملك في ذاته كلّ هذه الأشياء العظيمة التي أشتاق إليها، وأجد في نفسـي أفكاراً عنها...لا يملكها لا على نحوٍ غير معين أو بالقوة فحسب، بل يتمتع بها في الواقع وبالفعل وإلى غير نهاية، ومن ثم أعرفُ أنَّه هو الله».(112) وطالما أنّني موجود، وأمتلك فكرة عن الله، يكفي كدليلٍ على وجوده، وهذه الفكرة لم أسـتمدها مـن الحواس، ولم يبتكرها ذهني، بل ولدَت معي وفي جبلتي، تمامـاً كحال الأشـكال الهندسـية، ومبادئ الفكر، ويظهر ذلك بقوله: «لا جرم أنْ أجد في نفسي فكرة عن الله. كما أجد فيها فكرة عن أيّ شـكلٍ أو عددٍ، وأعرف أنَّ الوجود الفعلي والأبدي من خواص طبيعته، وأعرف ذلك على وجه لا يقل وضوحـاً وتميزاً عن معرفتي أن كلّ ما أسـتطيع أن أثبته عن أيّ شكل أو عن أيّ عدد إنَّما يخص طبيعة ذلك الشكل أو ذلك العدد في الحقيقة».(113)

_____

111. الشيرازي، صدر الدين محمد، المظاهر الإلهية، ت: سيد جلال الدين آشتياني، (د.ت). ص 1213.

112. ديكارت، رينيه، التأملات في الفلسفة الأولى. ص163 164.

113. المصدر نفسه. ص212.

لكن كيف يمكننا أن نثبت وجود الشيء من وجود فكرة عنه في ذهني؟ علماً أنَّ ذهني قادرٌ أيضاً بالدرجة ذاتها أن يخلق لي الكثير من الكائنات الخرافية الضارة، فهل يمكن أن أقول عنها أنَّها موجودة أيضاً؟

في الحقيقة لا، ولا يمكن موافقة ديكارت على ذلك؛ لأنَّنا بحسب الفيلسوف الطبيعاني والمادي هولباخ لا نملك الحق في استنتاج وجود الشيء من مجرد أنَّ لدينا فكرة عنه، ومن المستحيل أن نشكّل فكرةً حقيقية، وصادقة عن الروح، والجوهر المفتقر للوجود، أو نمتلك أيّة فكرةٍ إيجابية، وصادقة عن الكمال، واللاتناهي، والفيض، وغيرها من الصفات التي وصف بها اللاهوت الإله.[114] كما أنَّ العقل يربط عادةً بين الأفكار المجردة، وليس بين الأشياء، وكما يقول مهدي فضل الله: «لا تستلزم الضرورة العقلية أو المنطقية ضرورة عينية واقعية، فإذا كان من المستحيل علينا تصور كائن كامل، دون تصوره موجوداً بالفعل. فإنَّ هذا التصور لا يستلزم بالضرورة، وجوداً واقعياً أو حسياً لهذا الكائن».[115] وكذلك يرى هيوم أنَّ هناك فرقاً بين فكرة تصورنا للشيء وبين حكمنا بوجود ما تمثله هذه الفكرة، وجوداً فعلياً. كما أنَّنا إذا حكمنا بأنَّ الله موجود فنحن في الواقع لا نغيّر شيئاً من تصورنا لفكرة الله؛ لأنَّ صفة الوجود لا تضيف شيئاً إلى فكرتنا عن الله؛ وهي بحدّ ذاتها ليست صفة مستقلة تضاف إلى صفاته التي تتكوّن منها فكرتنا عنه، ومن ثم فإنَّ دليل ديكارت يحتمل مغالطة منطقية؛ لأنَّ مبدأ الهوية يقتضي أن تكون طبيعة المحمول من نفس طبيعة الموضوع، أيّ أن يكون المحمول موجوداً بالفعل، وإذا كان الموضوع كذلك، فدليل ديكارت عبارة عن تصور في الذهن فقط، والانتقال من الموضوع المتصور إلى الموجود

114. هولباخ، بارون دي، نظام الطبيعة أو قوانين العالم الأخلاقي والمادي: «عن الإله: أدلة على وجوده، وسماته، وتأثيره على سعادة الإنسان»، مج2.ص68 (بتصرف)

115. فضل الله، مهدي، فلسفة ديكارت ومنهجه. ص136.

العيني فيه تناقض ظاهر.(116) أضف إلى ذلك أنَّ مقايسته بين الوجود الكامل الله والوجود الناقص الإنسـان ضربٌ من مقايسـة فلاسفة الإسلام، في قياسهم الغائـب علـى الشـاهد، وهـذا لا يجـوز، ولا يحقّ لنـا أن نقيس صفـة الكمال بنقصنا؛ لأنَّ هذا من قبيل القياس الفاسد.

ب. الدليل السـيكولوجي: يتمحور هذا الدليل حول وجود أفكار فطرية فـي النفـس الإنسـانية، ومنهـا فكـرة الكائـن الكامـل اللامتناهـي، ولجـأ فيه ديكارت إلى الكوجيتو، والمعرفة الفطرية أو النور الإلهي للعقل الذي غرسه الله في كلّ واحد منا وهو مرشدٌ معصومٌ من الخطأ، إن استُخدم بعناية، وهو دليل إثبات وجودٍ لكائن كامل ليس كمثلهِ شيء، ومنزهاً من عيوب ونواقص البشـر، وبناه على هذه الذات المفكرة، بيد أنَّ إثباته عقيم؛ لأنَّه لا يسـتطيع أن يقدم برهاناً على وجود شـيء انطلاقاً من الفكر الخالص، فالأنا المفكر لا تعمـل في زمانٍ متصل، وليس لهـا ديمومة داخلية، والذاكرة هنا بحاجة إلى ضامن، والأنا يكتسب يقينه في لحظةِ الحدس، ولكن عندما ينتقل إلى شيءٍ آخـر، لا يكـون كذلك، بـل يحتاج الضمان فـي «اللـه»، وإذا كان اليقين مبنياً علـى معرفتنا لله، فكيف يتسـنى لنا معرفته؟ نردّ علـى ذلك بأنَّ عقلنا قاصر عن معرفة الله، مما يقودنا للقول بانهيار الركيزة الأساسية لليقين الديكارتي، ولا يكون للشـكّ أيّ معنى بالأساس.

بذلك لا يمكن أنْ نستند إلى دليل الأفكار الفطرية؛ لأنَّنا لا نملك بحسب هولباخ سـوى حواسـنا الخمس لمعرفة العالم من حولنا، ولو كنا نمتلك ملكة غيرهـا لجهلنـا حقيقة هذه الملكة ذاتها، لذلك يسـتحيل أن نضع تصوراً للإله أو نثبت وجوده، وما هذا الإحساس الباطني، وهذه الفطرة التي يحدثنا عنها ديكارت وغيره من اللاهوتيين سـوى نتيجة نشـأت بحكم العادة، والتعصب، والقلـق، والتحيز، الذي كثيـراً ما يقودنا إلى الأحكام المسـبقة الموجودة في

116. المرجع نفسه. ص138 (بتصرف)

عقلنا، وعندما نطمئن، لا يسعنا سوى الرفض.[117] وهنا يستحضرني سؤالٌ مفاده أنّني في حال تسليمي بالفطرة كدليلٍ كما يرى ديكارت، ألا يحقّ لي أنْ أكفّ عن البحث في الأدلة على وجود ما فطرتُ على الإيمان بوجوده؟ أليس هناك نوعاً من التناقض في هذا الدليل؟

يظهر تناقض ديكارت هنا في القضية التي انطلق منها للبرهان على وجود الله، حيث ينتقل في الكوجيتو من قضية تجريبية «أنا أفكر»، التي جاءت من شكّه في كلّ شيء، وهي قضية يمكن تصور نقيضها برأي مهدي فضل الله، والقول: «أنا لا أفكر». ولما كان الأمر كذلك فإنَّ قضية «أنا أفكر إذن أنا موجود»، قضية تحليلية، والقضية «أنا موجود» متضمنة في القضية الأخرى «أنا أفكر»، ولم تضف لها شيئاً جديداً، وهذا يترتب عليه أنَّنا لا يمكن أن نستخدم هذه القضية لإثبات أيّ شيء خارج نطاق العقل الإنساني، كإثبات وجود الله،[118] وبذلك يكون الدليل السيكولوجي مبنياً على استدلالٍ صوري، ولا يوصلنا إلى أيّ يقين في حقيقة واضحة بذاتها كوجود الله.

كما لا يمكننا أن نتغاضى هنا أيضاً عمّا تخلقه مسألة النور الإلهي من مشكلات، فإنْ كان هذا الدليل يشترط مسبقاً بحسب كوتنغهام «مصداقية النور الطبيعي، فإنَّ وجود الإله... لا يمكن أن يستخدم من دون دائرية لإثبات أنَّ العقل البشري أداةً جديرة بالثقة لاكتشاف الحقيقة... وإنْ وافقنا ديكارت في مسألة النور الإلهي، فمن الإفراط أنْ نأمل أنَّ أنواع القضايا البسيطة التي نعرفها قبلياً ستكون من الغنى والتفضيل ما يكفي لوصفِ تعقيدات الكون الواقعي».[119] وهنا نسأل كيف لموجودٍ ناقص مثلي أنْ تنبع في ذهنهِ فكرة الكمال، ولو كان هذا الأمر يقينياً، لماذا لا أمنحها لنفسي إذن؟ لا يمكن لذهن

117. هولباخ، بارون دي، نظام الطبيعة أو قوانين العالم الأخلاقي والمادي. ص62 (ضمن الحاشية)

118. فضل الله، مهدي، فلسفة ديكارت ومنهجه. ص ص99101 (بتصرف)

119. كوتنغهام، جون، العقلانية: فلسفة متجددة. ص57.

الإنسان أن يتصور الكمال إلا على شاكلته، ومهما بلغ من الوصف لن يصل إلى وصف ما هو بالأساس فائق الوصف، سبحانه تعالى.

ت دليل الخلق المستمر: وقع ديكارت في محاولته إثبات وجود الله فيما يُسمى بالمصادرة على المطلوب أو الدور الديكارتي، ومفاده إثبات وجود الله بالاستناد إلى أنَّ لدينا في ذهننا فكرة واضحة متميزة عنه، وهي فكرة الكائن الكامل اللامتناهي الكمال، ثم إثبات صحة هذه الفكرة بالاستناد إلى الله، الذي هو مصدرها؛ أي أنَّ ديكارت يستند إلى فكرة الكائن الكامل الموجود في الذهن، وجوداً واضحاً متميزاً، لإثبات وجود الله، ثم يستند إلى وجود الله، لإثبات بداهة فكرة الكائن الكامل ووضوحها، وتمييزها وصدقها، على اعتبار أنَّ الله ضامن لكلّ الحقائق.[120] بيد أنَّه وقع في الخطأ؛ نظراً لإدخاله الميتافيزيقا في معرفة الطبيعيات، والقول بمبدأ ثبات الإله المطلق، وأنَّ غاليليو أخطأ في نظريته عن سقوط الأجسام؛ لأنَّه لم يعرف المبادئ الحقّة للطبيعة، أي الميتافيزيقية.[121] التي هي ثابتة برأي ديكارت، فحتى غاليليو سقط من عقلانيته.

لكن كمْ يسهل علينا تفنيد هذا الدليل الأخير إذا ما نظرنا إلى نظريته في أصل العالم ككل، والتي أوضحها من خلال ثبات المادة، وعقلنتها في إخضاعها لقوانين الطبيعة الثلاثة: قانون القصور الذاتي، وقانون حفظ الطاقة، وقانون الحركة المستقيمة، التي عارضت بشدة تطور العلم التطبيقي لاحقاً، واعتُبرت ميتافيزيقية بحتة، لكنها كانت متماشية مع تطور العلم في تلك الفترة، وعارض بها ديكارت قول أرسطو بقدم العالم، وقال بحدوثه كحال الغزالي وسواه من الفلاسفة الإسلاميين، فالعالم حادث، وظهر إلى الوجود بإرادة الله

---

120. فضل الله، مهدي، فلسفة ديكارت ومنهجه. ص150 (بتصرف)

121. الخشت، محمد عثمان، أقنعة ديكارت العقلانية تتساقط، دار قباء للطباعة والنشر، القاهرة، د ط، 1998. ص41(بتصرف)

المطلقة، وليس قديماً قدم الله، وكلّ شيء خلقه الله وصنعه، حتى الحقائق العلميـة المعروفـة، كالحقائق الرياضية. وقـدرة الله لا حدود لها، وكلّ ما في الكـون يجـري بإرادتـه، وهو جوهر غيـر متناهٍ، وأزلـي، وأبدي، وغيـر متغير، ومسـتقل، وعالمٌ بكل شـيء، وقادرٌ على كلّ شـيء.[122] وهو أمـرٌ يقودنا إلى سؤالين: يتعلق الأول بثبات الحقائق الرياضية إلى جانب الله مما يقود للقول بالقـدم، فـي حين يرتبط السـؤال الثاني بإمكان المـادة أو القوانين الطبيعية وحدوثها، فكيف يستقيم ذلك مع إثبات ديكارت لثبات الله واستقلاليته؟

هنـا نجـد كما يرى كيني طرحاً للسـؤال الأول عند جاسـندي الذي اعترض علـى هـذه الطبيعة الثابتـة، بحجة أنَّه مـن الصعوبة بمكان إقامـة أيّة طبيعة أبديـة، وثابتـة إلـى جانب الله. ولم يكـن ردّ ديكارت له مقنعـاً، إذ إنَّه يجد أنَّ صحة الأمر تتوقف على ارتباط السؤال بشيءٍ موجود أو إذا كنتُ أقوم بإعداد شيءٍ ثابت لا يعتمد ثباته على الله، لكن ماهية الأشياء والحقائق الرياضية التي يمكن معرفتها مستقلة عن الله، وثابتة وأبدية؛ لأنَّ الله أرادها هكذا وأظهرها علـى هذا النحـو.[123] وبهـذا نميز بين جانبيـن في عقلية ديـكارت، أحدهما أفلاطونـي؛ وذلـك لتمييزه الماهيـات الرياضية عن ماهية اللـه. والآخر إرادي؛ لقولـه إنَّ الماهيات الرياضيـة خاضعة لإرادة الله، ويـرى أنَّ الإرادة والمعرفة عند الله هما شيءٌ واحد، وما يعرفه هو في الحقيقة الإرادة ذاتها، من هنا فإنَّ الحقائق الأبدية لا تسـتند إلى العقل البشـري أو على أيّة أشـياء موجودة، بل تعتمد فقط على الله الذي وضعها منذ الأزل كمشرّعٍ أسمى. وعندما يتحدث ديـكارت عـن قوانين الرياضيـات أو الفيزياء مثـل قانون القصـور الذاتي، فإنَّ كلمة «قانون»، لا تفقد كما هو الحال بالنسـبة لنا كلّ صلة لها بالمشـرّع.[124]

122. فضل الله، مهدي، فلسفة ديكارت ومنهجه. ص152154(بتصرف)

123. كيني، أنتوني، إله الفلاسفة. ص49(بتصرف)

124. المصدر نفسه. ص 50 وص54(بتصرف)

لذلك تشمل هذه النزعة الإرادية الأفلاطونية عند ديكارت سمات الواقعية والبنيوية كما هي مفهومة في الوقت الحاضر، بيد أنَّه يُشقّ علينا بالفعل فهم القرارات الرياضية الإلهية الأبدية، التي تفي بالدور الذي يلعبه تأييد علماء الرياضيات للتوافقات في الفلسفة الاصطلاحية للرياضيات؛ لأنَّ توافقات علماء الرياضيات تتعلق بتعاملهم مع الرموز المستقبلية، وعلى الرغم من أنَّه يمكن تصور الله على أنَّه يتحدث إلى البشر بألسنة بشرية، إلا إنَّه يصعب تخيله على أنَّه يتمثل تلك الرموز منذ الأزل قبل خلق العالم.[125] ويبدو أنَّ الرؤية الديكارتية تجمع بالفعل بين الكثير من السمات غير المقبولة للأفلاطونية والكثير من العناصر غير المعقولة في البنائية.

وفي الإجابة عن سؤال: هل ينبغي اعتبار القوانين الطبيعية ممكنة وحادثة، طالما أنَّ الله أنشأها وفرضها على الطبيعة كما خلق سائر الأشياء، أو نعتبر هذه القوانين ضرورية وقديمة لأنَّها تستند إلى فكرة الثبات الإلهي؟ نجد ديكارت يقدم رأيين متناقضين، الأول يفيد أنَّ الله كان قادراً على خلق عالم مختلف اختلافاً مطلقاً، ولا يكون للدائرة فيه أشعة متساوية، أو قادراً على عدم خلق شيء البتة، أما الرأي الآخر، فهو ألا يكون قادراً على ذلك لا لعجز فيه، بل لديمومة فعله الثابت، وإحداثه النتيجة ذاتها دائماً.[126] ويدعم الرأي الأول في نظريته عن الخلق المستمر، أو الفعل الإلهي الأزلي الثابت، وهذا يناظر برأينا ما ذهب إليه أرسطو، من أنَّ المحرك الأول أعطى الدفعة الأولى للعالم وحركه مرةً واحدة، ونجد أيضاً نقداً لذلك عند باسكال الذي تصدى لأدلة ديكارت على وجود الله، ولا سيما الميتافيزيقية منها، وقوله بالخلق المستمر، ورأى أنَّه أراد التخلي

125. المصدر نفسه. ص61(بتصرف)

126. ديكارت، رينيه، العالم. ص30ص31(بتصرف)

فـي فلسـفته عـن الله في زعمـه أنَّه أعطى العالـم الدفعة الأولـى، وحرّكه، وبعـد ذلك لـم يجد ما يفعله. وهذا غلط ما بعـده غلط، ويؤدي إلى نتيجة مفادهـا بالعجز عن الفعـل بعد الخلق، والقول: إنَّ إله ديكارت لم يكن إله المسيحيين بل إله الفيزياء الذي يقودنا إلى النفق الذي يصل علم الطبيعة الديكارتـي بالماديـة، وأنَّـه أعطـى المـادة فـي فيزيائه قـوةً خلاقـة تلقائية واعتبـر الحركة الميكانيكيـة فعلها الحيوي، وجعلهـا الجوهر الوحيد والعلة الوحيـدة للكينونـة والمعرفة.[127] وهي ثابتة كثبـات الحقائق الرياضية، أو موجـودة بمشـيئة الله التـي وضعت قوانيـن الطبيعة المنصـوص عليها في الحقائـق الأبديـة. ولـم تجعل هـذه القوانين تنطـوي على قوانيـن المنطق والرياضيات فحسب، بل تشمل أيضاً القوانين الفيزيائية، وتوفّر في النتيجة أسسـاً لها، بحيث تكون ثابتة؛ لأنَّ مشـيئة الله ثابتة.[128] لكننا نسأل هنا ألم يشـأ الله أن يغيّر هذه القوانين؟

نجد إجابةً عن هذا السـؤال في تأكيد ديكارت ثبات المشـيئة الإلهية بنـاءً علـى قولـه بثبـات اللـه وعـدم تغييـره لاعتقـاده أنَّـه ينزهـه؛ فاللـه مطلـق القـدرة والحريـة، وقوانينـه ثابتـة ولا يغيّرها، وهـذا ينـاقـض دليله فـي الخلـق المسـتمر، الـذي يخضـع العالـم المـادي للقوانيـن الطبيعية، ومبـدأ الجبريـة أو الحتميـة فـي الوجـود.[129] إذ إنَّ ديـكارت لـم يعِ أنَّ القـول بالخلـق المسـتمر يعنـي التغيـر، وأنَّـه سـبحانه جلّ وعلا هـو كما تكلـم عن نفسـه: ﴿كُلَّ يَوْمٍ هُوَ فِي شَأْنٍ﴾،[130] مع أنَّ دليلـه في الخلق المسـتمر مسـتمد مـن العقيدة المسـيحية، وقصة الخلـق كما وردت في سـفر التكويـن، وهـي: «إنَّ الله خلق الكون ولـم يتركه لذاته وشـأنه كما

127. المصدر نفسه. ص ص3536 (بتصرف)

128. كيني، أنتوني، إله الفلاسفة. ص55 (بتصرف)

129. فضل الله، مهدي، فلسفة ديكارت ومنهجه. ص169

130. القرآن الكريم، سورة الرحمن: 29.

يزعم بعض الفلاسـفة، إنَّ قوته لازالت عاملة في الكون، خالقة ومسـيرة، وحافظـة».[131] ولا تمثـل الطبيعـة كتابـاً مفتوحاً نفهمه بحدسـنا العقلي، ولا يمكـن فهمها إلا من خلال التجربة، وبذلك فإنَّ أدلة ديكارت لا يمكن تصورهـا بالعقـل البشـري، ولا وجود لها إلا في ذهنـه، وعقله الذي جعله مصـدر المعرفـة الوحيـد، والموصـل إلى اليقيـن، ولم يدرك أنَّنـا لا نملك فـي معرفة الأمور الإلهية سـوى المعرفـة الظنيّة.

وبنـاءً علـى ما ذكرنـاه لا يمكن القـول: إنَّ ديكارت حسـم الموقف في التدليـل علـى وجـود الله، الـذي ينسـب إليه صفات بشـرية، بـل ويتمادى أكثـر مـن ذلـك عندمـا يتصـور الإله كقـوةٍ تفـرض نفسـها تباعاً علـى أجزاءٍ مـن الكـون، ويدلـي بأمثلة تماثل تلك التي يقدمها سـبينوزا مـن بعده، مما يدعونـا للقول: إنَّـه ملحد؛ وذلك لكونـه كما يقول هولبـاخ: «يهدم بطريقةٍ فعّالـة للغايـة البراهيـن الضعيفـة، التـي يقدمهـا عـن وجود الإله...ونسـقه يقلب فكرة الخلق رأساً على عقب. إذ إنَّ الله قبل أنْ يخلق المادة بالفعل، لـم يكن...متواجـداً معها، وفي هذه الحال لم يوجد إلـه...وإن لم يكن الله سـوى الطبيعة بحسـب الديكارتيين، فهم سـبينوزيون تمامـاً، وإذا كان الله هـو القوة المحركة لهذه الطبيعة، وإذا لم يعد...موجوداً بحد ذاته، لم يعد موجـوداً مـن الـذات التي هـو متأصـل فيهـا، أي، الطبيعة التـي يمثل القوة المحركـة لها».[132] والأجدر بنا القـول: إنَّ وجود الله من الحقائق الإيمانية التـي ينبغـي التسـليم بها، ولا يحتاج إلـى دليل عقلـي؛ لأنَّ الدين لا ينفصل عـن العقل. وهنا نسـأل إلى أيّ مـدى أثّرت عقلانية ديـكارت اللاهوتية في فكر سـبينوزا؟ وهل اختلفـت أدلته على وجود الله عن ديكارت؟

131. سعيد، حبيب، مادة «خلق» في: قاموس الكتاب المقدس، القاهرة، دار الثقافة، 1991. ص ص 345346.

132. هولباخ، بارون دي، نظام الطبيعة أو قوانين العالم الأخلاقي والمادي. ص68.

ثالثاً: سبينوزا عقلانية وحدة الوجود

ظهرت عقلانية وحدة الوجود، أو القول بتعادل الله والطبيعة نتيجةً لرغبة سبينوزا في تقديم معرفة للعالم ككل بناءً على تطبيقنا للمنهج الرياضي كما فعل ديكارت، لكنه زاد عليه في تطبيقه له في مجال الدين لتنقيته مما علق به من خرافات، وهو الأمر الذي لم يفعله ديكارت، الذي أسس صدق الحقائق والعلم على الله، وجعل منه ضامناً لوجود العالم، في حين طبّق سبينوزا منهج الأفكار الواضحة والمميزة في ميدان الدين والعقائد، فالعقل لا يمثّل أعدل الأشياء قسمةً بين البشر فحسب، بل هو أفضل شيء في وجودنا ويكون في كماله خيرنا الأقصى.[133] ورأى أنَّ جميع الظواهر المتعددة ما هي في الواقع سوى مظاهر للجوهر الواحد الأحد ذي الإرادة الحرة، والشامل كلّ شيء، وهو «الله أو الطبيعة»، وهما وجهان لعملةٍ واحدة، والله هو الجوهر الخالد بقوانينه الأزلية، وكلّ ما في الطبيعة تمثّلات للجوهر الخالد، وذاته ووجوده لاغاية له ولا إرادة تنقص من كماله.[134] ورغم رؤيته أنَّ فكرة الله واضحة بذاتها، لكنه يمضي في كتابه «الأخلاق» إلى التدليل عليها، ويضع كما فعل ديكارت أدلة قبلية وبعدية:

أ. الأدلة القبلية على وجود الله

يتفق سبينوزا مع ديكارت حول إقامة الدليل الأول القبلي على فكرةٍ صادقة تعبّر عن بناء الماهية الإلهية الحقيقية، واندفاعها الدينامي أثناء وضعها لواقعها الوجودي الخاص.[135] واستند في هذه الأدلة إلى مبدأ العليّة،

133. سبينوزا، باروخ، رسالة في اللاهوت والسياسة، تر: حسن حنفي، مراجعة: فؤاد زكريا، التنوير، ط1، 2005. ص10(بتصرف)

134. سبينوزا، باروخ، علم الأخلاق. ص219 (بتصرف)

135. كولينز، جيمس، الله في الفلسفة الحديثة، تر: فؤاد زكريا، (د.ط)، مك: غريب، القاهرة، 1983. ص93(بتصرف)

لكنه أخفقَ في التدليل على وجود الله، ولم يستخدم برهان العليّة في صورته المألوفة، التي تفترض التسلسل بالعلل إلى أنْ نصل إلى ما لا علّة له، وقد طبّق مبدأ الاقتصاد في الفكر، الذي قاده إلى الوقوف في سلسلة العلل عند العالم في مجموعه. ذلك أنَّ افتراض وجود علّة بعد العالم تؤدي إلى التسلسل بالعلل إلى ما لا نهاية؛ لذلك نقنع أنفسنا بالتوقف عند علّة معينة. من هنا استبعد كلّ حجة تتعلق بالعلية الكامنة في الطبيعة أو ما هو «علّة ذاته»، وقد عرّفها بقوله إنَّها: «ما تنطوي ماهيته على وجوده...أي ما لا يمكن لطبيعته أن تُتصور إلا موجودة».[136] وقد انتُقدت هذه الفكرة، من حيث أنَّ الشيء لكي يكون علّة ذاته، ينبغي أن يوجد قبل ذاته، وإلا لما استطاع أن يكون علّةً لشيء.

وكان الأجدر به القول: إنَّ الماهية لا يمكنها أنْ تسبب الوجود ما لم تكن موجودة بالفعل من قبل، بحيث يكون ما يتعين إحداثه بالعليّة موجوداً قبل أن تحدثه العليّة. وينطوي قوله: «ما لا تُتصور طبيعته إلا موجودة» على كلّ الأخطاء التي وقع بها ديكارت من قبل في حجته الأنطولوجية، فكلّ حجة تستند إلى تعريف تقتضي مقدماً إثبات وجود المعرَّف، وهذه مصادرة تجاهلها سبينوزا.[137]

ب. الأدلة البعدية على وجود الله

يؤكد سبينوزا عدم قدرتنا على إنكار أيّ صفة من الصفات المعبّرة عن ماهية جوهرية، وأنَّ الله موجود بالضرورة، وما من جوهرٍ غيره، وإنْ وجد أيّ جوهر خارجه فسوف نفسّره بصفةٍ من صفاته لا محالة، ويظهر ذلك في قوله: «لابدّ أن يكون لكلّ شيءٍ علّة معينة تفسّر وجود هذا الشيء أو عدم

136. سبينوزا، باروخ، علم الأخلاق. ص31

137. زكريا، فؤاد، سبينوزا، مؤسسة هنداوي، 2018.ص139(بتصرف)

وجوده...الشـيء الـذي لا يمنع وجوده علّة إنَّما هـو واجب الوجود...وجوده ضـروري».[138] وهـذه حجـة باطلة، إذ لا شـيء يمنع وجود فكـرة عن الغول أو الإنسـان المجنح، ومع ذلك فهما غير موجودين، وإن وجدا ذات يوم، فلن يزعم أحد أنَّ وجودهما يجعل ذلك الوجود ضروري.

كذلـك الأمـر في برهانه المتعلـق بالعجز، الذي يؤكـد بموجبه أنَّ: «عدم القـدرة على الوجود عجز، وعلى العكس، القـدرة عليه قوة».[139] وكلما كان للكائـن قـوة أكبـر كانت له قـدرة على الوجـود. ونحن نعرِف اللـه من خلال صفاتـه، فهـو مُوجِد الكون، وليس علّته فحسـب، بل العلّـة التي تحافظ على ديمومتـه، واللـه قادرٌ، وقدرته لا حدود لهـا، وينجم عن قدرته بالضرورة ما لا نهاية له من الأشـياء، كحـال الحقائق الرياضية، وقدرتـه لامتناهية منذ الأزل، ولكـن هـذه البراهين بـرأي فؤاد زكريا مبنيـة على فكرة أنَّ اللـه كامل، ولابدّ أن يكـون موجوداً، وهنا يكون حال سـبينوزا كحال غيره ممن اسـتخدم فكرة الكمـال لإثبـات وجـود الله، وقـد خلط بين مجـال الوجود ومجـال الوجوب، وهـو مـن عرَّف كمال الشـيء بأنَّـه مجرد واقعيتـه. وهذا ما يقـود للقول: إنَّ هذه الأدلة تهدم فلسفته بأكملها، إذ لا يعود هناك مبرر عندئذ للحملة على الغائية، أو على التشبيه بالإنسان، أو تأكيد فكرة الضرورة.[140]

ويرى البعض أنَّ اسـتدلاله هذا يتوقف على ما يعنيه بفكرة الله، وقيمته تتوقف على ما يعنيه بعبارة الوجود الضروري لله. لكن العبارات التي تحدّث فيهـا عن اللـه برأي زكريا تظلّ متناقضة مع ذاتها ومـع عقلانيته ككل إنْ كان يعني فيها المعنى الحرفي، ويزول التناقض إذا كان يعني بها المجموع الكلي للأشـياء أو الطبيعة. بيد أنَّ التفسـير المتسـق لفكرة الله عنده هو ذلك الذي

---

138. سبينوزا، باروخ، علم الأخلاق. ص 40 ص41.

139. المصدر نفسه. ص42.

140. زكريا، فؤاد، سبينوزا. ص 141 ص142(بتصرف)

يجعلها في هوية مع مجموع الطبيعة أو النظام الكلي للأشياء، وقد أخفقت براهينه؛ لأنَّ الموضوع الذي كان يبرهن عليه مختلف كلّ الاختلاف عن ذلك الموضوع الذي سعى الفلاسفة المدرسيون إلى البرهنة عليه. ويبدو أنَّ سبينوزا لم يعرِف إلا الجوهر الشامل لكلّ شيء، ويطلق عليه اسم الله، ثم يتحدث عن الله والجوهر والطبيعة بالمعنى ذاته بحيث يجعلها متعادلة، ولكن ما هذا سوى خدعة لاهوتية، وترضية ظاهرية للعقلية السائدة.[141] وهو يناقض نفسه عندما يجعل الطبيعة والله شيء واحد، ويتحدث عن صفات الله على أنَّها: «قوانين الطبيعة، بل الله هو الطبيعة، والله هو الطبيعة الطابعة، والطبيعة هي الطبيعة المطبوعة».[142] لكن هذه التفرقة بين طبيعة طابعة وطبيعة مطبوعة، تلغي فهمنا لوجود هوية بين الله والطبيعة.

ربما قصد سبينوزا بالطبيعة الذات الإلهية، لكن عندما يختبر المرء ما يقوله عن الله اختباراً دقيقاً، يجد أنَّ إلهه ليس إلا شبحاً، وخيالاً، وهو أبعد ما يكون عن الله، الذي يستخدم اسمه بمعنى لم يعرفه أحد من المسيحيين إلى اليوم، وهذا ما جعل البعض يصف مذهبه بالإلحاد، رغم محاولة هيغل Hegel لتبرأته من هذه التهمة، على أساس أنَّ هوية الله مع الطبيعة تُلغي فكرة الله، فيقول: إنَّ الأصح هو القول إنَّ هذه الهوية تُلغي الطبيعة؛ ولهذا يقترح، بدلاً من تسمية مذهبه بالإلحاد أي اللاإلهية أن يُسمى باللاكونية أو اللاطبيعية، بحيث لا يكون للكون وجود في ذاته؛ لأنَّ كلّ ما يوجد إنَّما يوجد في الله.[143] ويبدو أنَّ منطق هيغل قد وجدَ ضالته هنا عند سبينوزا، ولكنه غير محقّ بذلك؛ لأنَّنا أينما توجهنا في دلالات الله عنده لا نرى فيها

141. المرجع نفسه. ص ص143146(بتصرف)

142. سبينوزا، باروخ، رسالة في اللاهوت والسياسة. ص66

143. زكريا، فؤاد، سبينوزا. ص107108(بتصرف)

تأكيـد الوحدانية بمفهومها المعروف، بـل إنّه قد وقع بحق ضحية الأثنينية، وأخفقَ في برهنته.

نحـن لا نشـكّ أنَّ اللـه عـزّ وجـل واحد مـن حيث ذاتـه وكثيـرٌ من حيث أسـمائه، وصفاتـه، وتجلياتـه، بيد أنَّ الطبيعة ليسـت الله، إنَّمـا هي تجلٍّ من تجليات العليّ القدير لا غير، وخلقٌ من خلقه، وفي قول سبينوزا في الطبيعة الطابعـة والطبيعـة المطبوعة، وأنَّ الله هو الطبيعة، لم يعطِ توحيداً، بل قال بوجود إلهين، وهذا محال، ويمكن أنْ نرد عليه هنا بعبارة الشـيرازي: «اعلم أنَّ الآيـات الواردة في توحيده كثيرة...أما البرهان العقلي على وحدانيته فهو أيضـاً ذاته، فإنَّـك قد علمت أنَّه حقيقة الوجود وصرفـه، وحقيقة الوجود أمرٌ بسـيط لا ماهية له ولا فصل له، ولا تركيب فيه أصلاً...فردٌ لا شـريك له».(144) وفي الطبيعة تركيبٌ وهذا يتنافى مع الجوهر المحض، بيد أنَّ سبينوزا اكتفى علـى مـا يبدو بروايات العهـد القديم، ولم يبحث بما فيـه الكفاية فيما تبقى مـن الأدلـة النقليـة، ولـم يقدم لنـا أدلة علـى توحيـده، وطالما أنَّـه لا يمتلك دليـل، فلا يمكـن قبول قولـه بتوحيد الطبيعـة والله، وكان الأجـدر به القول: إنَّ اللـه يتجلـى في الكون بأكملـه، كحالِ المتصوفة الذين سـاروا على هديه لاحقـاً. بيـد أنَّ هـذا الفهـم المادي للجوهـر يتـرك الكثير من المفـردات من دون تبريـرٍ مقنع، على حسـب تعبير الفيلسـوف الطبيعانـي المادي لودفيغ فيورباخ Ludwig Feuerbach، الذي يرى أنَّ سبينوزا جعل لفظة «الطبيعة» مرادفـة للفـظ «اللـه»، بل لم يكـن يعني بالطبيعة سـوى الإله، فـي حين أنَّ الطبيعة تشـمل القوى، والأشـياء، والكائنات الحساسـة التي يميزها الإنسـان عن ذاته، فالطبيعة، ليست إلهاً، وكائناً فاعلاً ذا إرادة وعقل، بل كلّ ما يمكن إدراكه بالحواس، وكلّ ما يختبره الإنسـان، ولا يوجد شـيء صوفي، ولا ضبابي، ولا لاهوتـي فـي اسـتخدام كلمة الطبيعـة، التي نحتكـم عند اسـتخدامنا لها

---

144. الشيرازي، صدر الدين محمد، المظاهر الإلهية. ص17

للحواس.[145] ولذلك أدى فهم سبينوزا للجوهر على أنَّ الله والطبيعة واحد أو قولـه بوحدة الوجود إلـى خروجه عن مبادئ العقلانية الأصيلة إلى الحد الـذي جعل الكثير من المفكريـن يضعه في خانة الماديين.

رابعاً: ليبنتز وفكرة الانسـجام

1. طبيعـة مبادئ العقل وتعدد المونادات

تأثـرت عقلانيـة ليبنتـز بعقلانية أرسـطو، وحملت الكثير مـن التأثيرات الصوريـة على حدّ ما ذكره لنا علي النشـار، مع أنَّه حـاولَ بناء منطق مغاير لـه، يتأسـس عليه العلم، وإقامـة ارتباطات عقلية لامتناهيـة بين التصورات توصلنـا إلـى الماهيـة، وكان المبشـر بالمنطـق الرياضي.[146] لكـن منطقه بقـي ممـاثلاً لما قدّمه أرسـطو، الذي اتفـق معه على حدّ تعبيـر الطاهر بن قيـزة باعتبـار الجوهـر ماهية وموضوعـاً لمجموعـة من المحمـولات، لكنه خالفـه فـي اعتبار الماهيـات كليات تتفرد عـن طريق المـادة؛ لأنَّه يرى أنَّ الماهية تكون بذاتها فرداً، ولا تحتاج إلى تدخل خارجي.[147] وأوضحَ معنى «المونـاد»، بأنَّه الجوهر البسـيط الـذي يدخل فـي كلّ المركبات، وهو كما يوضحه علي عبد المعطي: «ليس ذرةً ولا شكل له، لا مادي، لا يتجزأ، يحمل مبـدأ تغييره فـي ذاته، فهو جوهـر حيـوي ديناميكي فعـال.»[148] ويمكننا

145. فيورباخ، لودفيغ، محاضرات في جوهر الدين، تر: منال محمد خليف وآخرون، مراجعة: منال محمد خليف، دار أبكالو للتوزيع والنشر، بغداد، ط1، 2021. ص118 ص119 (بتصرف)

146. النشار، علي سامي، المنطق الصوري منذ أرسطو حتى عصورنا الحاضرة. ص36 ص38 (بتصرف)

147. ليبنتز، ج. ف، مقالة في الميتافيزيقا. ص118 (بتصرف)

148. محمد، علي عبد المعطي، ليبنتز فيلسوف الذرة الروحية، دار المعرفة الجامعية، ط1، 1980.ص20.

تسـمية جميع الجواهر البسيطة أو المونادات المخلوقة، بالانتليخيات؛ لأنّها تحتـوي فـي ذاتهـا على كمالٍ معين، وتنطـوي على نوعٍ مـن الاكتفاء الذاتي، ممـا يجعلهـا مصـدر أفعالها الداخلية ويجعـل منها آليات غير جسـمية. ولما كان الإحساس شيئاً يزيد على الإدراك البسيط، فيكفي أن نطلق على الجواهر البسـيطة التي لا تحتوي على شـيءٍ آخر سواه اسـم «المونادات» بوجهٍ عام، أمـا تسـمية «النفس» فيصـحّ أن نقصرها على المونادات التـي يكون الإدراك فيها أكثر تميزاً كما يكون مصحوباً بالتذكّر.[149] ونجد أيضاً ضمن ثنايا عقلانية ليبنتز تأثّراً واضحاً بـديكارت، حيث اتفق معه في أنّ معرفتنا للأشياء تتوقف علـى العقـل، بيـدَ أنّنـا ينبغـي أن ندرك كمـا يذهب زكـي نجيب محمـود أنّ للمعرفـة أنواعـاً مختلفـة، منهـا ما يأتـي عن طريق الإشـاعة، كعلمـي بتاريخ مـيلادي، ومنهـا ما يكـون بالتجربـة الغامضة الناقصـة، كعلمـي بنجاعةِ علاجٍ معين نتيجة العادة، وهناك معرفة تكون بالاسـتدلال والاسـتنتاج، كأنْ نعتقد بكبر حجم الشـمس، لما شـاهدناه من أنّ الأشـياء يصغر ظاهـر حجمها كلّما ابتعدنا عنها، وأسمى أنواع المعرفة ما ندركه بالبداهة، كالبديهيات الرياضية، والحقائق الإلهية.[150] وهي أمورٌ اختلف فيها العقلانيين.

وعلى الرغم من الخلاف بين ليبنتز وديكارت حول طبيعة مبادئ العقل، لكـن ذلـك لا يعنـي قبوله لقـول التجريبيـن بالأفـكار البعدية المكتسـبة من التجربـة. ولكـي يبرر هـذه المعضلـة يكتفي بالقـول: إنَّ مبـادئ العقل هبةٌ إلهيـة، و«اللـه وحده موضوعنا المباشـر الخـارج عنّا وإنّنا نرى كلّ شـيء من خلاله».[151] وهو خالق الذرات التي تؤلف الجوهر الفرد، الذي يقبل الانقسام

149. ليبنتز، ج. ف، المونادولوجيا والمبادئ العقلية للطبيعة والفضل الإلهي، تر: عبد الغفار مكاوي، مؤسسة هنداوي، 2022. ص ص8485 (بتصرف)

150. محمود، زكي نجيب، وأحمد أمين، قصة الفلسفة الحديثة، مؤسسة هنداوي، 2020. ص83 (بتصرف)

151. ليبنتز، ج. ف، مقالة في الميتافيزيقا. ص183.

في الواقع، وكلّ جسم مركب من ذراتٍ روحية، والامتداد غير حقيقي، بل نشأ عن اجتماع ذرات روحية متفاوتة، وهي ليست بمادة ولا تقبل الامتداد ولا التجزئة، ولا الفناء، وتتدرج من حيث رقتها، وما بلغ منها درجة الكمال يحكم ما لم يبلغ، وهذا بدوره يخضع لما قبله، والمادة الميتة هي مجموعة ذرات روحية لم تبلغ الكمال، وليس معها ذرات حاكمة، ولكلّ ذرةٍ جسم وروح تمثل ماهية له، والجسم مظهرها المحسوس.[152]

وهذا ما أدى بحسب ما ذهب إليه أحمد كامل إلى نقدِ تصور ليبنتز للمادة؛ لأنَّه جعلها مثالية وفوق حسية، وكذلك قوله بالوحدات العنصرية، بحجةِ أنَّنا يستحيل أن نركّب كلّا ممتداً من عناصر غير ممتدة، وأنَّ ليبنتز أنكر حقيقة الامتداد، والمكان وتورط في مشكلاتٍ مثالية، كما أنَّ مذهبه يُضعف دليل المحرك الأول؛ لأنَّه يسمح بتخمين أن تتمتع المادة بقوةٍ نشطة، وحركة تلقائية.[153] وقد تضمّن قوله بالوحدات العنصرية الإقرار بنوعين من المعرفة، فطرية ومكتسبة، وهذا يناقض العقلانية الأصيلة، مع أنَّه يشير دائماً إلى أنَّ ما عناه بالفطرية ليس فطرية ديكارت، بل القول: إنَّ الذهن لديه القدرة على معرفتها، وأنَّ هذه المعارف تنبثق من داخل الوحدة العنصرية، أما المعرفة المكتسبة، فقد قصد أنَّها تتأثر بما تثيره إدراكاتها للعالم الخارجي، وما تمدّها به تجاربها من مادةٍ خام، وتنقل ما لديها من أفكار موجودة بالقوة إلى الوجود بالفعل. وتتقبل الوحدة العنصرية باستمرار الانطباعات الخارجية ثم تحللها بفضل ما لديها من قوةٍ نشطة إلى معارف وأفكار تبدو في البداية غامضة ومختلطة، ولا تتمايز إلا عندما تصبح موضوع تفكير الوحدة العنصرية ووعيها. لكن ليبنتز ناقض ذاته عندما نفى وجود تعارض بين المعرفة الفطرية والمكتسبة، وقرّر وجود أفكار كامنة في نفوسنا، لا

152. رابوبرت، أ، س، مبادئ الفلسفة. ص102 ص 103 (بتصرف)

153. ليبنتز، ج. ف، أبحاث جديدة في الفهم الإنساني. ص ص7980 (بتصرف)

ينقلها من الوجود بالقوة إلى الوجود بالفعل إلا ما تثيره الأشياء الحسية، وما يصاحبها من معرفة مكتسبة.[154]

بذلك لم ينظر إلى الذهن كصفحةٍ بيضاء كحال التجريبيين، بل على أنَّه يحتوي على أفكار فطرية، يقسّمها إلى أفكار بسيطة وأفكار مركبة، وأفكار تأتي من حاسة واحدة، وأخرى من أكثر من حاسة، وأفكار تنبع من الذهن مباشرةً، وتلك التي يشترك في إظهارها الحس والفكر معاً. ويؤكد مبدأ تداعي الأفكار وارتباطها ببعضها ارتباطاً يتيح معرفتها. لكن حديثه هذا يشوبه برأي أحمد كامل الكثير من أفكار خصومه التجريبين، ولا سيما قوله باكتساب المعرفة من الخارج عن طريق الحواس؛ لأنَّ بعض الأشياء الخارجية تحتوي على بعض الأسباب الجزئية التي تحدّد موقف أرواحنا من بعض الأفكار، وهي أفكارٌ مختلطة لا تعبّر إلا عن العالم الخارجي. ولم يكن الحل الذي قدّمه للخروج من هذه المعضلة مقنعاً، إذ ميّز بين الإدراكات المتناهية في الصغر والإدراكات الغامضة التي لا نشعر بكلّ أجزائها، وتعطينا معرفةً غامضة، وتجعلنا غير قادرين على ذكر كلّ العلاقات المطلوبة للتمييز بين الشيء الذي نريد معرفته وغيره من الأشياء، أما الإدراك المتناهي الصغر فهو إدراكٌ على درجة من الدقة بحيث يصعب على الذهن إدراكه مباشرة، وتمييزه عن غيره، وعدم إدراك الذهن له لا ينفي وجوده، بل هو موجودٌ في الذهن فعلاً، وبحاجةٍ إلى أن يصل إلى حجمٍ معين حتى يتمكن من إدراكها.[155]

وتنجم إدراكاتنا الغامضة برأي ليبنتز عن الانطباعات التي يتركها فينا العالم بأكمله، وهذا هو حال كلّ المونادات، والله وحده من يملك المعرفة الواضحة بكلّ شيء؛ لأنَّه مصدر كلّ شيء، ويقع في كلّ مكان، أما محيط دائرته فليس موجوداً في أيّ مكان. ولتدعيم رأيه هذا فرّق بين نوعين من الحقائق:

154. المصدر نفسه. ص64 (بتصرف)

155. المصدر نفسه. ص65ص68 (بتصرف)

أ. **حقائق العقل:** هي حقائق ضرورية، وعكسها مستحيل، كالرياضيات التي لا يمكن تصور نقيضها، وتعتمد على الدليل القبلي النابع من أنفسنا، ولا تحتوي على تناقض، وتتضمن علاقات وارتباطات يقينية يقيناً مطلقاً. ويمكن أن نجد سبباً لهذه الحقائق، وذلك بتحليلها إلى أفكارٍ وحقائق أبسط إلى أنْ نصل إلى حقائق أصلية، ومبادئ أولية لا يمكن البرهنة عليها، ولا تحتاج إلى برهان. ومعرفتنا لهذه الحقائق هي التي تميزنا عن الحيوانات الخالصة، وبها نحصل على العقل ونتزود بالعلوم، وذلك حين ترفعنا إلى المعرفة بأنفسنا وبالله. وهذا ما يُسمى بالنفس العاقلة أو العقل.[156]

ب. **حقائق الواقع:** هي حقائق عرضية وعكسها ممكن، وهي تتناول ما في العالم الخارجي من موجودات مادية، وتعتمد على الخبرات الحسية والتجريبية، والعرضية التي يمكن تصور نقيضها، كقولنا «الثلج أبيض» و«الثلج لا أبيض». ولا تحتاج إلى دليل قبلي، بل يكفي لتفسيرها وجود دليل بعدي يبرهن على علّتها الكافية، وتوجد بينها ارتباطات محكمة.[157]

لكن تمييز ليبنتز هذا لا يخلو من التناقض، رغم ما أتاحه لنا من قدرةٍ على التفرقة بين قضايا تحليلية، تكرارية، ويقينية، يكرر محمولها ما في موضوعها من عناصر، وبين قضايا تركيبية، إخبارية، واحتمالية، يضيف محمولها إلى موضوعها خبراً جديداً.[158] لكنه لم يضفْ شيئاً في الحقيقة إلى معرفتنا للحقائق الأولية، وقد أحاطها بهالةٍ من الغموض، ولا سيما عندما جعل الموضوعات الأساسية لمعرفتنا العقلية هي الأفعال التأملية التي توصلنا إلى معرفة الحقائق الضرورية، وأسند هذه الأخيرة إلى مبدأين:

---

156. ليبنتز، ج. ف، المونادولوجيا والمبادئ العقلية للطبيعة والفضل الإلهي. ص ص87 89. (بتصرف)

157. ليبنتز، ج. ف، أبحاث جديدة في الفهم الإنساني. ص65 (بتصرف)

158. محمود، زكي نجيب، نحو فلسفة علمية، مؤسسة هنداوي، 2022. ص27 (بتصرف)

أ. **مبدأ عدم التناقض:** نحكم بفضله بالكذب على كلّ ما ينطوي على تناقض، وبالصدق على ما يناقض الكذب. ولا نكتفي بهذا المبدأ وحده؛ لأنَّه لا يتفق مع الحقائق العرضية، ولن يكون للوضوح في الأفكار وتميّزها قيمة ما لم يكن لدينا ما يؤيد هذا الوضوح والتميز.[159]

ب. **مبدأ السبب الكافي:** نسلّم بأنَّه ما من شيءٍ يحدث بغير سبب كافٍ، ومعرفة سبب وقوعه على هذا النحو وليس على نحوٍ آخر، ولا يمكن معرفة السبب الكافي كما يقول: «داخل سلسلة الأشياء الحادثة، بل خارجها، ويوجد في جوهر يكون علّة هذه السلسلة كما يكون كائناً ضرورياً يحمل في ذاته سبب وجوده، ولو لم يكن الأمر كذلك لما وجدنا سبباً كافياً يمكننا أن نقف عنده، وهذا السبب الأخير للأشياء يسمى الله».[160]

بيد أنَّ رؤية ليبنتز المنطقية للقضية التحليلية قد تركت العديد من المشكلات كما يذكر جون كوتنغهام John Cottingham، ومنها قوله: إنَّ كلّ القضايا الصحيحة يكون الموضوع مشتملاً على المحمول، وفي رأيه أنَّ كلّ قضية موجبة صحيحة، سواء كانت ضرورية أو عارضة، كلية أو خاصة، فإنَّ مفهوم المحمول يتضمنه الموضوع على نحوٍ ما، وإلا لما عرفت ما الحقيقة. ويتضح مبدأ اشتمال الموضوع على المحمول في مبدأ «الموناد» أو الوحدة الفردية للجوهر عند ليبنتز المنطوية على ذاتها، والتي تتمخض عنها مشكلتان رئيسيتان، الأولى: إذا كانت المونادات منطوية على ذاتها حقاً، فكيف يفسّر لنا الروابط السببية التي نلاحظها من حولنا؟ أما المشكلة الثانية: إذا كانت المونادات تامّة حقاً، فكيف سيحافظ ليبنتز على الصفة العارضة في صنف حقائق الواقع؟[161]

159. ليبنتز، ج. ف، أبحاث جديدة في الفهم الإنساني. ص64 (بتصرف)

160. ليبنتز، ج. ف، المونادولوجيا والمبادئ العقلية للطبيعة والفضل الإلهي. ص70.

161. كوتنغهام، جون، العقلانية: فلسفة متجددة، تر: محمود منقذ الهاشمي، مركز الإنماء الحضاري، ط1، حلب، 1997. ص7274(بتصرف)

لكنه حاول حلّ هذه المشكلات باللجوء إلى المونادة الأسمى الله، الذي يخلق بدوره العديد من التساؤلات، ومنها إذا كانت العلّة الأولى الله هي سببٌ كافٍ فما علّة هذه العلّة، وهذا خلف؛ لذلك فإنَّ تعويله على العلّة الكافية أو السبب الكافي لم يكن مقنعاً، ويماثل قوله ما أقرّه أرسطو عن سلسلة المحركات التي يمثل كلّ منها علّة للآخر إلى أن نصل إلى محرك أخير هو المحرك الأول، إضافة إلى أنَّ ليبنتز لم ينتبه هنا في تطبيق مبادئه على الحقائق الأولية والعلّة الأولى «الله»، إلى أنَّ المحمول متضمن في الموضوع، وأنَّ قوله هذا لا يصح على واجب الوجود أو كما يقول صدر الدين الشيرازي: «اعلم أنَّ مفهوم واجب الوجود لذاته شامل لعدة أقسام، ومنها واجب يمتنع انتفاء المحمول عنه بنفس ذاته من غير اقتضاء وعليه من الذات لثبوته لها، وهو القيوم تعالى، والضرورة هناك ذاتية أزلية مطلقة».(162) ويمكن توضيح مأزق ليبنتز هذا أيضاً في النقد الذي قدمه المنطقي برتراند رسل B. Russel، في أنَّ مبدأ التناقض والسبب الكافي يعتمد كلاهما على فكرة قضية «تحليلية» أي اشتمال المحمول في الموضوع، كأنْ نقول: «جميع الرجال بيض»، إذ يفيد قانون التناقض أنَّ جميع القضايا التحليلية صادقة، في حين ينص قانون السبب الكافي على أنَّ كلّ القضايا الصادقة تحليلية، وينطبق هذا أيضاً على ما نعتبره أحكاماً تجريبية عن أمور الواقع.(163)

لكن القضايا لا تخضع جميعها لصورة الموضوع والمحمول، ويمكن برأي ليبنتز إثبات وجود قضايا لا تخضع لهذه الصورة كالقضايا التي تعبّر عن العلاقات المختلفة، كعلاقة الوضع المكاني، أو الأكبر بالأصغر، والكل والجزء، والعدد. ولكن قوله هذا غير مقنع، وقد لاحظ رسل أنَّ ليبنتز يعتبر كلّ القضايا

162. الشيرازي، صدر الدين محمد، الحكمة المتعالية في الأسفار العقلية الأربعة، السفر الأول، ج1، دار إحياء التراث العربي، بيروت. ص157.

163. رسل، برتراند، تاريخ الفلسفة الغربية، (الفلسفة الحديثة)، تر: محمد فتحي الشنيطي. ص153(بتصرف)

المتعلقة بالمنطق والحساب والهندسة قضايا تحليلية، أما القضايا التي تعبّر عن الوجود ما عدا تلك الخاصة بوجود الله قضايا تركيبية، في حين رأى رسل أنَّ الأمثلة التي ذكر ليبنتز أنَّها تحليلية، بعضها غير تحليلي كما في قضايا الحساب والهندسة، وبعضها الآخر قضايا تحصيل حاصل، ومن ثمَّ فهي ليست قضايا على الإطلاق؛ لأنَّها لا تؤكد أيّة حقيقة. ويرجع رسل هذا الخطأ الذي وقع فيه ليبنتز إلى عدم خبرته في المنطق الرياضي، ولا يعرف أيّ شيء عن نظرية جورج كانتور George Cantor في العدد اللانهائي.[164] مع أنَّ الكثير من الباحثين ينظرون إلى ليبنتز على أنَّه أبو المنطق الحديث أو الرياضي، لكن ما قدمه لم يتجاوز به المنطق الصوري الأرسطي، وبدّت عقلانيته مزيجاً من عقلانية معاصريه وعقلانية أرسطو، وظهرت مغالاته في ردّ كلّ شيء إلى الله كما سنوضح لاحقاً، فما ندركه بنور العقل هو الإلهي، وهذا يقودنا إلى السؤال إلى أيّ مدى تمكنت عقلانية ليبنتز من فهم الحقيقة الإلهية؟

2. الله مبدأ الاتساق والانسجام في العالم

يمثل الاتساق والانسجام والدقة أهم سمات المنهج الرياضي الذي اتصفت به عقلانية ليبنتز، الذي رأى ضرورة أن نتقدم فيما بعد الطبيعة بالدقة ذاتها التي استخدمها إقليدس في الهندسة، وأن تكون مكانة ما بعد الطبيعة بالنسبة للعلوم الاخرى، كمكانة الهندسة للعلوم الرياضية، وأن تخدم الفلسفة الحقيقية الدين بأن تمكننا من معرفة الله، ولا يكون لنا ذلك من دون اتّباع المنهج التحليلي الذي يوصلنا إلى أدلة دقيقة على وجود الله، ويكون التحليل على نوعين، أحدهما جزئي، وهو أساس البرهنة على وجود الله، وآخر بعدي يعتمد على فكرة القوة التي تمثل العلّة القريبة لما في العالم الخارجي من موجودات، بيد أنَّ التحليل لا يكفي في معرفة فكرة

164. ليبنتز، ج. ف، أبحاث جديدة في الفهم الإنساني. ص ص 86 88 (بتصرف)

العالـم الجسـماني، ومن الضروري اسـتنتاج محـرك أول، ولا يمكن أن تكون الأدلة القبلية كافية، ولابدّ من إكمالها بإظهار أنَّ مجرد إمكانها يكفي لإثبات وجـود اللـه،[165] الذي آمن ليبنتز به، ووضع في سـبيل إثبات وجوده أربعة أدلة لم يقدم فيها أيّ جديد على ما أتى به اللاهوتيون في العصور الوسطى، من أمثال أوغسـطين وأنسيلم، وإن اختلفت التسميات:

أ. **الدليـل الأنطولوجـي:** هـو الدليل ذاته الذي اسـتخدمه ديكارت، مع اخـتلاف رؤيتـه للتجربـة، إذ أنَّ ليبنتز يعتمد في هذا الدليـل على الحقائق المسـتمدة مـن التجربـة، ومفـاده أنَّ «الكون حـادث ويتألف ممـا لا نهاية لـه مـن الحقائـق، وتحليـل كلّ حقيقـة منهـا يؤدي إلـى ضرورة وجـود علّة كافيـة لوجودهـا...[أي] اللـه».[166] لكـن إذا أخذنـا هـذا الدليل علـى نحوٍ صـوري خالـص، فسـنجد أنَّ القضيـة التـي تقـول: إنَّ «اللـه موجـود»، هـي قضيـة تحليليـة، وصدقها واضـح قبلياً، والمحمول في القضيـة متضمن في الموضـوع، وفكـرة اللـه هـي فكـرة موجـود كامل بصـورة أسـمى، ومن ثم فالوجـود كمـال ومتضمـن في فكـرة الله، أي يخـصّ ماهيته، واللـه موجود ضـروري، ومن التناقض إنكار وجوده.

وهنا نجد ليبنتز يؤمن بأنَّ الوجود كمال، وهو محمول، ويوافق على أنَّه من الخُلف أن نتحدث عن الله بوصفه موجود ممكن فحسـب، لأنَّه إذا كان الموجـود الضروري ممكناً، فإنَّه يكون موجوداً، وهذه ميزة خاصة بالألوهية وحدهـا.[167] وينبغي أن نأخذ بالحسـبان هنا أنَّ ما عناه بفكرة الممكن هو اللامتناقض، لذلك عندما يبرهن على أنَّ فكرة الله موجود ممكن، فإنَّه يشرّع

165. ليبنتز، ج. ف، أبحاث جديدة في الفهم الإنساني. ص71 (بتصرف)

166. المصدر نفسه. ص26.

167. كوبلستون، فرديرك، تاريخ الفلسفة، (الفلسفة الحديثة من ديكارت إلى ليبنتز)، تر: سعيد توفيق - محمود سيد أحمد، مراجعة: إمام عبد الفتاح إمام، مج:4، المركز القومي للترجمة، القاهرة، 2013. ص ص 429430.

84 \ العقلانية الغربية

في بيان أنَّ الفكرة لا تحتوي على تناقض، وتكون لدينا بالفعل فكرة متميزة عن الله من حيث إنَّه كمال أسمى ولامتناه.[168]

ولكن دليله هذا كان ناقصاً، ولم يسلمْ من نقد كانط الذي ذهب إلى أنَّ الوجود ليس كمالاً، وليس محمولاً لأيّ شيء بالطريقة التي تكون بها صفة محمولة لموضوع ما، ولا يمكن الاستدلال على الوجود من إمكانٍ مشروط، ما لم أفترض وجود ما هو ممكن فقط في ظروفٍ معينة؛ لأنَّ الإمكان المشروط يعني فحسب أنَّ شيئاً ما يمكن أن يوجد فقط ضمن روابط معينة، ولا يثبت وجود العلّة إلا بقدر وجود المعلول، ولا يمكن الاستدلال هنا على العلّة من وجود المعلول.[169] كما أنَّ الدليل الأنطولوجي ليس بالجديد، إذ نجده أيضاً عند الفلاسفة المسلمين، من أمثال الفارابي وابن سينا، أو ما يعرف بدليل الممكن والواجب، حيث الممكن هو العالم، وواجب الوجود الله عزّ وجل، ويظهر ذلك في قول ابن سينا: «لاشكّ أنَّ هناك وجوداً، وكلّ وجود، إما واجب وإما ممكن، فإنْ كان واجباً فقد صحّ وجود الواجب، وهو المطلوب، وإن كان ممكناً فإنّا نوضح أنَّ الممكن ينتهي وجوده إلى واجب الوجود».[170] والله هو الواجب لذاته، ولابدّ أن يكون فاعلاً ومؤثراً في غيره، أي في الممكن الذي يتمثل في عالمي العقول والعناصر.[171] بينما يرى محمد البهي أنَّ ابن سينا إن اتخذ من النظر في الوجود نفسه دليلاً على وجود واجب الوجود بذاته، فلا نقول هنا أنَّه اتبع مسلك أصحاب الدليل الأنطولوجي، الذين يتخذون من معنى الله بوصفه

168. المرجع نفسه. ص431.

169. كانط، إمانويل، الدليل الوحيد الممكن لإثبات وجود الله، تر: منال محمد خليف، دار أبكالو للطباعة والنشر، بغداد، ط2، 2022. ص198(بتصرف)

170. ابن سينا، النجاة في الحكمة المنطقية والطبيعية والإلهية، ط2، القاهرة، 1938، ص235.

171. البهي، محمد، الجانب الإلهي من التفكير الإسلامي، ط4، 1962. ص 476. (بتصرف)

الكمال المطلق دليلاً على وجوده الواقعي، في حين أنَّ ابن سينا في استدلاله على وجود الواجب بذاته من نفس الوجود استدل عليه من غيره لا من ذاته، والطريق الآخر الذي لم يؤثره في الاستدلال على وجود واجب الوجود هو طريق العالم المشاهد.[172]

ب. **دليل الحقائق الأزلية الضرورية:** يعتمد هذا الدليل على الحقائق الضرورية وعلى أنَّها «تنبع من عقلٍ لديه القدرة على اختيارها دون سواها، ونقلها من الوجود بالقوة أو الإمكان إلى الوجود بالفعل، ويستحيل أن يكون تحقق وجود الوحدات العنصرية بفعل قوةٍ عمياء لأنَّ خالقها يتضمن اختيار من بين الممكنات، ويستحيل أن يتم الاختيار بين هذه الممكنات إذا لم يكن هناك معرفة تقرر هذا الاختيار».[173] وهو دليل مستمدٌّ من رؤية أوغسطين في أنَّ قضايا الرياضيات ضرورية وأزلية، بمعنى أنَّ صدقها مستقل عن التجربة، وهذه الحقائق غير متوهمة، وتنطلق من أساسٍ ميتافيزيقي، ولابدّ أن تمتلك وجودها في ذاتٍ معينة ضرورية بصورةٍ مطلقة ومن الناحية الميتافيزيقية، وهي الله، وبالتالي يكون الله موجود. لكن هذا الدليل كما يرى كوبلستون من الصعب فهمه، لأنَّ الذهن الإلهي هو منطقة هذه الحقائق الأزلية، ونحن لا نفهم بأيّ معنى يمكن أن يُقال إنَّها توجد في الذهن الإلهي، أو كيفية معرفتها.[174]

ت. **الدليل الكوني:** ما من شيءٍ إلا ويحتاج إلى علّة كافية، ولابدّ أن تقع هذه العلّة خارج نطاقِ الأشياء الحادثة، ويوجد في جوهر يكون علّة لهذه الأشياء، ويجب أن يكون كائناً ضرورياً يحمل في ذاته سبب وجوده،

172. المرجع نفسه. ص 517.

173. ليبنتز، ج. ف، أبحاث جديدة في الفهم الإنساني. ص26(بتصرف)

174. كوبلستون، فرديرك، تاريخ الفلسفة، (الفلسفة الحديثة من ديكارت إلى ليبنتز). ص ص 433434. (بتصرف)

وهـذه العلّـة هي الله.[175] ويذكّرنا هذا بدليل أرسـطو علـى المحرك الأول، الـذي يسـتند إلى بديهية التسـليم بأنَّ كلّ حركة لابدّ لهـا من محرك، ولابدّ أنْ تنتهـي المحـركات إلـى محـركٍ أول يحرك ولا يتحـرك هو الله. ونسـتدل عليه مـن الحركـة الدائريـة، ويظهر ذلك فـي قولـه: «الجواهر أوائـل الموجودات، فلـو كانت فاسـدة لكانـت الموجـودات كلّها فاسـدة، ولكن الحركـة الدائرية والزمـان أزليـان أبديـان، والحركة عـرض لجوهر، والزمن مقيـاس الحركة، إذن توجـد جواهـر دائمة غير متحركة».[176] مع فرق هنـا أنَّ الدليل الكوني عند ليبنتز يتخذْ شـكلاً مختلفاً إلى حدٍ ما عن دليل أرسـطو في المحرك الأول؛ لأنَّ ليبنتز يقيم دليله على أنَّ كلّ شـيءٍ جزئي في العالم هو «ممكن الحدوث»؛ أي أنَّـه مـن الممكـن منطقيـاً ألا يوجد، وهذا يصحّ على كلّ جـزءٍ في العالم وعلـى العالـم بأكملـه، وليس فـي العالم ما يثبـت أنَّه لم يكـن ليوجد، ولكن يجب أن يكون لكلّ شـيءٍ سـبب كافٍ، ومن ثم فالعالم ككل يجب أن يكون له سبب كافٍ يكون خارجه، وهو الله، وليس من السهولة بمكان هنا كما رأى برترانـد رسـل أن ندحـض دليل ليبنتز علـى خلافِ دليل أرسـطو الذي يفترض أنَّ كلّ سلسـلة لابـدّ أن يكـون لهـا حـدٌّ أول، لكن دليـل ليبنتـز لا يعتمد على النظـرة القائلـة بأنَّ العالم يلـزم أن تكون له بداية في الزمـان، ويكون الدليل صحيـح إنْ سـلمنا بمبدأ السـبب الكافـي، وينهار في حال عـدم وجوده.[177] كمـا أنَّنـا لا نسـتطيع أن نتيقن هنا من صحـةِ هذا الدليل بيقيـنٍ رياضي كما يريـد ليبنتـز؛ لكونه لا يثبت بالمطلق كما يقول كانط: «أكثر من وجود خالق

175. ليبنتز، ج. ف، المونادولوجيا والمبادئ العقلية للطبيعة والفضل الإلهي. صص 111112. (بتصرف)

176. بدوي، عبد الرحمن، أرسطو عند العرب، وكالة المطبوعات، ط2، الكويت، 1978. ص 1 ص 14.

177. رسل، برتراند، تاريخ الفلسفة الغربية، (الفلسفة الحديثة)، تر: محمد فتحي الشنيطي.ص146(بتصرف)

عظيم غير مفهوم للكل الماثل بحدّ ذاته أمام حواسـنا، ولا يمكننا أن نسـتدل من المعلولات على العلة».[178]

ث. دليل الانسجام المقدر سلفاً: انطلق ليبنتز في هذا الدليل من افتراض أنَّ الانسجام التام بين المونادات يحتاج إلى علّة مشتركة تحقّق التناغم بينها، ولابدّ من وجود مبدأ الانسجام الأزلي، والنظام السـائد في الكون، وهذا يفترض وجـود خالـق كامل قـادر على تحقيق هـذا الانسـجام.[179] حيـث ركّب الله الذرات منذ الأزل، لتسير موازية لبعضها البعض، وتعمل في توافقٍ دقيق وإنْ كانت متفرقة ومنفصلة عن بعضها، لكنها تبدو معتمدة على بعضها، وتسـير وفـق إرادةٍ إلهيـة عليا، ولا يعتريها اضطراب.[180] ويبدو أنَّ دليل الانسـجام المسـبق سـليم هنا برأي رسـل، ولكن فقط عند منْ يتقبلون جواهره الفردة التـي لا نوافـذ لهـا، وتعكس جميعها العالم، لكن الصعوبـة تكتنف مذهب الجواهر الفردة بأسـره: فإذا لم تتفاعل البتة، فكيف يعرف أيّ جوهر منها أنَّ هنالك جواهر أخرى؟ ويبرر ليبنتز إجابته هنا بمثاله عن الساعات، بيد أنَّ ما ذكره لا يزيد عن كونه ميتافيزيقا.[181] ويقودنا هذا الدليل إلى نفي الشرّ عن اللـه عز وجل، والتشـكيك أيضاً في مسـألة الإرادة الإلهيـة، وبمعنى آخر: أين نضع فكرة اللاانسجام والفوضى في هذا الكون ولمن ننسبها؟ نجد أنَّ إجابة ليبنتز تتمحور في جعل الله الموناد الأساسي لكلّ المونادات، ولم يشأ وجود الفوضى في هذا العالم، بيد أنَّ حديثه هذا قد خلق مشكلةً فلسـفية ظهرتْ عند كلّ العقلانيين في عصره، وتتعلق بكيفية تبرير الشرّ في العالم، والسـؤال

---

178. كانط، إمانويل، الدليل الوحيد الممكن لإثبات وجود الله. ص 203.

179. ليبنتز، ج. ف، أبحاث جديدة في الفهم الإنساني. ص26(بتصرف)

180. نجيب محمود، زكي، وأحمد أمين، قصة الفلسفة الحديثة. ص ص 102103 (بتصرف)

181. رسل، برتراند، تاريخ الفلسفة الغربية، (الفلسفة الحديثة)، تر: محمد فتحي الشنيطي. ص148(بتصرف)

عن دور الإرادة الإنسانية، وتدخّل الله في أفعال البشر، وعن مكانة القوانين الإلهية مقابل الطبيعية.

خامساً: عقلانية الحداثة ومسألة الفعل الإنساني

أثار العديد من النقاد تساؤلات حول وجود الشرّ في العالم، فإنْ كان الله موجوداً، واختار أفضل العوالم، فمن أين نشأ الشرّ، ولماذا لم يمنعه؟ ولمَ شاء أن يُخطئ الإنسان؟ واستنبط الملاحدة من تلك الأسئلة حجةً لإثبات عدم وجود إله، وهي حجةٌ مردودة، كحالِ أدلتهم على وجوده؛ لكونها عديمة الحل، ولم نجد في تبريرات العقلانيين أمراً مقنعاً بشأنها، وهم ينفون الشرّ عن الله؛ لاعتقادهم أنَّهم ينزهون بذلك الذات الإلهية، ولم يعلموا أنَّهم وقعوا في معضلةِ سلب حقيقة من حقائق الخلق، والقول بعجز الخالق والعياذ بالله، أو الفصل بين مشيئة الله وإرادة الإنسان، وإعطاء هذا الأخير الحرية في أفعاله، وبذلك لم يفصلوا بحثهم في هذه المسألة عمّا أكدوه من حقائق تتعلق بنظرية المعرفة لديهم.

ولم يخرج تصورهم للإرادة ومسألة الشرّ عمّا قاله اللاهوتيون ورجال الدين في عصرهم، إذ نجد تأثّر ديكارت واضح في مسألة الإرادة الحرة بتفسير الأب غيبيوف P. Gibieuf، ويظهر ذلك في تعريفه للإرادة على أنَّها: «تقوم على استطاعتنا أن نفعل الشيء أو لا نفعله، وأن نثبته أو ننفيه، وأن نُقدم عليه أو أن نحجم عنه، وبعبارةٍ أدق، لكي نثبت أو ننفي الأشياء التي يعرضها الذهن علينا، ولكي نُقدِم عليها أو نحجم عنها، إنَّما نتصرف بمحض اختيارنا دون أن نحس ضغطاً من الخارج يملي علينا ذلك التصرف».[182] ويوضح هذا التعريف ماهية الحرية العفوية عند الإنسان، وفي حال اختيارنا نرجّح أحد الطرفين على الآخر بناءً على ميلنا له، وعلى ما يحققه من خيرٍ

182. ديكارت، رينيه، التأملات في الفلسفة الأولى. ص 187 ص 188.

وحـقّ لنا، أو كما يقول ديـكارت: «لأنَّ الله قد دبّر دخيلة فكري بحيث أميل إليـه. ولا ريـب أنَّ الفضل الإلهي والمعرفة الطبيعيـة لا ينتقصان من حريتي شيئاً، بل إنَّهما يزيدانها ويقويانها».[183] وبذلك أعتقد بوجود ما يشبه حرية اللامبـالاة، التـي تكون فقـط في حال عدم وجود إدراك واضـح ومتميز، لكن بمجرد أنْ يدرك المرء الخير بوضوحٍ يندفع تجاهه. ويمكن أن تحدث حرية اللامبالاة عندما تكون الأسـباب المؤيدة، والمعارضة لمسارِ العمل على قدم المسـاواة أو عندمـا تختـار الإرادة المنحرفة مـا عرفت بغموضٍ أنَّه المسـار الأسـوأ. لكـن تعريـف ديكارت هذا يفرض السـؤال عن العلاقة بيـن المعرفة المسبقة الإلهية وحرية الإنسان، فهل يعلم الله مسبقاً بكلّ أفعالنا؟ وإنْ كان يعلمها لماذا لم ينهانا عنها؟ لماذا يحاسـبنا؟

في سبيل الإجابة عن تلك الأسئلة يرى كيني أنَّ ديكارت يشبّه علاقتنا مع اللـه بعلاقة الملـك مع رعاياه، فهو يحرّمهم من فعل مـا في مملكته، ويعلم أنَّه سـيحدث، وأنَّ لا شـيء يمنع حدوثه إن توافرت الظـروف، وأنَّ في فعله عصيان لحظره، لكن علمه ومشـيئته اقتضـت حدوث هذا الفعل، ولا يمنعه عندمـا يحـدث بشـكلٍ إرادي وحر. ولا يمكـن أن يكون هنا عـادلٌ إن عاقب علـى عصيان حظره. كذلك يفعل الله مـن خلال بصيرته وقدرته اللامتناهية، والمعصومة فيما يتعلق بجميع الأعمال الحرة لجميع البشـر. وعلِم بالضبط قبـل أن يرسـلنا إلـى العالَـم مـا سـتكون عليـه كلّ ميـول إرادتنا التـي وهبنا إيّاهـا، ورتّـب كلّ الظـروف الأخرى المحيطـة بنا، بحيث تظهر هذه الأشـياء وتلـك لحواسـنا في هذه الأوقات، وبالحادثة التي علِـم فيها أنَّ إرادتنا الحرة سـتقرّر هذا العمل وذاك؛ فهو الذي شـاءَ ولكن من دون أيّ إكراه. في حين يمكـن أن نميـز فيما يتعلق بالملك بيـن نوعين مختلفين من الإرادة، أولهما أنَّـه شـاءَ حـدوث الفعل؛ لأنَّه رتّب الظـروف، والثاني شـاءَ ألا يحدث الفعل؛

183. المصدر نفسه. ص188.

لأنَّه نهى عنه، ولا يقول ديكارت: إنَّ الله يعلم قبل أن يرسلنا إلى العالَم ما ستكون عليه أفعالنا؛ لأنَّه رأى بالفعل ما سنفعله في جميع العوالم الممكنة، بل إنَّه يعلم ما سنفعله؛ لأنَّه يعلم ما سيفعله في العالم الواقعي. ونظراً لأنَّ تصوراتنا عن الخير وفقاً لنظريته، تحدد أفعالنا من دون حرمانها من الحرية، فإنَّ الله يستطيع التحكم والتنبؤ بها من خلال ترتيب مدركاتنا. لكن تبقى هناك صعوبة في طريقة تفسيره للمعرفة المسبقة الإلهية بالأفعال في المواقف التي تظهر فيها احتمالات الخير والشر متطابقة، ويبدو أنَّه يسمح بإمكانية حدوث مثل هذه الحالات من اللامبالاة؛ أيّ التي لا تميل فيها الإرادة كثيراً في اتجاهٍ واحد إلى استبعاد إمكانية عملها في الاتجاه المعاكس. ونلمس هنا عدم وجود أيّ اعتبار للمعرفة المسبقة الإلهية في مثل هذه الحالات.[184]

ومع ذلك تبدو أفعال البشر في مثل هذه الحالات فقط مشروطة بالأصل، لكن ديكارت أخطأ برأي كيني إلى حدٍ كبير باعتقاده أنَّ ما يمكن للملك أن يفعله في حال حدوث فعلٍ ما، يمكن أن يفعله الله فيما يتعلق بكلّ الأعمال الحرة لجميع البشر. إذ بمجرد أن تكون جميع الأفعال الأخرى للرعايا مستقلة عن رغبات الملك وسيطرته، سيكون غير مسؤول عن أفعالهم، ويحقّ له معاقبتهم على عصيان حظره. لكن ديكارت جعل كلّ عمل حرّ عند كلّ إنسان يديره الله، وهذا يقضي على معقولية المقارنة بين الإرادتين الإلهية والإنسانية.[185] ويؤدي للقول بنفي الشرّ عن الفعل الإلهي.

يبني ديكارت ذلك على تصور أنَّ الله وهبني العقل، وترك لي الحرية في استخدامه، وتقع عليّ المسؤولية، ويكون الخطأ ناجماً عن إرادتي، وأنا

184. كيني، أنتوني، إله الفلاسفة. ص ص156-157(بتصرف)
185. المصدر نفسه. ص158(بتصرف)

معرضٌ للخطأ دون أن يكون الله مشـاركاً فيه، و«الله ليس مصدراً للشـرّ، ولا يريده، بل كلّ ما يريده خير، وثابت من الأزل».[186] وهذا يتنافى مع حقيقة العلـم الإلهـي، وأنَّ كلّ خير أو شـرّ حاصل يكون بعلمٍ منه سـبحانه، فهو كما يقـول ابـن سـينا: «يعقـل أنَّه تصدر عنـه هذه الأشـياء فيعـرف خيرتها ووجه الحكمـة فيها».[187] وعلمـه مخالفٌ لعلمنا، ولكن يبـدو أنَّ ديكارت عاد هنا في وصفه للشرّ إلى الفلسفات القديمة، ويظهر ذلك في رؤيته للشرّ والخطأ على أنَّه سلبٌ وعيبٌ في الوجود.

لكن هذا الشـرّ ليس سـلباً بحتاً برأيـه، بل نقصاً إيجابيـاً، وليس نقصاً في المعرفـة، وإنَّمـا عيـبٌ فـي الحكم، ولذلـك يتطلب علّـة إيجابية غيـر العدم. ولحـلّ هـذا الإشـكال ينبغـي النظر بـرأي ديكارت فـي أمرين، أحدهمـا أنَّني ناقصٌ بالقياس إلى الله، ولا يستطيع ذهني المحدود الكشف عن غاياته، أما الأمـر الثانـي فهو أنَّنا حين نبحث فيما إن كانت مخلوقات الله كاملة، فيجب النظـر إليهـا فـي جملتها، فما يبدو ناقصـاً إذا أُخذ على حدة، قـد يكون كاملاً جـداً باعتبـاره جـزءاً من هـذا الكون كلّـه. وينشـأ الخطأ من اشـتراك ملكتي: الذهـن والإرادة، لأنَّنـي بالذهن وحده لا أثبت ولا أنفـي، وإنَّما أتصور أفكاراً عن أشياء أستطيع إثباتها أو نفيها، وليس في هذه الأفكار الخالصة خطأ أبداً، وسبب النقص في أفكاري هو أنَّني مشاركٌ في العدم، وليس حرماناً ولا نقصاً ذاتياً ينسـب إلى الله وحده، ولا يصدر الخطأ من إرادتي وحدها؛ لأنَّ الإرادة لامتناهيـة وكاملـة فـي نوعها، ولا أتصـور إرادة أوسـع من إرادتـي.[188] لكن حديـث ديـكارت هنـا لا يخلو من الخطأ الـذي تمثّل في وصفـه للإرادة بأنَّها كاملة، ولم يأخذ بالحسـبان أنَّنا نتوهم وجود الإرادة الحرة، لنعطي لأنفسـنا

186. ديكارت، رينيه، تأملات ميتافيزيقية في الفلسفة الأولى، تر: كمال الحاج، منشورات عويدات، بيروت، باريس، ط4، 1988. ص 45.

187. ابن سينا، التعليقات. ص299.

188. ديكارت، رينيه، التأملات في الفلسفة الأولى. ص ص171172(بتصرف)

نوعاً من الاستقلالية عن خالق العالم، وليست هذه الإرادة إلا وهماً، أو كما يقول فولتير: «ليست الإرادة من ثم ملكة يستطيع الفرد أن يصفها بأنَّها حرة...هي تعبيرٌ فارغ تماماً من المعنى، وما أطلق عليه المتحذلقون إرادة اللامبالاة، التي تعني الإرادة بلا سبب، وهمٌ لا يستحق عناء تفنيده».[189] إذ لا يمكننا الحديث عن الإرادة الحرة في وجود عاطفة لا تنفكّ عن التحكم بأفعالنا، وجسدٌ يأسرنا.

ولا يمكن تجريد الإنسان من عاطفته، ولذلك غابَ عن ديكارت هنا ما تفعله العاطفة والرغبة من تأثيرٍ في ارتكاب الإنسان للشرّ، ولم يعرّ اهتماماً إلى تأثير الفيزياء الحتمية الواضح في نظريته في الإرادة الحرة، إذ أنَّ قوله هذا يؤدي برأي مهدي فضل الله إلى حتمية الأفعال الإنسانية لا الحرية؛ لأنَّه يؤكد أنَّ الله له القدرة على التدخل في شؤون الكون، وتغيّر مساره إذا أراد، وهو يتدخل لأنَّه يريد خير الإنسان.[190] لكن يبدو أنَّ ديكارت انطلق هنا من موقفٍ ديني، وليس من تحليلٍ منطقي لمسألة الإرادة، صحيح أنَّ الله وهبني العقل وعليه يكون جواز التكليف، لكن الأفعال لا تقسم إلى خيرة وشريرة، بل تُصنف إلى مريدة وأخرى غير ذلك، أو كما صنفها الشيرازي إلى ستة أصناف، فمنها ما يكون بالطبع، وقسرية، وجبرية، وقصدية، وبالعناية، والرضا،[191] والثلاثة الأخيرة يدخل فيها الاختيار، وهي جميعها لله عز وجل، وحاشى أن يتصف بالثلاثة الأولى، وينبغي النظر إلى أنَّ الله كما يقول الشيرازي: «يعلم الأشياء قبل وجودها ويعلم هو عين ذاته فيكون علمه بالأشياء والذي هو عين ذاته منشأ لوجودها فيكون فاعلاً بالعناية».[192] في حين يرى ديكارت

189. فولتير، قاموس فولتير الفلسفي، تر: يوسف نبيل، مراجعة: جلال الدين عز الدين علي، مؤسسة هنداوي، 2017.ص146.

190. فضل الله، مهدي، فلسفة ديكارت ومنهجه. ص169.

191. الشيرازي، صدر الدين محمد، المظاهر الإلهية. ص35.(بتصرف)

192. المصدر نفسه. ص36.

أنَّ الله غير مسؤول بالمطلق عن أفعال العباد، مما يؤدي إلى نفي العلم بها، وهذا خُلف؛ لأنَّ إرادته سبحانه غير مرتبطة بزمان، فالزمان واقعٌ على الإنسان فحسب، وإذا أراد الله شيئاً فهو واقع، في قوله تعالى: ﴿إِنَّمَا أَمْرُهُ إِذَا أَرَادَ شَيْئاً أَن يَقُولَ لَهُ كُنْ فَيَكُونُ﴾،[193] وإرادته كما يقول الشيرازي: «أزلية، وتخصيص بعض الأشياء بتعلق الإرادة في أوقاتها المعينة الجزئية عند حضور استعداداتها، إنَّما هو لأجل قصور قابليتها عن القبول الآثم، فإذا كانت الإرادة دائمة فالقول واحد والخطاب دائم».[194] وهذا يخالف ما ذهب إليه ديكارت من صدور الشرّ عن تلازم الإرادة مع الذهن، فلو كان الأمر كذلك لما كان الشر.

وهو رأي لم يوافقه عليه مناصروه أيضاً من أمثال سبينوزا في نظريته عن الفعل الإنساني والإرادة، الذي ذهب إلى أنَّ الشرّ يصدر عن الجسد وما يحمله من رغبات ونزوات، وميول الذات، وليس عن فعل الإرادة والذهن، واللذين يرجعان إلى الطبيعة المطبوعة، لا إلى الطبيعة الطابعة؛ ذلك أنَّ «نسبة الإرادة والعقل إلى طبيعة الله كنسبة الحركة والسكون، وعلى وجه الإطلاق كنسبة جميع الأشياء الطبيعية التي تكون محددة الوجود والفعل بنحوٍ ما، ذلك أنَّ الإرادة بحاجة مثل جميع الأشياء الأخرى إلى علّة تحدد وجودها وإنتاجها لمعلول ما بنحوٍ ما».[195] وربما يعتقد الناس أنَّهم أحرار؛ نظراً إلى وعيهم برغباتهم وأفعالهم الإرادية، إلا أنَّهم لا يفكرون بالأسباب التي تجعلهم يرغبون ويريدون؛ لكونهم يجهلون هذه الأسباب.[196] وكذلك اختلاف الإرادة والعقل الإنسانيين عن إرادة وعقل الله، وأنَّهما لا يتفقان إلا في الظاهر.

193. سورة يس: 82.

194. الشيرازي، صدر الدين محمد، المظاهر الإلهية. ص39.

195. سبينوزا، باروخ، علم الأخلاق. ص66.

196. المصدر نفسه. ص72 (بتصرف)

وإن كان سبينوزا يقرّ هنا باختلاف إرادتنا عـن إرادة الله، لكنه لم يفرّق بيـن الإرادة والعلـم الإلهـي بالفعل الإنسـاني، أو ينتبه إلـى أنَّ إرادة الله كما يشير ابن سينا: «هي علمه بما عليه الوجود وكونه غير منافٍ لذاته، وإرادته ليـس لهـا داعٍ كإرادتـنا، فإنَّ إرادتـه علمـه ولكـن باعتبار واعتبـار».[197] في حيـن أنَّ الإرادة فينـا برأيـه: «لا تكـون لذاتنا بـل خارجة عنـا واردة علينا من خـارج».[198] فكلّ ما يفعله الإنسـان يكون بسـبب خارج عـن ذاته، وإذا أراد شـيئاً فإنَّما يكون بعد تصوره لما يجلبه من لذةٍ له، فنندفع نحوه بشـهوة، ثم تنبعـث منـا كما يقول: «إرادةٌ أخرى لتحصيله فتكـون الإرادة واردة علينا من خارج ويكون لـه سبب. وإرادة البـاري تَعالى لا يكون لها سبب؛ لأنَّه لا ينفعل عن شـيء فلا يكون له غرض في شـيء بل يكون السـبب في إرادته ذاته، ولا يكـون فيـه إمكان إرادة وإمكان مشـيئة».[199] بيدَ أنَّ سـبينوزا يرى أنَّ هناك اختلافاً بين الإرادتين من حيث أنَّ القوانين الإلهية تسعى إلى معرفةِ الله، في حين يبغي القانون الإنساني أمن الحياة وسلامة الدولة. وتكون معرفتنا خيّرة ويقينية إذا اعتمدت كلّها على معرفتنا بالله وحده؛ لأنَّه لا يمكن إدراك شيءٍ أو تصوره من دونه، وتبقى موضوعاً للشـكّ مـا دامتْ فكرتنا عن الله مبهمة. لذلك تتضمـن كلّ الموجودات الطبيعية تصوره، وتعبّر عنه بقدرِ درجتها في الجوهـر والكمـال. وكلما ازدادت معرفتنا بالأشـياء الطبيعية كملت معرفتنا بالله. والإنسـان أكمل الموجـودات الطبيعية، وأقرب إلـى الكمال عن طريق المعرفة العقلية لله، وبذلك يكون الأمرُ الإلهي فكرة الله في نفوسنا، والقانون الإلهي هو حضور الله في أنفسنا وهذه هي غاية الأفعال الإنسانية المتمثلة في حب الله، ومن يحبه يكون حقاً المطيع للقانون الإلهي، ليس خوفاً منه بل

---

197. ابن سينا، التعليقات. ص292.

198. المصدر نفسه. ص293.

199. المصدر نفسه. ص293.

معرفةً به، أما القانون الإنسـاني فإنَّه يهدف إلى غاية أخرى؛ وهي المحافظة على سلامة الإنسان، وأمن الدولة.[200]

لكـن سـبينوزا وقعَ فـي الخطأ ذاته الـذي وقع فيه ديكارت عبـر مماثلته بيـن علاقـة الله بالإنسـان وعلاقـة الملك بالرعايـا، ورأى أنَّنـا إذا عرفنا طبيعة اللـه، وأنَّ إرادتـه وذهنه شـيءٌ واحـد، عرفنـا أنَّ أوامره بالتحريـم أو التحليل حقائـق أبديـة، وتتضمن ضرورةً أبدية، وبذلك يكون إدراك آدم للوحي قانون أو قاعدة تقرّر وجوب الثواب أو العقاب نتيجةٍ لفعلٍ ما، وليس لطبيعة الفعل نفسه، بل طبقاً لمشيئة أمير وإرادته المطلقة؛ فالله أوحى لـآدم الشرّ الذي سـيكون النتيجـة الضروريـة لفعلـه وليس ضـرورة نتيجة هذا الشـر.[201] ولم ينتبه سـبينوزا إلى أنَّ سـبب وقوع النفس الإنسانية في هذا العالم كما يقول الشيرازي: هو «الخطيئة التي اكتسبها لنقصِ إمكان في جوهره وقصورٍ طبيعي في ذاته».[202] مما مهّد لأبليس أنْ يوسس لـآدم في تذوق الشجرة التي نهاه الله عنها. ويمكن أن نجد في قول سـبينوزا بأنَّ الله أوحى بالخطيئة تشـكيكاً في مسألة طرد آدم من الجنة، فإنْ كان الله يعلم بالخطيئة فلماذا عاقب آدم، وبماذا تختلف رواية سبينوزا عن رواية الملك والرعايا عند ديكارت، سوى في حقيقة ومصدر الشرّ، الذي نلمس التناقض في حديثه عنه. يمكن القول هنا: إنَّ مشـكلتهما تكمـن في تحديد العلاقـة بين الله والمخلوقـات، إذ لا يمكن موافقتهما على أن تكون كعلاقة الملك بالرعايا؛ لأنَّ الأول لا يحيط معرفةً بكلّ رعاياه وحاشى الله عن ذلك.

وهو الأمر ذاته الذي لا نقبله عند ليبنتز الذي لم يختلف في رؤيته كثيراً عن سابقيه، وميّز بين علاقة الله بالعقول، وعلاقته بالوحدات العنصرية الأقلّ

200. سبينوزا، باروخ، رسالة في اللاهوت والسياسة.ص ص5758(بتصرف)

201. المصدر نفسه. ص59(بتصرف)

202. الشيرازي، صدر الدين محمد، المظاهر الإلهية. ص 45.

رقياً، أما علاقة الله بالعقول فهي علاقة أمير برعاياه، وعلاقته بالوحدات العنصرية غير العاقلة مرايا أو صور لعالم المخلوقات، أما العقول فصور الله، خالق العالم، وهي قادرة على محاكاة نظام لا عالم، ومحاكاة ما فيه من نماذج هندسية ويصبح كلّ عقل منها إلهاً صغيراً.(203) والله برأيه يحبنا ونحبه، ولا يريد لنا سوى الخير، واختار لنا أفضل العوالم الممكنة؛ لأنَّه الجوهر البسيط الأول، وله كامل القوة، والمعرفة، والإرادة، والقدرة المطلقة، والعلم الكلي، وواسع الرحمة، ومطلق العدل، والسبب الذي جعل الأشياء تستمد منه وجودها هو الذي يجعلها تعتمد عليه في استمرار وجودها وسائر أفعالها، ودائماً تتلقى منه ما يضفي عليها نوعاً من الكمال، وما فيها من أوجهِ نقص، راجع إلى ما فُطرت عليه وهو متأصل فيها.(204) ولا يعود الشرّ إلى الله؛ وهو وحده الجدير بحبنا، وعلى الرغم من عجز حواسنا عن إدراكه، لكنه محبوب غاية الحب، ويمنحنا أسمى آيات الفرح، وتتيح لنا محبته السعادة المقبلة، وتحقق محبته بذاتها أعظم خيرٍ وأكبر نفع لنا. وتبثّ فينا الثقة الكاملة في رحمته بنا، وتبعث الطمأنينة الروحية الحقّة النابعة من شعورٍ مباشر بالرضا والقناعة، والأمل بالسعادة المقبلة، ولا يمكن أن نصل إلى السعادة القصوى؛ لأنَّ الله اللامتناهي لن يتسنى معرفته معرفة كاملة.(205)

ولا يختلف رأيه هنا عمّا أقرّه أوغسطين، بأنَّ السعادة تكون في محبة الله، ويظهر ذلك بقوله: «إن كانت السعادة في غاية الفلسفة فالتمتع بالله ومحبة الله هي السعادة».(206) مع أنَّ سعادتنا برأي ليبنتز تكمن في هذا

203. ليبنتز، ج. ف، أبحاث جديدة في الفهم الإنساني. ص27(بتصرف)

204. ليبنتز، ج. ف، المونادولوجيا والمبادئ العقلية للطبيعة والفضل الإلهي. ص71(بتصرف)

205. المصدر نفسه. ص ص75 76 (بتصرف)

206. أوغسطين، مدينة الله، تر: الخور أسقف يوحنا الحلو، دار المشرق، مج1، بيروت، ط2، 2006. ص 377.

العالـم الواقعي الذي نعيش فيه بوصفه أكمـل العوالم الممكنة، وفيه تجري نفوسـنا في أفعالهـا الإرادية على طريقة المهندسـين، وتدخل جميع الأرواح بفضلِ العقـل والحقائـق الأبديـة مـع الله فـي جماعة مـن نوعٍ ما، وتشـارك كأعضـاء فـي مدينة الله، أي أكمل دولة أسسـها، ويدبـر أمورها أعظم الحكام وأصلحهـم. وعلـى الرغـم مـن أنَّ العقل يعجز عـن إفادتنا بشـيءٍ عن دقائق المسـتقبل البعيـد، الـذي ادخر العلـم به الوحي، بيـد أنَّنا نسـتطيع أن نتأكد عـن طريـق هذا العقل نفسـه من أنَّ الأشـياء قد خُلقت على نحـوٍ يفوق كلّ أمانينـا.[207] ولكـن هـذا العالم الذي يصفـه ليبنتز لا يخلو أيضـاً من الحتمية كحال عالم ديكارت.

ويمكن أن نوضح ذلك في اعتراض أرنولد على قوله: إنَّ الله يختار العالم مـن ممكنـات لا نهايـة لهـا؛ لأنَّه تصـور حتمـي لإرادة الله التي تلغـي حريته تماماً، وإذا كانت كلّ فكرة فردية لكلّ جوهر تتضمن كلّ أفعاله في المستقبل بضـرورةٍ افتراضيـة، فإنَّ الممكنـات تكون ممكنة قبل أن يأمـر بها الله. وتبعاً لذلـك يخضـع الله لعالمٍ من الأفكار الحتمية أعلى منـه، وبذلك يتنافى تصور ليبنتز لإرادة الله مع التصور المسيحي.[208] فالله ليس هو مصدر الموجودات فحسب، بل هو كذلك مصدر الماهيات، ومصدر ما يحتوي عليه الإمكان من واقـع؛ لأنَّ الذهن الإلهـي هو منطقة الحقائق الأبدية، أو الأفكار التي يتوقف عليهـا وجودها. وبغير وجوده لن يكون في الإمكانات واقع، ولاشـيء ممكناً؛ لأنَّـه إن كان فيهـا واقـع، لاقتضى هذا وجـود الكائن الضـروري الذي تتضمن ماهيتـه وجـوده، والذي يكفيـه أن يكون ممكناً لكـي يكون واقعيـاً. والكائن الضروري هو الله، ولما كانت أفكاره تحتوي على عددٍ لا حصر له من العوالم

207. ليبنتز، ج. ف، المونادولوجيا والمبادئ العقلية للطبيعة والفضل الإلهي. ص ص7174(بتصرف)

208. ليبنتز، ج. ف، أبحاث جديدة في الفهم الإنساني. ص ص8185(بتصرف)

الممكنـة التـي يسـتحيل أن يوجد منهـا إلا عالم واحد، فيلـزم أن يكون هناك سبب كافٍ لاختيار الله جعله يفضل عالماً بعينه على غيره.[209]

إن كان اللـه قـد اختـار لنـا أكمـل العوالم، فما الـذي يبرر وجود الشـرور والمصائـب والكـوارث فـي الكـون؟ ماذا عـن العـدل الإلهي والخيـر في هذا العالـم؟ إذ إنَّ اللـه كان بوسـعه ألّا يخلـق كائناً مثل يهـوذا، وألا يحدث زلزالاً مدمـراً، لكنـه فعل ذلك، فلماذا؟ يقول ليبنتز: «الشـرّ يمكـن أن يبدو كارثة لا تحتمل في حال نظرنا إليه في مظهره الجزئي، غير أنَّ الأشياء لا تُقاس بوقعها في الأنفس لحظة وقوعها، وإنَّما نسبة إلى نظام عام شامل يمتد عبر الزمان، ويجعـل الشـرّ الـذي لا يحتمل في البدايـة، يتقلص بفعل الزمـان الذي يُظهر أنَّ حصيلـة الخيـر في الكون تفوق بكثيـر حصيلة الشـر».[210] لكن ماذا عن الشـرور العظيمة التي نصادفها يومياً، ألم يحسـب لها حسـاباً ضمن تصنيفه للشر، الذي ظهر عنده في أربعة أنواعٍ، ويمكننا أن نفندها تباعاً كحال تفنيدنا لأدلته على وجود الله:

أ. **الشـرّ الميتافيزيقـي:** أراد ليبنتـز فـي هذا النوع تبريـر النقص المادي والخلقـي والعقلي لدى المخلوقات التي فُطرت على هذا النقص، ولا يمكنها أن تتقاسـم الكمـال مع المطلق المنفـرد بهذه الخاصية لوحـده.[211] ويأخذ هنـا بقول أوغسـطين، واعتباره الشـرّ عدمـاً ونقصاً بالمخلـوق، وأنَّ الله يمنّ عليه بالنعمةِ أو الخلاص بعد ذلك، ولكن بدرجات. ولا يمكن أن يفعل الله ما يتعـارض مـع قوانين المنطق، إلا أنَّه يمكـن أن يقضي بما هو ممكن منطقياً، ويتـرك لـه نطاقاً كبيـراً من الاختيار. بيـدَ أنَّ حديث ليبنتز هـذا غير مقنع ولا يمكـن قبولـه برأي رسـل؛ لأنَّه يحتاج إلى مسـتوى عـالٍ من التجريـد، وفهماً

209. ليبنتز، ج. ف، المونادولوجيا والمبادئ العقلية للطبيعة والفضل الإلهي. ص ص9195(بتصرف)

210. ليبنتز، ج. ف، مقالة في الميتافيزيقا. ص189 (المترجم في الحاشية)

211. المصدر نفسه. ص62(بتصرف)

عقلانيـة الحداثـة \ 99

دقيقاً للحيثيات الفلسفية التي تحدّث عنها، ولا يدركها برأيه سوى كلّ ذي عقل رياضي.[212]

ب. **الشرّ المادي والفيزيائي:** لا معنى لإدراك حقيقة الخير إلا بما يقابله من شر، فوجود الشرّ في العالم ليس غايةً في ذاته وإنّما ضرورة لمعرفةِ الخير، فالله يسمح بالألم؛ لأنّه ضروري وسبيل الخير الأقصى، ولولا الألم لما عرفنا اللذة، ولولا التعب لما عرفنا الراحة...فالألم ضروري؛ لأنَّ الله عادلٌ وبه وحده يعاقب المجرمين على آثامهم وعلى تجاوزاتهم اللاأخلاقية. ولمّا كان الله خيراً فقد قرّر أن يخلق أفضل العوالم الممكنة، والأفضل هو ما يرجّح فيه الخير على الشرّ، وكان بوسعه أن يخلق عالماً بلا شرّ، لكن هذا العالم لم يكن ليكون بمثل خير العالم الراهن؛ لأنَّ بعض الخيرات العظيمة ترتبط منطقياً ببعض الشرور،[213] وخير مثال على ذلك ما يعترينا من لذة وسعادة بعد حصولنا على شربة ماء في يوم حار أضنانا فيه العطش، وهذا دليل على أنَّ المعاناة من الشرّ هي من تولد خيراً أعظم.

ولما كان الأمر كذلك فإنَّ هذا تأكيدٌ بأنَّ الله خالق الخير والشر، وهذا بدوره يدحض رؤية ليبنتز، كما أنَّ محاولة تبرئة الله من الشرّ، بحجة أنَّ الشرّ وعدم الانتظام تفترضهما مبادئنا الخاصة، يشوبها الكثير من التناقض برأي هولباخ؛ لأنَّ مبادئنا تقتضي أيضاً الاعتراف بوجود إلهٍ حكيم، وذكي، ويمتلك القدرة على منع الشرّ، وعند الاعتراف بهذا الإله دون أن نضطر للاعتراف بالشر، تنتفي الغاية المرجوة من إلهٍ قوي، وقادر، وذكي، ويصبح بحدّ ذاته خاضعاً للضرورة، ولا يكون مستقلاً، وتختفي سلطته، ويصبح ملزماً بالاعتراف بنطاقٍ من الحرية لماهية الأشياء، ولا يستطيع منع العلل من

---

212. رسل، برتراند، تاريخ الفلسفة الغربية، تر: زكي نجيب محمود، الهيئة المصرية العامة للكتاب، القاهرة، 2010. ص 143150. (بتصرف)

213. رسل، برتراند، تاريخ الفلسفة الغربية، (الفلسفة الحديثة)، تر: محمد فتحي الشنيطي. ص 149(بتصرف)

إحداث معلولاتها، ولا يمكنه مقاومة الشرّ. ولا يمكنه أن يجعل الإنسان أكثر سعادةً مما هو عليه، أو أن يكون خيراً، ويصبح عديم النفع تماماً. ولن يكون سوى شاهدٍ غير مكترث بما يجب أن يحدث بالضرورة، ولا يمكنه أن يفعل خلافاً لما يحدث في العالم.[214]

ت. الشرّ الخلقي: نفس الإنسان هي الملامة على الخطيئة، ويكفي ألا نريد وسيوفّر الله لنا أحسن الظروف وأكثرها عدلاً.[215] وهنا يقصد ليبنتز برأي زكي نجيب محمود الخطيئة كما وصفها المسيحيون في العصور الوسطى، والذين اعتبروا أنّ مشكلة الخطيئة مشكلة شخصية؛ لأنّ قدرة الإنسان على اتخاذ خيارات حرة تثبت مسؤوليته عن الفعل، وهو مذنب في النهاية وليس الله،[216] ويذهب رسل إلى أنّ ليبنتز أسقط إرادة الله لفعل الخطيئة، فهو لم يخلقها بل حرّمها، ونحن كبشرٍ ملزمون دائماً على الاختيار بين شرين، وكذلك الله قد اختار أقل الأمرين سوءاً، فإما ألا يخلق شيئاً، أو أن يخلق أحسن العوالم مع قبول بعض النقائص الخلقية، واختار أقل الأمرين سوءاً بخلقه لهذا العالم على شاكلته وبذلك يكون الله بريئاً من عمل الشرّ.[217] وبموجب ذلك لا يكون الله سبباً للشرّ في هذا العالم، بل البشر الذين استحوذت الخطيئة على نفوسهم بعدما فقدوا براءتهم الأولى، وهم المسؤول الأول عن ارتكابها، وطردهم من الجنة.

لكن ليبنتز هنا وقع أيضاً في تناقض، فإنْ كان الله قد اختار لنا هذا العالم، ألا يعلم كلّ ما فيه، أليس عالمٌ بالشرّ على قدرِ الخير، أليس خلق آدم وخطيئته كلّها في علمه سبحانه وتعالى؟ لكن يبدو أنّه يقايس هنا بين علم

214. هولباخ، بارون دي، نظام الطبيعة أو قوانين العالم الأخلاقي والمادي. ص49(بتصرف)

215. ليبنتز، ج. ف، مقالة في الميتافيزيقا. ص188.

216. محمود، زكي نجيب، وأحمد أمين، قصة الفلسفة الحديثة. ص19(بتصرف)

217. رسل، برتراند، تاريخ الفلسفة الغربية، تر: زكي نجيب محمود. ص34(بتصرف)

عقلانية الحداثة \ 101

الله وعلمنا؛ لأنَّه يجعل فيه شيئاً من النقص والعجز المتعلق بعدم مسؤوليته عن الشرّ، وينشأ هذا التصور المتناقض إذا ما استعنا بقول ابن رشد من: «قياس علم الله على علم الموجود المحدث والمتغير وهو قياسٌ فاسد، ومن الواجب ألا يحدث تغيّر كما يحدث في علم المحدث، وكما أنَّه لا يحدث في الفاعل تغيّر عند وجود مفعوله، كذلك لا يحدث في علم سبحانه تغيّر عند حدوث مَعْلومِهِ عنه»،[218] فالله عالمٌ بكلّ شيء، ويترتب على ذلك أنَّ مسألة الهبوط إلى الأرض والفدية كلّها في علمه الأزلي.

والله عليم بالكليات والجزئيات، وعلمه على مراتب كما يشير الشيرازي، ومنها «العناية...وهي علمٌ تفصيلي متكثّر...ومنها العلم واللوح، فالقلم موجود عقلي متوسط بين الله وبين خلقه...والعقول الفعّالة أقلام؛ لأنَّ شأنها تصوير الحقائق في ألواح النفوس وصحائف القلوب كما تنقش بالأقلام الصحائف والألواح...ومنها القضاء والقدر، فالقضاء عبارة عن وجود جميع الموجودات بحقائقها الكلية والصور العقلية في العالم العقلي على الوجه الكلي لا على سبيل الإبداء...أما القدر العلمي فهو عبارة عن ثبوت صور جميع الموجودات في العالم النفسي على الوجه الجزئي مطابقة لما في موادها الخارجية.»[219] وإذا قارنا رؤية الشيرازي هذه مع نظرية العوالم الممكنة يمكننا القول: إنَّ الله عالمٌ بما ستفعله المخلوقات في كلّ عالم من هذه العوالم، وأنَّ ما فعله آدم وحواء كان سابق في علمه عزّ وجل، وعلم كلّ أنواع الحقائق المضادة عنهما، وعلم ما سيفعلانه في كلّ العوالم الممكنة.

والله عالم بالجزئيات، وبما يوسوس للإنسان في قلبه من شرّ، وما تسقط من قطرةٍ من السماء إلّا ويعلمها، وقد وصفَ الله ذلك في كتبه المنزلة،

218. ابن رشد، أبو الوليد، فصل المقال فيما بين الحكمة والشريعة من الاتصال، تحقيق: محمد عمارة، دار المعارف، ط2،(د.ت).ص74 وما بعدها.

219. الشيرازي، صدر الدين محمد، المظاهر الإلهية. ص ص 2730.

لكـن يبـدو أنَّ ليبنتـز آثر الأخذ بالموجـود والحفاظ على الجـدود، أو بمعنى آخـر لـم يضفْ جديـداً على مسـألة الخطيئة فـي الفكر المسـيحي وعقلانية القرون الوسـطى، ولا سـيما أبيلارد والقديس أنسـيلم. حيث نظر أبيلارد إلى أنَّ الخطيئـة تعـود بآثارها علـى الفرد ذاته، واعتقد أنَّهـا تمحو صورة الله في الإنسان، مما يؤدي إلى اغترابه عن خالقه، وأنَّها تجعل استخدام حرية الإرادة يعطـي الأفضليـة للشرّ علـى الطهـارة، وتجعـل الخلاص أمـراً مسـتحيلاً على الإنسان؛ وتجعله خالياً من الحب وعبداً للشهوة، والرغبة في ارتكاب الرذائل والظلم.[220] وكذلك ذهب أنسيلم إلى أنَّ الخطيئة حدثت على مراحل، ولابدّ أن تسبقها الرغبة والشهوة، لكن الشهوة ليست خطيئة بحدّ ذاتها، إذ لابّد من توفـر الإرادة والتفكير بجدية في ارتكاب الخطيئـة أو التخطيط لها، وتكتمل المراحـل عند ارتكاب الفعل.[221] وهذه العملية برأي أنسـيلم لا تؤدي فقط إلى الشرّ الخلقي المتعمد، بل أيضاً إلى الشرّ الطبيعي للعالم.[222]

بذلك أغفل ليبنتز كحالِ غيره من العقلانيين هنا أنَّ تبرئة الله من الشـرّ، ونسبته إلى الإنسان فحسب، تناقض عِلمه تعالى؛ لأنَّ الله محيطٌ بكلّ شيء، وتنفـي قدرتـه؛ لأنَّ قولهم هذا ينسـب العجز إليه عزّ وجل وحاشـى الله عن ذلـك، فـي كونه لم يمنـع حدوث الشـر، أما النتيجـة الأخيرة فهي إسـقاطهم لمسألة الإيمان بالقضاء والقدر، ونحن لا نشكّ أنَّ الإنسان يمتلك الإرادة، لكن ذلك لا يعني تجريده من حكم القضاء والقدر، فالإنسـان مقيدٌ بما حوله في

220. Kaiser, D. Peter Abelard's Theology of Atonement: A Multifaceted Approach and Reevaluation, Journal of the Adventist Theological Society, 26/1, 2015.p.23.,p.22.

221. Marenbon, J. The Philosophy of Peter Abelard, Cambridge: Cambridge University Press.1997.pp. 253254.

222. Fairweather, E.R. (ed. and trans), Scholastic Miscelleny: Anselm to Ockham. Vol. 10 of The Library of Christian Classics. Philadelphia: Westminster Press, 1956.p. 261.

أفعاله، والخطيئة وقعت من وسوسة إبليس لـآدم، والله غفرَ له منذ لحظة إمهالـه إلـى يوم البعث، وكلّ شـيء قدّره الله حقّ قدره، ويهدي من يشـاء، فـي قولـه تعالى: ﴿وَمَنْ لَمْ يَجْعَلِ اللَّهُ لَهُ نُوراً فَمَا لَهُ مِنْ نُورٍ﴾.[223] وإلا لما حاسـب الإنسان على أفعاله، وفي هذا يقول الشيرازي: «كلّ إنسان بحسب أعمالـه وأفعاله...يُحشـر فـي الآخـرة مع ما اكتسـب مـن الملـكات والصور الحسنة الحاصلة من الرياضات النفسانية، والعبادات، والأعمال الصالحة أو الصـور البهيمية والملكات الشـيطانية الحاصلة من التمرد والعناد ومخالفة الرسل».[224] فيكون للمُثاب جزاؤه وكذلك المذنب الذي يُحاسب على قدر عملـه ويُخلّد في دار الجحيم.

وهـذا أمرٌ لم يفطن له العقلانيون، وترتب على نفيهم الشـرّ عن الذات الإلهيـة التشـكيكَ فـي إرادته وقدرته، وفـي كونه خالق الخير والشـرّ، فالله عزّ وجل كما يقول الشـيرازي: «هو بنفسـه قادرٌ مريد خالق لما يشاء كيف يشـاء، فاعلٌ لما يريد كيف يريد، فكان خالقاً لم يزل، وما يزال فاعلاً للعالم كمـا يعلـم فـي الآبـاد والآزال...الإرادة...مسـتمرة أزليـة، والمـراد والمفاض حـادث متجـدد، لعـدم تغيره في ذاته وكمـالات ذاتـه».[225] وينبغي النظر إلـى أنَّ القـدرة في اللـه عزّ وجل ليسـت كقدرتنا التي يتنـازع فيها الضدان الخيـر والشـر، وإنَّمـا قدرته سـبحانه وتعالـى متعلقة بإرادتـه، وقدرته هي علمـه الـذي لا يُقال على علمنا، فعلمه كما يقول الشـيرازي: «حقيقة العلم وقدرته حقيقة القدرة وما هذا شـأنه يسـتحيل فيه التعدد فعلمه علم بكلّ شـيء وقدرتـه قدرة بـكلّ شـيء وإرادته إرادة لـكل شـيء».[226] وجميعها تامـة فـي الله عزّ وجـل، ولا يعتريه القصور والعجز وقدرتـه على حدّ تعبير

223. سورة النور:40.

224. الشيرازي، صدر الدين محمد، المظاهر الإلهية. ص113.

225. المصدر نفسه. ص34.

226. المصدر نفسه. ص ص1819.

ابن سـينا: «سبب العالم وسبب بقائه ونظامه وهذه الآفات والعاهات التي تدخل على الأشياء إنما هي تابعة للضرورات ولعجز المادة عن قبول النظام التـام».[227] وهـي أمورٌ لا تخرج عمّا قالت به الكنيسـة وما وردَ في الكتاب المقدس، فبعد الاسـتماع إلى تلاوة يهوه لعجائب الخلق، يقرأ أيوب: ﴿ قَدْ عَلِمْتُ أَنَّكَ تَسْتَطِيعُ كُلَّ شَيْءٍ، وَلاَ يَعْسُرُ عَلَيْكَ أَمْرٌ﴾،[228] وهناك العديد مـن الأدلة أيضـاً في العهد الجديد، لكـن العقلانيين عجزوا عن تبرير الشـرّ والخطـأ، وهـذا قادهم إلى سـوء فهـم الكثير من المسـائل الإيمانيـة ومنها معرفـة اللـه عزّ جل، وهنا نسـأل: هـل تمكّنـت العقلانية مـن التوفيق بين العقل والإيمان؟

سادسـاً: العقل كطريق لمعرفة الحقائق الأبدية

نحـن نعـرِف صفـات اللـه عـز وجـلّ بما أخبرنـا به علـى لسـان الوحي، ومن خلال العقل، ونؤمن بآياته ومعجزاته، ونخشـى غضبه، ونطلب عطفه، لذلـك نتوجـه إليه بالشـعائر، والطقوس، والقرابيـن، والصلوات، بيد أنَّ قول العقلانيين بالثبات قادهـم إلى ترسـيخ فكرة مناقضة لطبيعة الخلق الإلهي، وإبطال كلّ ما تتبعه الأديان في سبيل التضرّع لله، بحجة أنَّ قوانين الطبيعة حتميـة ثابتـة، ولا تتغيـر، ويترتـب على ذلك الشـكّ فـي إمـكان التغيير في القوانين الإلهية، والفعل الإلهي أو ما تسـميه العامة المعجزات، والتشكيك فـي حقيقـة الوحـي، وترجيـح العقل علـى الإيمـان، واتخاذ العقل كوسـيلة وحيـدة في معرفة الله، لكن آراءهم المتعلقـة بحقيقة الوحي والمعجزات كانـت تتروح بين من ينكر وجودها، ومن يؤيدها، وكلٌّ بحسـب معتقداته وظروفه الاجتماعية والاقتصادية.

227. ابن سينا، التعليقات. ص317

228. الكتاب المقدس، العهد القديم، سفر أيوب، الاصحاح الثاني والأربعون، 2.

أ. المعجزات

يقع جوهر الإيمان في المعجزة، التي نطلقها على كلّ ما لا نملك معرفةً به، أو ما يفوق قدرة الطبيعة على إحداثه، بسبب عدم معرفتنا به، لكننا لا نشكّ أنَّ الله شرّع قوانينها، وعندما نشرح ظواهر الطبيعة من خلال المعجزات فهذا يعني أنَّنا نجهل العلل الحقيقية لها، لكن عندما ننسبها في الآن ذاته إلى الله، كأن نقول: إنَّ الله شاء ذلك، فهذا يعني عجزنا عن تفسيرها، وإنَّنا احتجنا لكلمة تدلّ عليها، وهذا يفتح الباب للإيمان بالسحر وغيرها من الأشكال الخرافية.[229] وربما هذا ما دفع العقلانيين لعدم الإيمان بالمعجزات، أو أيّ تفكيرٍ لا ينطلق من العقل، والدعوة إلى عدم الانسياق في ذلك كما تفعل العامة.

فالعامة يظنون بحسب سبينوزا أنَّ قدرة الله لا تظهر إلا عندما تخرق قوانين الطبيعة، وأنَّ أكبر برهان على وجوده هو حدوث خللٍ في نظام الطبيعة، ويعد تفسيرنا لهذه الظواهر بعللها الطبيعية المباشرة انكاراً لوجود الله، ويظنون أنَّ الله والطبيعة متناقضان، أو إذا عمل الله تتوقف الطبيعة، والعكس صحيح. ويسمي العامة عجائب الطبيعة أفعال الله أو معجزات نتيجة جهلهم بالعلل الطبيعية، وتظهر عظمة الله عندما تقهر قوانين الطبيعة.[230] لكنهم لم يأخذوا بالاعتبار على حسب تعبيره أنَّ ما يريده الله يتضمن حقيقة وضرورة أبديتين؛ لأنَّ عقل الله وإرادته شيءٌ واحد، وكلّ شيء يحدث إنَّما يحدث بمشيئته. لذلك فإنَّ قوانين الطبيعة أوامره، وتصدر عن ضرورة الطبيعة الإلهية وكمالها، وإذا حدث شيء يخالفها، فسيعدّ ذلك تناقضاً مع عقل الله وطبيعته، وقدرة الطبيعة هي قدرة الله، وقدرة الله مماثلة

---

229. هولباخ، بارون دي، نظام الطبيعة أو قوانين العالم الأخلاقي والمادي. ص124(بتصرف)

230. سبينوزا، باروخ، رسالة في اللاهوت والسياسة. ص65(بتصرف)

لماهيته، وقوانين الطبيعة لانهائية حتى تستوعب العقل الإلهي كله، وبذلك تكون المعجزة عملاً من أعمال الطبيعة، نجهل عللها، ولا نستطيع إدراكها بالنور الفطري، ويمكن تفسير المعجزات التي يرويها الكتاب إذا عرفنا عللها الطبيعية.[231] ونحن لا نعلم الله عن طريق المعجزة، بل من خلال معرفتنا بقوانين الطبيعة، التي تزيد من يقيننا بوجوده، في حين يقودنا الإيمان بالمعجزة إلى افتراض قدرات أخرى إلى جانبه.

لذلك يرى سبينوزا أنَّ من واجب الإنسان أن يكفّ عن تصديق المعجزة، ويؤمن أنَّ عون الله له قد يكون خارجياً من خلال ما تقدمه الطبيعة له دون جهد؛ لأنَّ قوة الله هي قوة الطبيعة، ويكون عونه داخلياً أيضاً، وهو ما يصدر عـن الطبيعة الإنسانية بقدرتها الخاصة، للمحافظة على وجودها. ولا يمكن أن يختار الإنسان إلا بدعوة من الله، ومشيئته وإرادته ليست شيئاً غير نظام الطبيعة، وهذا ما توضحه نصوص الكتاب المقدس.[232] بيد أنَّ نموذج اليقين الذي يتبعه سبينوزا متأثراً بديكارت يؤدي إلى تصور استنباطي للمعرفة يظهر فيـه أنَّ جميـع النتائج ناجمة على نحـوٍ منطقي من المبـادئ الأولى للنظام، وبذلك كان سبينوزا مخلصاً للعقلانية في رؤيته للمعجزات.

ربمـا هـذا ما جعل العديد من النقـاد يتهمونه بارتكابه نوعـاً من الحيلة الشـعوذية الكبيرة، حيث يرى كوتنغهـام أنَّ قضية بعد أخرى تخرج من آلاته الاستنباطية، وإذا اعترى الشك افتراضاته الأولية، فإنَّ النظام كله سينهار كبيتٍ من ورق اللعب؛[233] لأنَّه يقول: «إذا حدث شيء في الطبيعة لا يتّبع قوانينها الخاصـة، فإنَّ ذلك يناقض النظام الضروري الذي وضعه الله في الطبيعة إلى الأبـد من خلال قوانين الطبيعة الشـاملة، فهو إذن يناقض الطبيعة وقوانينها،

---

231. المصدر نفسه. ص66(بتصرف)
232. المصدر نفسه. ص ص6667(بتصرف)
233. كوتنغهام، جون، العقلانية: فلسفة متجددة. ص62(بتصرف)

وبالتالي فإنَّ التصديق بالمعجزة يجعلنا نشـكّ في كلّ شـيء، ويؤدي بنا إلى الإلحاد».[234] لكن عقلانية سـبينوزا تبدو هنا عبارة عن حرب الفلسـفة على الدين، وليسـت محاولـة للتوفيق بين الحكمة والشـريعة. وغـابَ عن ذهنهِ أنَّ معرفـة أفعـال اللـه [ومنهـا معجزاتـه] كما يقول الشـيرازي: «بحرٌ تتسـع أطرافـه، ولكلّ أن يخوض فيه ويسـبح في غمراتها بقدر قوة سـباحته».[235] وأنَّ الإنسـان ينبغي أن يعترف بعجزه عن معرفة الكثير من حقائق الأشـياء، فنحـن علـى حدّ قـول ابن سـينا: «لا نعرف من الأشـياء إلا الخـواص واللوازم والأعـراض...فلا نعـرف حقيقـة الأول ولا العقـل ولا النفـس ولا الفلك، والنار والهـواء، والأرض، ولا نعرف أيضاً حقائق الأعراض، ولا حقيقة الجوهر».[236] ولا نظنّ أنَّ معجزة قيامة «أليعازر» من الموت، أو قيامة المسيح من القبر، تخضـع لقوانيـن الطبيعـة، التي مازال الإنسـان يجهـل الكثير منهـا، ولابدّ أنَّ إنـكار سـبينوزا للمعجـزة هنـا جاء من عـدم تمييزه بيـن الخـوارق الطبيعية والخـوارق الإلهيـة، وكلّها نسـميها معجـزات، مع فـرق أنَّ الثانية لا يمكن أن نحيط بها علماً بالمطلق.

لكن البعض مازل مقتنعاً بأنَّ فكرة المعجزة عبارة عن فكرة صنعها خيال الإنسـان ليعزز فكرة اصطفاء شـعب من الشـعوب على آخر، وهذا ما أكده سـبينوزا ذاتـه، عندما أرجع أصـل الإيمـان بالمعجزات إلى التـراث اليهودي القديم، في مسـعى مـن اليهود لإبطال كلّ إله منظـور مقتبس من الطبيعة، وكان هدفهـم كمـا يقـول رضـا الـزواري: «إقناع مـن عاصرهم من الشـعوب بـأنَّ ما يعبدونه مـن ظواهر الطبيعة...لاحول لها ولا قـوة أمام قدرة إله غير مرئي يحكم هذه الظواهر، ويقدر أن يفعل بها ما يشاء، وبهذا استطاعوا أن

234. سبينوزا، باروخ، علم الأخلاق. ص219 .

235. الشيرازي، صدر الدين محمد، المظاهر الإلهية. ص8.

236. ابن سينا، التعليقات. ص105

يؤكـدوا تفوقهـم علـى الآخريـن، وهو ما مكّنهـم مـن تدعيـم اللحمة بيـن أفراد مجموعتهم».(237)

ولإنقـاذ اللاهـوت ممـا تعـرض لـه مـن هجمـات لا سـيما تلـك التـي وجههـا لـه سـبينوزا، خالـف ليبنتـز مبـادئ العقلانيـة، ودافـع عـن ضـرورة الطقـوس، والشـعائر الدينيـة، وأكّـد أيضـاً حقيقـة المعجـزات، ورأى أنَّ الإيمـان لابـدّ أن يتضمـن عناصـر لاعقلانيـة، وقـوى خارقـة للطبيعة. ولتبريـر المعجـزات ميـز بيـن نوعيـن مـن الفعـل الإلهـي، أفعـال عاديـة وأخـرى خارقـة للعـادة وتدعـى معجـزات، وكلاهمـا خاضـعٌ لقواعـد النظـام التـي وصفهـا الله، وتكـون الأفعـال العاديـة بحسـب قوانيـن الطبيعـة التـي سـنّها الله لتسـيرها، كحركـة الكواكـب، وتعاقـب الليـل والنهـار، أمـا المعجـزات فهـي حـوادث تنحـرف عـن قانـون الطبيعـة كإحيـاء الموتـى.(238) وينبغـي أن نفـرق برأيـه بيـن الحقائـق السـرمدية الثابتـة، والحقائـق الممكنـة أو العارضـة، ونؤمـن أنَّ المعجـزات تتوقـف علـى إرادة الله، ويقـول: «مـن الممكـن أن يظهـر اللـه المعجـزات بواسـطة الملائكـة، وليـس فـي هـذا خـرقٌ لقوانيـن الطبيعـة، بـل يماثلـه مـا يقـوم بـه النـاس مـن مهـارةٍ فـي الطبيعـة، ومهـارة الملائكـة تختلـف عنـا فـي درجـة الكمـال فقـط، ويوجـد نوعـان مـن المعجـزة، الأول معجـزات إلهيـة تختـرق قوانيـن الطبيعـة وتتجـاوز الأسـباب، والثانـي معجـزات ملائكيـة تحـدثُ بأمـر الله، ولا تشـمل علـى أيّ خـرق لقوانيـن الطبيعـة وهـي مـن قبيـل المهـارة والفطنـة».(239) وهـذه المعجـزات كانـت متضمنة كممكـن فـي العالم ذاتـه حينمـا كان فـي حالتـه الممكنـة وقبـل خروجـه إلـى الحالـة الفعليـة، وقـد نفّـذ

---

237. الزواري، رضا، المخيلة والدين عند ابن رشد، دار حامد، تونس، ط1، 2005. صص 3839.

238. ليبنتز، مقالة في الميتافيزيقا. ص106.

239. الخشت، محمد عثمان، فلسفة العقائد المسيحية، قراءة نقدية في لاهوت ليبنتز، دار قباء، القاهرة، 1998. ص73.

الله تلك المعجزات عندما اختار هذا العالم.[240] بذلك تختلف رؤيته عن سبينوزا، الذي انطلق في تشكيكه بالمعجزات من حقيقة أنَّ القانون الإلهي لا يقتضي التصديق بالروايات مهما كان مضمونها؛ لأنَّنا نعرفه من الطبيعة الإنسانية في حين أنَّ الروايات مقيدة بظروفها التاريخية. ولا يمكن الأخذ بروايات الكتاب المقدس؛ لأنَّها بحاجة إلى تنقية، ولأنَّ الكتاب المقدس يتخذ في معرفته لله طريقين، أحدهما العقل وهو طريق النور الفطري، ولا يكون إلا لقلّة من البشر كالفلاسفة. والثاني طريق التجربة، وطريق الرواية، الذي يفهمه العامة. وهنا يرى أنَّ الروايات طريقة مناسبة في نشر المعتقدات، إلا أنَّ التصديق بها لا صلة له بالقانون الإلهي، ولا يؤدي إلى السعادة الأبدية. ولا يتطلب القانون الإلهي الطبيعي إقامة الشعائر والطقوس، أو أفعالاً يتجاوز تبريرها حدود العقل الإنساني. فالخير الحقيقي يدركه النور الفطري، أما الخير التابع لنظام أو قانون فليس إلا وهماً.[241]

ب. العقل والوحي

اختلفت عقلانية الحداثة في النظرة إلى العلاقة بين العقل والإيمان، أو العقل والوحي، حيث يضع ديكارت الحقيقة الدينية فوق الحقيقة العقلية، بل ويرى أنَّ الحقيقة العقلية لا قيمة لها إلا في الحقائق التي يتحدث عنها الوحي، مما يؤكّد عودته إلى لباس القديسين في العصور الوسطى، ويخالف منهجه العقلاني كطريقٍ للوصول إلى اليقين، وقواعده الأربع.[242] ويعارض العقلانية الأصيلة التي قال بها ابن رشد حول التأويل وهو: «إخراج دلالة اللفظ من الدلالة الحقيقية إلى الدلالة

240. المرجع نفسه. ص74(بتصرف)

241. سبينوزا، باروخ، رسالة في اللاهوت والسياسة. ص ص60ـ62(بتصرف)

242. الخشت، محمد عثمان، أقنعة ديكارت العقلانية تتساقط. ص35.

المجازيـة».[243] إذ ينبغـي التأويـل عنـد مخالفـة النـص للعقـل، وليـس تغليب النص كحـال المتكلمين.

لكـن سـبينوزا اختلـف مع ديـكارت حـول العلاقة بيـن العقـل والإيمان، وكان أميناً على العقل، وجعل منه أسـاس الإيمان، وأسـاس كلّ نظام سياسـي تتبعه الدولة، وربط ظهور الخرافة وسـيطرتها، بمدى سـيطرة العقل وغلبته، ورجّح كفّة الحقيقة العقلية على الإيمان، وميّزَ بين الإيمان والعقل أو الدين والفلسـفة، مـن حيث طبيعـة الخضـوع والطاعة التـي يحملهـا الإيمان على عكـس العقـل الذي يقودنا إلـى الحقيقة. وبذلك لا توجد صلة بين الفلسـفة والإيمان الديني؛ لأنَّ الفلسفة تستند إلى مبادئ وأفكار صحيحة، وتُستمد من الطبيعـة وحدها، وتُعرف بالنور الفطري، ويسـتند الإيمان إلى التاريخ، وفقه اللغـة، ويُسـتمد مـن الكتاب وحـده، ويُعـرّف بالوحي، ومن حيث الأسـلوب، تدرك الفلسفة الأشياء على ما هي عليه، أما أسلوب الإيمان فهو التخيل الذي يبغـي التأثيـر في النفوس؛ لذلـك يترك الإيمان لكلّ فردٍ حرية التفلسـف كما يشـاء ولا يديـن إلا من يحثّ الآخريـن على العصيان والكراهيـة، ولا يُثني إلا على من يحثّ على ممارسة العدل والإحسان على قدر عقولهم.[244]

ولـو جعلنا الفلسـفة خادمة للاهوت كمـا يرى سـبينوزا، لاضطررنا لقبول الأحكام السـابقة للعصور الماضية على أنَّها حقائق إلهية، وإذا وفّقنا بينهما، فسـوف ننسـب إلـى الأنبياء من غير حقٍّ أشـياء لم يقصدوهـا أو يحلموا بها. ولفسـرنا أقوالهم تفسيراً خاطئاً، لكن كلا الرأيين خطأ؛ لأنَّ الأول يُغفل العقل والثاني يعتمد عليه. والأجدر بنا القول: إنَّ لكلّ منهما ميدانه الخاص، فميدان العقـل الحكمة، وميدان اللاهـوت الإيمان الصادق والطاعـة. ولا يقرّر العقل للنـاس حصولهـم علـى السـعادة، وليس من شـأنِ الإيمـان التقليـل من قيمة

243. ابن رشد، أبو الوليد، فصل المقال فيما بين الحكمة والشريعة من الاتصال. ص32.

244. سبينوزا، باروخ، رسالة في اللاهوت والسياسة. ص ص7982(بتصرف)

العقـل وتعظيـم شـأنه، لكن العقل نـورٌ فطري ويمكنـه فهم العقائـد. وبهذا المعنـى يكـون الوحي متفقاً مـع العقل في موضوعه، وهـو الحقيقة، وغايته السـعادة، وبذلك يمكن للاهوت بوصفه علماً شـاملاً أن يخاطب البشـر.[245] لكـن سـبينوزا أغفـل هنـا أنَّ الشـرع لا يخالف العقـل، فهما على حـدّ تعبير الشيرازي: «متطابقان في جميع المسائل الحكميات...حاشى الشريعة الحقّة الإلهية البيضاء أن تكون أحكامها مصادمة للمعارف اليقينية الضرورية».[246] وينبغي التوفيق بينهما لأنَّ العقل أداة لفهم مقاصد الشرع.

وهي رؤية رشـدية أحياها ليبنتز الذي أثار هذه المسألة، وعاد بالفلسفة الحديثة إلى القرون الوسـطى، وأراد أن يُحدث نوعاً من التوافق العقلي بين الإيمان والعقل، والتمييز بين حقائق كلّ منهما، إذ يتضمن العقل نوعين من الحقائق، أزلية وضرورية تتضمن المنطق والميتافيزيقا أو الهندسة، والحقائق الواقعية أو الطارئة وهي الحقائق التي تسـتمد قيمتها من الله تعالى، وتُبنى علـى إرادتـه؛ لأنَّـه كما يقول: «اختارهـا من بين عددٍ لا حصر لـه من العوالم الممكنة، ومنها الحقائق التاريخية وقوانين الطبيعة، وهذه القوانين اقتضت المشـيئة الإلهية أن تعمل الطبيعة وفقاً لها».[247] ومن ثم يبني الإيمان على الحقائق الأزلية والضرورية.

لا يمكن برأي ليبنتز أن تتناقض الفلسفة مع الوحي أو الإيمان، وفي حالِ حـدث تعـارض مع بعض مبادئ الفلسـفة؛ فذلك يعود إلى أنَّ رؤية الفلسـفة لها من حيث الضرورة الفيزيائية أو الأخلاقية وليس حسـب مشـيئة الله، وإذا

245. المصدر نفسه. ص ص8385(بتصرف)

246. الشيرازي، صدر الدين محمد، الحكمة المتعالية في الأسفار العقلية الأربعة. السفر الرابع، الجزء 9، ط3، دار احياء التراث العربي، بيروت، 1981. ص303.

247. Leibnitz, G. W. Theodicy: Essays on The Goodness of God, The Freedom of Man and Origin of Evil, Austin Farrer, E. M, Huggard (Trans), open court, Chicago and La salle, Illinois, 1995, p.74.

آمنا بأسرار الدين بوساطة البراهين العقلية، فسوف نتمكن من تأييد الأسرار الدينية ضد الاعتراضات التي تواجهها، ومن دون ذلك لن يكون الإيمان بالأسرار الدينية قائماً على أساسٍ راسخ.[248] والعقل أداتنا لمعرفةِ هذه الأسرار، وهو صورة من الألوهية، ولا يقتصر كما يقول: «على إدراك أعمال الله، بل أيضاً على إبداع شيءٍ شبيه بها، وإن يكن ذلك في نطاقٍ أصغر؛ لأنَّه بغضّ النظر عن عجائب الأحلام التي تخترع فيها بلا عناء...فإنَّ نفوسنا تجري في أفعالها الإرادية أيضاً على طريقة المهندسين»،[249] وبذلك استخدم العقل لدعم الإيمان، وقرّر تطابق العقل مع الإيمان، لكنه أشار إلى وجود تعارض بينهما، في حين نرى أنَّه لا ينبغي المقايسة بين العقل والإيمان؛ لأنَّهما على حد تعبير سيد قطب غير متعارضين، ولكون أحدهما أصلاً للآخر، ويظهر ذلك بقوله: «الوحي والعقل...أحدهما جاء ليكون هو الأصل الذي يرجع إليه الآخر والميزان الذي يختبر الآخر عنده مقرراته ومفهوماته وتصوراته، ويصحّح به اختلالاته وانحرافاته، فبينهما توافق وانسجام، ولكن على هذا الأساس، لا على أساس أنَّهما ندّان متعادلان».[250] فلا داعي لأن نضع العقل والوحي ضمن ميزان المقارنة؛ لأنَّ العقل والنقل متفقان.

ولابدّ أن يوضح تمييز العقلانية بين العقل والإيمان، رؤيتها لمهمة النبي كوسيطٍ بين الإنسان والله، أو مباشرة، وقد جاء موقف سبينوزا من النبوة بناءً على موقفهِ من معرفة الله، إذ فصل بين المعرفة بالله التي تصدر عن العقل، وتلك التاريخية، وانتقد المعرفة المؤسسة على الوحي بواسطة «النبي»، حيث أنَّ النبي يؤول ما أوحى به الله له، بيد أنَّ الأشياء اختلفتْ عن

---

248. مبروك، أمل، العدل الإلهي بين ليبنتز والمعتزلة، مجلة: التفاهم، سلطنة عمان، وزارة الأوقاف والشؤون الدينية، ع: 47، 1436 هـ ص138.(بتصرف)

249. ليبنتز، ج. ف، المونادولوجيا والمبادئ العقلية للطبيعة والفضل الإلهي. ص73

250. البسوني، عبد السلام، العقلانية هداية أم غواية، دار الوفاء، المنصورة، ط1، 1992. ص27.

تأويلاتهم، واستعانوا بالصور للحديث عن الله، لكنه رفض تلك التمثلات التي اتخـذتْ طبيعة مادية، وحسـية؛ لأنَّها بعيدة عن المعرفـة العقلية بالله.[251] وحاول أنْ يبحث في مسألة الوحي، وكيف تطورت النظرة له عبر التاريخ.

وهذا ما جعله يدرس الطريقة التي ينقلب فيها الضدّ، وتنقلب الروح إلى مـادة، والوحـي إلى كتاب، والمعنى إلى حرف، والتديـن إلى خرافة. والتقوى إلى طقوس وشعائر، والإيمان إلى تعصب...الخ. ورأى أنَّ النبوة لا تعني تدخل اللـه فـي قوانين الطبيعة؛ لأنَّ قدرته هي قـدرة الطبيعة، وصفاته هي قوانين الطبيعة، وقدرته لا تفسـر شـيئاً؛ لأنَّ السبب المتعالي لا يمكنه تفسير واقعة طبيعية. وليست روح الله هي سبب النبوة، بل الروح الإنسانية وطبيعتها هي التي افترضت وجود الوحي؛ لأنَّها قادرة على تكوين بعض الأفكار، وتفسّر بها طبيعة الأشياء، وتدلّ بها على الحياة الصحيحة. والوحي يكون بطريقتين، إما كلام الله للبشر على لسانِ الأنبياء بالكلمات، أو كشف ورؤية إذ يكشف الله عن نفسـه وعن الوحي بالرؤية. وفي بعض الأحيان يكون الكشـف بوسيلتين معـاً: إما حقيقة مـع الله أو خيالاً ووهماً واختراعاً من صنع الإنسـان، ويكون التواصل صوتاً أو كلاماً، أو ظهوراً بالاستعانة بمظهر حسي، كما في حال داوود عليه السلام، أو من دون الاسـتعانة بمظهرٍ حسـي، لا صوت، ولا جسـم، وهي الوسيلة التي يخبرنا بها الله عن ماهيته، وهذا يقتضي وجود روح غير عادية. كما في حال المسـيح، أو المخلّص للبشرية.[252] وبذلك يكون الوحي معرفةً يقينيـة يوحيهـا الله للإنسـان عن طريـق النبي الذي يبلغه للبشـر ويعبّر عنه بأسلوبه وطريقته، واستدلالاته الفطرية أو البيئة المكتسبة، وحسب مستوى فهـم العامة. ويـدرك النبي الوحـي بمخيلتـهِ؛ أي بالكلمات والصـور الذهنية

251. غروندان، جان، فلسفة الدين، تر: عبد الله المتوكل، مؤمن بلا حدود للدراسات والابحاث، الرباط، المغرب، ط1، 2017. ص126(بتصرف)

252. سبينوزا، باروخ، رسالة في اللاهوت والسياسة. ص 18 وص4447(بتصرف)

صادقة أم كاذبة، ويعبّر عن الأشياء بالرموز والأمثلة، ويتميز بأنَّه ذو خيال أخصب، وليس من له فكر أكمل.[253]

بيد أنَّ سبينوزا لم يأخذ في حسبانه ما تضمنته الكتب السماوية من أدلة وتوضيحات حول هذا الأمر، وأنَّ كلام الله ليس أصواتاً وحروفاً دالة على المعاني في جسم من الأجسام، وإلا كما يقول الشيرازي: «لكان كل كلام كلام الله، بل حقيقة التكلم إنشاء كلمات تامات، وإنزال آياتٍ محكمات وآخر متشابهات في كسوة الألفاظ والعبارات، والكلام قرآن وهو العقل البسيط، والعلم الإجمالي، وفرقان، وهو المعقولات التفصيلية، وهما جميعاً غير الكتاب؛ لأنَّهما من عالم الأمر وعالم القضاء».[254] وكلام الله المنزّل له منازل 1 القلم الرباني 2 اللوح المحفوظ 3 لوح القدر والسماء الدنيا 4 لسان جبريل عليه السلام.[255]

ويشرح الشيرازي ذلك بأدلةٍ نقلية، فقد يكون كلام الله بلا وساطة ملك كما في قوله تعالى: ﴿ ثُمَّ دَنَا فَتَدَلَّىٰ 8 فَكَانَ قَابَ قَوسَينِ أَو أَدنَىٰ 9 فَأَوحَىٰٓ إِلَىٰ عَبادِهِۦ مَآ أَوحَىٰ 10 مَا كَذَبَ ٱلفُؤَادُ مَا رَأَىٰٓ 11 ﴾.[256] وتارة أخرى بوساطة جبريل عليه السلام، إذ يقول عزّ وجل: ﴿ وَمَا يَنطِقُ عَنِ ٱلهَوَىٰٓ 3 إِن هُوَ إِلَّا وَحي يُوحَىٰ 4 عَلَّمَهُ شَدِيدُ ٱلقُوَىٰ 5 ﴾.[257] وتارةً على غير ذلك المقام الشامخ الإلهي، في قوله تعالى: ﴿وَلَقَدْ رَآهُ نَزْلَةً أُخْرَىٰ13 عِندَ سِدْرَةِ الْمُنتَهَىٰ14 عِندَهَا جَنَّةُ الْمَأْوَىٰ15 ﴾.[258] ومن هذا المقام ما كان في أول البعثة، في جبل حراء فآتاه جبريل بصورة محسوسة، وسمع منه، ﴿اقْرَأْ بِاسْمِ رَبِّكَ الَّذِي خَلَقَ1 خَلَقَ

253. المصدر نفسه. ص ص4748(بتصرف)
254. الشيرازي، صدر الدين محمد، المظاهر الإلهية. ص40.
255. المصدر نفسه. ص41. (بتصرف)
256. سورة النجم.
257. سورة النجم.
258. سورة النجم.

الْإِنْسَانَ مِنْ عَلَقٍ 2 اقْرَأْ وَرَبُّكَ الْأَكْرَمُ 3 الَّذِي عَلَّمَ بِالْقَلَمِ 4 عَلَّمَ الْإِنْسَانَ مَا لَمْ يَعْلَمْ 5﴾.[259] وقد يكون مباشراً كحال موسى عليه السلام عندما سمع صوتاً آتياً من الجبل، ورأى ناراً ﴿ فَلَمَّآ أَتَىٰهَا نُودِيَ يَٰمُوسَىٰٓ ١١ إِنِّيٓ أَنَا رَبُّكَ فَٱخۡلَعۡ نَعۡلَيۡكَ إِنَّكَ بِٱلۡوَادِ ٱلۡمُقَدَّسِ طُوى ١٢ وَأَنَا ٱخۡتَرۡتُكَ فَٱسۡتَمِعۡ لِمَا يُوحَىٰٓ ١٣ إِنَّنِيٓ أَنَا ٱللَّهُ لَآ إِلَٰهَ إِلَّآ أَنَا فَٱعۡبُدۡنِي وَأَقِمِ ٱلصَّلَوٰةَ لِذِكۡرِيٓ ١٤﴾.[260] ومن منازل كلام الله ما يدوّن في القراطيس يبدو لكلّ واحد ويتكلم به كلّ متكلم، ويسمعه كلّ مستمع، ﴿وَإِنَّهُ لَتَنزِيلُ رَبِّ الْعَالَمِينَ﴾،[261] وبهذه الأدلة النقلية جعل الله للناس حجةً على هذه الأرض، وزودهم بأدوات ووسائل لمعرفته.

لكن العقلانية اختلفت في أمرِ الاستناد إلى الأدلة النقلية، وترجيح الحكم للعقل، وربما كان أخذ ليبنتز بالأدلة النقلية مختلفٌ عن سبينوزا، حيث ظهر إيمانه بمسألة الوحي أو الاتصال الروحاني بالله، وميّز بين الوحي الأصيل، وهو انطباع يضعه الله مباشرةً في الذهن، ولا يمكن تعيين حدوده. والوحي التقليدي، وهو الذي يأتي بالطرق العادية للاتصال ولا يمكنه أن يعطي أفكاراً جديدة بسيطة.[262] ويختلف أيضاً في رؤيته لطبيعة المسيح، الذي غيّر إنجيله كما يقول ليبنتز: «وجه الأشياء الإنسانية تماماً، وقد مكّننا من معرفة ملكوت السماوات».[263] في حين يرفض سبينوزا كلّ نظريات الكنيسة حول طبيعة المسيح وشخصه، إلهاً أم إنساناً، إلهاً وإنساناً أو العكس، ولا ينظر إلى المسيح إلا من حيث دوره المعرفي،

259. سورة العلق.

260. سورة طه.

261. سورة الشعراء: 192.

262. Leibnitz, G. W. New Essays Concerning Human Understanding. P.584.

263. ليبنتز، ج. ف، مقالة في الميتافيزيقا. ص20.

ووسيلة مباشرة للاتصال بالله لمعرفة ماهيته. وفي كونه الوحيد الذي أدرك الأشـياء كحقائـق أبديـة؛ لأنَّه كان أقرب إلى فـم الله منه إلـى نبيه، وأعطى اللـه للمسـيح حقائـق الوحـي مباشـرةً بلا وسـيط، أي بمعرفـةٍ عقليـة؛ لأنَّ المعرفة العقلية هي إدراك الأشـياء بلا توسـط من الكلمات أو الصور.[264]

بذلـك يختلـف عـن ليبنتز، الـذي حـاولَ أنْ يبرر عقليـاً مسـألة الأقانيم الثلاثـة، أو عقيـدة التثليـث، فـي البدايـة بقولـه: «إنَّ معنـى كلمـة الله في بدايـة التقريـر مختلفـة عن معناها فـي نهايته، فمعنى اللـه هو الأب، ليس هـو المعنـى ذاته في الروح القدس، حيث يـدل المعنى الأول على الجوهر الإلهـي، ثـم يدلّ بعد ذلك على الألوهية المشـخصة».[265] لكن كيف يتحد اللامتناهـي بالمتناهـي؟ لم يقدم ليبنتز في الحقيقة أيّ تبريرٍ سـوى اللجوء إلـى الطقـوس والشـعائر، التي دعمها فـي تفرقته بيـن الحقائـق الضرورية والأزلية، خشـيةَ أن يتخذ أعداء الدين من هذه الحجج أداةً لتشـويه الدين، وبيانـاً تناقـض أسـراره.[266] وهنا لجأ إلـى افتراضه «ما هـو مناقض للعقل» و«مـا هـو فـوق العقـل» لتبريـر عقيـدة التثليـث، فـإذا كان ما هـو مناقض للعقـل هـو كلّ مناقـض للحقائـق الحتمية واليقينيـة المطلقة فـإنَّ «ما هو فـوق العقل» هو كلّ مناقض فقط لما اعتاده الإنسـان، ويتجلى ذلك عندما لا يسـتطيع العقل أنْ يفهم عقائد المسيحية مثل الثالوث والمعجزات.[267] لكـن تبريـره هنا لم يكـن مقنعاً؛ لأنَّ افتراضه «ما هو فوق العقل» لم يقدم لـه أيّ تعريـف بحد ذاته. وهو يماثل هنا ما قاله ابن سـينا من أنَّ: «الأوائل

264. سبينوزا، باروخ، رسالة في اللاهوت والسياسة. ص4748 و ص60(بتصرف)

265. Leibnitz, G. W. Theodicy: Essays on The Goodness of God, The Freedom of Man and Origin of Evil. P.81.

266. Ibid. P.81.

267. الخشت، محمد عثمان، فلسفة العقائد المسيحية، قراءة نقدية في لاهوت ليبنتز. ص61.

تحصل في العقل الإنساني من غير اكتساب، فلا يدري من أين تحصل فيه وكيف تحصل فيه». [268] وهذا تبريرٌ سلبي، ولا يقدم أيّ نتيجة.

ويجدر بنا القول مع عبد المعطي: إنَّ ليبنتز رغم نزعته التوفيقية، لكنه انتهى إلى رجلٍ يكتسي بلبوس الدين واللاهوت، ولا يختلف بشيءٍ عن المسيحيين في العصور الوسطى، وبالرغم من الوجوه المتعددة لفلسفته إلا أنَّنا في الحقيقة لا نصادف غير فيلسوف واحد، بوصفه تابعاً أميناً لفلاسفة العصر الوسيط. [269] وكذلك نظر الكثيرون إلى سبينوزا على أنَّه مثال للاهوت المقنّع، وللعقل المغيب دينياً، وعلى أنَّه ملحد، وهو لفظٌ أُطلق بالمثل على جميع أتباعه من بعده، حتى مجئ القرن التاسع عشر الذي أزال سبينوزا من قائمة الملحدين، نظراً لتغير طبيعة البحث في المصطلحات، وأصبح ما يهم هو المحتوى، والأساس، والروح. [270] ومع ذلك لم يسلم من النقد، ولاسيما تحليله لمسألة النبوة والمعجزات، وإصراره على العقل سبيلاً وحيداً للمعرفة الإلهية.

ولم يدرك العقلانيون أنَّ هناك طريقاً آخر غير الحس والعقل في معرفة الحقائق الأبدية، أطلق عليه المتصوفة اسم الكشف أو الذوق، وهو أمرٌ اعترف به كثير من فلاسفة ما بعد الحداثة من أمثال الفيلسوف اللاعقلاني فييرابند، الذي رأى أنَّ الإنسان ليس بحاجةٍ إلى أدواتٍ لرؤية الله، ولا تحتاج تلك الرؤية سوى إلى رجالٍ أُعدّوا جيداً، وربما من المستحيل رؤيته أو امتلاك خبرة بقوةِ تأثيره، لكنْ يمكن فهم كيف أنَّ من يعيشون في ظروف ملاءمة صحيحة تكون لهم خبرات قوية بالحضور

_____

268. ابن سينا، التعليقات. ص99.

269. عبد المعطي، فاروق، ليبنتز فيلسوف الماضي والحاضر، دار الكتب العلمية، بيروت، ط1، 1993. ص13(بتصرف)

270. فيورباخ، لودفيغ، محاضرات في جوهر الدين. ص48(بتصرف)

الإلهي.(271) وهذا يعني إدخال العناصر اللاعقلانية في فهم المسائل الدينية، والتـي قـد تقود إلى الإيمـان أكثر من مزاعم تلك العقلانيـة، التي لم يكن لها أساس غير مصادر القرون الوسطى، وما انبثق في عصرهم من نظريات علمية

---

271.   فييرابند، بول، ثلاث محاورات في المعرفة، تر: محمد أحمد السيد، منشأة المعارف، الإسكندرية، (دون تاريخ). ص173.

عقلانية الحداثة \ 119

الفصل الثالث

مآل العقلانية مع تطور العلم

أولاً: العقلانية في عصر الأنوار

شـهد عصر الأنوار ولادة عقلانية فولتير Voltaire، وجان جاك روسـو J.J Rousseau، ومونتسـيكو Montesquieu، وعقلانيـة التجريبـي هيوم، الذي حدّ من نطاق العقلانية، وسمح بوصف الاستدلال الرياضي والمنطقي، ولكن ليـس في تحديـد العمليات التجريبية العادية لصياغـة اعتقاد ما، ولا يضطلع العقـل بـدورٍ مهم في التفكيـر العملي أو الأخلاقـي أو الجمالي. وكان وصفه للعقل بأنّه عبدٌ للعواطف، وليس له أيّ مكانة أخرى سـوى خدمتها وطاعتها، مناقضـاً للصورة الأفلاطونية للعقل كقائدٍ للعربة الذي يهيمن على العواطف الجامحـة إلـى حدٍ ما الخيـول.[272] لكننا نجـد أيضاً عقلانية هيـوم في مجال الديـن، رغـم معارضته للعقلانية في نظرية المعرفة، وهـذا ما قاد الكثير من المفكرين إلى سوء فهمه في بعض الأحيان، فهو عقلاني في الدين وتجريبي

272. The Oxford Dictionary of Philosophy, Simon Blackburn (Ed.p.319.

فـي نظريـة المعرفـة. وبذلـك اختلـف العقـل عمّا قبلـه، ولم يعـد مجموعة مـن الأفـكار الفطريـة المنزهة عـن التجربة، ونعـرف بها جواهر الأشـياء، بل إنَّـه السـلطة الأصلية والأوليـة التي تقودنا إلى اكتشـاف الحقيقـة وتأكيدها. ولـم يتنـاول عصـر الأنوار العقـل كمحتوى محـدود من المعـارف، والمبادئ، والحقائـق، بـل كطاقةٍ وقوةٍ لا يمكن أنْ تدرك إلّا من خلال فاعليتها وتأثيرها، ولا يمكـن قيـاس طبيعته وسـلطته مـن نتائجه، بل فـي عمله ونشـاطه.[273] وبذلك أسهم هيوم في تحوّل العقلانية، وظهور العقلانية النقدية عند كانط، الذي انتقد كل الفلسفات السابقة عليه.

يظهـر ذلـك في توضيحه لـدور العقل والتجربة فـي الآن ذاته في عملية المعرفـة. حيـث ميّز في كتابه نقـد العقل المحض بين الأشـياء في حدّ ذاتها والأشـياء كمـا تبـدو لنا، أو عالـم الظاهر والباطـن، وكيفية تنظيـم المعطيات الحسـية وفـقَ مقولتي الزمان والمكان وعلاقتهمـا بالعليّة، وقدم فهماً جديداً لوظيفة العقل، وما يمكنه معرفته ويشكل موضوع العقل المحض، وما ينبغي التسـليم به وهو الموضوع الأساسـي للعقل العملي، ولم يغفل في عقلانيته أرسـطو، إذ بـدا منطقه واضحاً في تمييزه بيـن قضايا تحليلية وقضايا تركيبية، ونظـر إلـى العقـل علـى أنَّـه أداة فكريـة تحـول الإدراك الحسـي إلـى أفكار، وتمنـح التجربـة وحـدة الفكر، لكنـه أخضع العقـل للنقـد، ورأى أنَّ التأملات العقليـة النظريـة لا قيمة لها ما لم تدعمهـا التجربة، وتجاوز في نقده للعقل المحـض العقلانيـة الديكارتيـة، واختلف مع ديـكارت؛ الذي آمن بـأنَّ الكلية والضرورة ناجمة عن العقل وهي قبلية للعقل ويكون للتجربة دور المنبه في ظهورها، في حين تظهر عقلانية كانط في إيمانه أنَّ الكلية المطلقة والضرورة المطلقة قبلية سـابقة علـى التجربة، وأحكام العقل والصور القبلية مسـتقلة

---

273. أسماء، خديم، منزلة العقل في عصر الأنوار، مجلة: المواقف للبحوث والدراسات في المجتمع والتاريخ، ع1، ديسمبر، 2007. ص317.

بالمطلـق عن التجربـة، ويختلف عن عقلانية الحداثة أيضـاً في الموقف من الميتافيزيقا وغيرها من المسائل الإيمانية، وكان لفهمه هذا تأثير لاحق على العقلانيـة بمجملها، لما قدمه في نظرية المعرفـة والأخلاق والدين، وموقفه من الميتافيزيقا والعلم.

علـى الرغم من ظهور كانط في ثـوب المنتقد لعقلانية الحداثة، لكنه لم يسـتطع الانعتـاق من ربقة الفيزيـاء النيوتنية؛ التي اعتبرهـا إنموذجاً للعلم، وحاول التمييز بين العلم وغيره من المعارف العلمية، ولاسـيما الميتافيزيقا، بقولـه: «نحن نعفـي جميع الميتافيزيقيين من أعمالهم بصورةٍ رسـمية طبقاً للقانون، حتى يجدوا لنا حلاً مرضياً لهذا السؤال: كيف تكون المعرفة التركيبية ممكنة؟»،[274] فالميتافيزيقا تتألف من حيث غايتها من قضايا تأليفية قبلية، وهي تختلف عن العلوم الطبيعية، التي تتضمن قضايا تقبل التحقق، في حين لا تحقق الميتافيزيقا ذلك، ولم تصل إلى الغاية التي تبتغيها، على الرغم من تحقّقها كاسـتعدادٍ طبيعي؛ لأنَّ العقل لا يكلّ عن طرحِ أسـئلةٍ ميتافيزيقية لا إجابة عنها، كما أنَّ استعمال العقل الدوغمائي لا يقود سوى إلى الريبية، ولا يمكـن أن تتأسـس الميتافيزيقا كعلمٍ؛ لأنَّ «لا عمـلَ لها مع موضوعات العقل التـي تتنـوع إلى مـا لا نهاية»،[275] لكنه لم ينتبه إلـى مغالطة اللانهائية التي أحـاطَ بهـا العلم، وما تتضمنه هذه العبارة الأخيـرة من مفاهيم ميتافيزيقية، كمفهـوم اللاتناهـي ذاته، وأنَّ الشـيء في ذاتـه الذي يدّعـي أنَّ العقل عاجز عـن معرفته، بـاتَ اليوم الموضوع الرئيس للعلم ضمـن مباحث فيزياء الكم، التي تُعتبر بحدّ ذاتها إعادة إحياء لما أسَّـسته الفلسفة الطبيعية السابقة من حديـثٍ عـن الذرات وسـواها مـن الكينونات التـي لا تقبـل الملاحظة، وهي

274. كانط، أمانويل، مقدمات لكل ميتافيزيقا مقبلة يمكن أن تصير علماً، تر: نازلي إسماعيل حسن، دار الكتاب العراقي للطباعة والنشر، القاهرة، 1968. ص70.

275. كانط، عمانوئيل، نقد العقل المحض، تر: موسى وهبة، مركز الانماء القومي، بيروت، (د.ت). ص53

تعـارض مـا ذهب إليه كانط من أنَّ الشـيء في ذاته لا يمكن إدراكه؛ بسـبب عجز العقل عن البحث في كينوناتٍ لا تقبل الملاحظة.

لذلك نجد أنَّ عباراته لم تخلُ من التناقض عندما قرّر أنَّ العلم يمتاز عن الميتافيزيقـا بإمكانيـة التحقق، واعتمـاده على الرياضيـات، وأنَّ الميتافيزيقا تبحث في موضوعات لا يمكن التحقّق من صدقها وكذبها، ولابدّ من إبعادها عـن ميـدان المعرفة العلميـة، التي تمتـاز بـ«المعرفة القبليـة التركيبية»، ولا سيما العلم الرياضي أو الهندسة الإقليدية، وقضايا الرياضيات التي تستند إلى قبلية المكان، وتضمنُ إمكانية تطبيقها على الواقع، إذ يقول: «الهندسـة هي العلم الذي يعيّن بصفة تركيبية وقبلية في الوقت ذاته خصائص المكان».[276] ويظهـر ذلـك عنـد تعاملنا مع أيّ شـكلٍ هندسـي، حيث تكون قبليـة المكان هـي الضامن لإمكان القضايـا الرياضية بوصفها قضايا قبلية تركيبية، والضامن لدقتهـا وموضوعيتهـا بقدر انطباقها على الواقـع الموضوعي، وتكون الأحكام الرياضية كما يقول: «دائماً قبلية وليست إمبريقية لأنَّها مصحوبة بضرورةٍ لا يمكن أن تستمدها من التجربة... وقلّما يكون أيّ مبدأ في الهندسة المحضة تحليلياً».[277] وبذلك تكون قضايا الهندسة كلّها يقينية، ولا تُشتق من أحكام التجربـة، وتختلف عـن العلوم الطبيعية من حيث موضوعهـا، إذ نتعامل في العلوم الطبيعية مع كيانات ملموسـة وليسـت كيانات مجـردة، وتعتمد على التجربـة. لكن تناقض كانط يظهر هنا في إمكانية تقرير العديد من الظواهر مـن دون إمكانيـة تحققهـا فـي الواقـع أو إثباتها عـن طريق التجربـة، كحال الذرات على سـبيل المثال، التي أعادتْ إلى الواجهة مشـكلة الاسـتقراء، التي انصرفت العقلانية العلمية للبحث فيها، إذ قدم بأفكاره هذه دعماً لها، وكان أكبر مسؤول عن هيمنة العقل في الفكر الغربي.

276. المصدر نفسه. ص57.

277. المصدر نفسه، ص50 ص51.

لا سيما النقد الذي قدمه في كتابه العقل العملي لموقف عقلانية الحداثة من الفعل الإنساني، والإرادة الحرة، وتحدث في المقابل عن العلاقة الوثيقة بين الخير والعقل؛ لأنَّه وحده العارف والآمر به، والقادر على لجم العاطفة. وصاغَ نمطاً جديداً لأخلاق الواجب، ووضع مبادئ أخلاقية مطلقة، بعدما كان اللاهوت عماد الأخلاق عند ديكارت، الذي حثّ على الأخلاق المؤقتة سبيلاً لتحقيق السعادة ضمن قواعده المعروفة، ولكي يحقق الإنسان الأخلاق الفاضلة ينبغي ألا ينعزل عن جماعته التي يعيش معها؛ لكونه عضواً من أعضاء الدولة، والأمة التي يدين لها بالولاء، ويبلغ قمة الأخلاق من خلال تعامله مع ربه، وهذا يعني ضرورة اتباع قواعد العبادة.[278] فكانت الأخلاق تابعة للّاهوت، وعارض بها مبدأه في الشك في كلّ الحقائق، في حين أسّس كانط الأخلاق على العقل، وجعل سلوك الإنسان الأخلاقي تابعاً لقواعد أخلاقية مطلقة وثابتة في العقل، ولم ينتبه إلى أنَّ الخير لا يرجع إلى العقل وحده؛ لأنَّه سلطان صارم من دون انضمام العاطفة له، كما أنَّ ربط الخير بالعقل هنا يجعلنا نقرّ بثباتِ القيمة لا شك، مع أنَّ حاملها ليس ثابتاً، بل يتغير بحسب الزمان والمكان، والقيم لا تنشأ عن العقل؛ لأنَّه عاجز عن إدراك القيم،[279] ولا يمكن إغفال دور العاطفة وما تحدثه من تعاطف بين البشر؛ لأنَّ التعاطف بحسب الفيلسوف الظاهراتي ماكس شيلر Max Scheler يمتلك: «وظيفة حيويّة مهمّة، تشعرني بالمساواة بين ذاتي، وذوات الآخرين من حيث هم موجودات بشريّة أو كائنات حيّة، وهو ليس مجرّد مشاركة وجدانيّة في الألم والسرور فحسب...بل يحطّم الأنانيّة، والشرور

278. عباس، راوية، ديكارت أو الفلسفة العقلية، دار المعرفة، الأسكندرية، د ط، 1989. ص 497. (بتصرف)

279. قنصوة، صلاح، نظرية القيمة في الفكر المعاصر، دار الثقافة للنشر والتوزيع، القاهرة، 1987. ص141(بتصرف)

الأخلاقيّة للأنا، ويفتح القلب والعقل أيضاً».[280] وقد كانت دعوة شيلر نقداً لتقديس العقل عند العقلانية ككل، ولا سيما الفلسفة الأخلاقية الكانطية؛ نتيجةَ ما أقرته من أفكار عن الواجب وقواعد السلوك الأخلاقي. بيد أنّ أخلاق الواجب ليست سوى أخلاق مقنّعة تخفي وراءها هيمنة العقل والعقلانية، وتهمّش دور العاطفة والحدس في حياة الإنسان، ويتضح ذلك في تأكيد كانط لفكرة الواجب الأخلاقي الإلزامي تجاه القيم، والذي يجسّد السلوك المحقّق للغايات، وهو الدافع إلى تنفيذ مقتضيات الأخلاق، ونحن بحسب قوله: جديرون «بألا نبحث عن مبدأ الإلزام في طبيعة الإنسان...بل أنْ نبحث عنه بحثاً أوّليّاً في تصوّرات العقل الخالص ذاتها، وكلّ أمر آخر يؤسّس على مبادئ من محض التجربة...لا يمكن أبداً أن يُقال عنه قانون أخلاقيّ».[281] وتكون الأخلاق الصوريّة بذلك وحدها من ينظّم الدوافع الأنانيّة للطبيعة البشريّة كأساسٍ لكلّ تقويم أخلاقيّ، وهذا ما يتبيّن في قوله: إنَّ «المنفعة الأخلاقيّة تكون منفعة العقل العمليّ وحده خلوّاً من الحواس».[282] لذلك استبعد كلّ علاقة للواجب بالعاطفة أو الوجدان، ولا يكون الفعل خيراً برأيه إلّا «إذا انبثق عن إرادة الفعل الواجب، ولا يمكننا أن نؤكّد أنَّ فعلاً معيناً هو خير إلّا بالقدر الذي نعتقد به أنَّ إرادة فعل الواجب يمكن بذاتها أن تكفي لإنتاج الفعل من دون سند من أيّ ميل».[283] وعندما نختار بين الخير والشر، سوف

280. Scheler, M. The Nature of Sympathy, Translated From The German by Peter Heath, B.A., London 1970, p. 22. & preface.

281. كانط، إيمانويل، أسس ميتافيزيقا الأخلاق، تر: نازلي إسماعيل حسين، موفم للنشر، الجزائر،1991. ص213.

282. كانط، إمانويل، نقد العقل العمليّ، تر: غانم هنا، مركز دراسات الوحدة العربيّة، المنظّمة العربيّة للترجمة، بيروت، ط1، 2008. ص153.

283. Kant, I. Fundamental Principles of the Metaphysic of Morals, Thomas Kingsmill Abbott (trans) in Great Books of the Western World (Kant 39) fifth printing, United States of America. 1994.p258.

نحتاج دائماً إلى تدخل الإرادة من حيث أنَّها ملكة معنية بقانون العقل، و«قادرة على أن تجعل من قاعدة للعقل دافعاً لفعلٍ يصبح به موضوعاً ما حقيقياً».(284) فالاختيار هنا لا يمكن أن يرجع إلى الأحاسيس أو العاطفة.

ولا ينطبق فعل الإرادة عند كانط على الاختيار بين اللذة والألم، وإنَّما فقط ضمن الأفعال التي تتضمن الاختيار بين الخير والشرّ وفق القانون الأخلاقي الإلزامي، أو كما يقول: «دافع الإرادة البشرية لا يمكن أبداً أن يكون شيئاً آخر سوى القانون الأخلاقي».(285) وهو قانونٌ ملزم لكلّ السلوك الإنساني. وأمام هذا الإلزام العقلاني نجد نفياً من جانب شيلر لدور الإرادة في تحقيق القيمة، بقوله: «لا شكّ أنَّ الاختيار يجب أن يرتكز على إدراك القيمة الأعلى؛ لأنَّنا نختار هذا الهدف من بين أهداف أخرى تستند إلى قيمة أعلى، لكن «التفضيل» يحدث في غياب كلّ نية، واختيار، وإرادة».(286) وبناءً على ذلك قد أفضّلُ شيئاً على آخر، لكن ذلك لا يعني أنَّني اخترته. وينبغي ألا نخلط بين القيمة والواجب، وأنْ نميز بين الوجود الواجب والفعل الواجب، ويوجد مضمون للواجب المثاليّ الذي يرتبط بكلّ قصد ارتباط الشرط بالمشروط، حيث تمثّل القيمة أساس الواجب المثاليّ، والذي يعتبر بدوره أساس الواجب المعياريّ.(287) وكانت دعوة شيلر تلك بمثابة ثورة على العقلانية التي ما لبثتْ أن وجدت حليفاً لها لدى الحدسيين من أمثال ديفيد روس W. D.Ross، الذي قدم مراجعةً لها تحت اسم علم الأخلاق الذي يحترم الواجب أكثر من النتائج، وآمن بوجود نظام أخلاقي كوني قائم على الحدس،

284. كانط، إمانويل، نقد العقل العمليّ. ص125.

285. المصدر نفسه. ص143.

286. Scheler, M. Formalism in Ethics and Nonformal Ethics of Values: A New Attempt Toward the Foundation of an Ethical Personalism, Northwestern University Press, 1973.p.88.

287. بوشنسكي، إ.م، الفلسفة المعاصرة في أوروبا، تر: عزت قرني، عالم المعرفة، ع: 165، سبتمبر، 1992. ص196(بتصرف)

واختلف عن كانط في قوله بوجود أكثر من واجب أخلاقي، وقدم قائمة من الواجبات التي ينبغي الأخذ بها، كالإخلاص للوعود.

لكن الأخلاق الكانطية فشلت من حيث مبادئها في تحقيق رفاهية الإنسان، وأدت إلى ضياع الإنسان في دائرة الأخلاق المطلقة التي يتعذر عليه بلوغها، ولا سيما القواعد الأخلاقية، والأفكار المثالية كفكرة العدالة، والإنسانية، والإلزام الأخلاقي، وجميعها لم تكن برأي فييرابند سوى مسوخٍ أسطورية لا تناسب الواقع الإنساني الحرّ، إذ مثّل مبدأ الإنسانية صورةً لوحشٍ ديكتاتوري ابتكره كانط ليبرّر استعمال القوة من دون الشعور بالندمِ.[288] فكانَتْ تلك المبادئ عبارةً عن قناعٍ يخفي وراءه وحشية الهيمنة، والسيطرة على عقولِ الأفراد، وخداعهم بعبارات الأمانة، والصدق، والإخلاص، من دون تقديم إرشادات تتعلق بهذه المفاهيم. إذْ يجب تزويدهم كما يشير فييرابند بنوعٍ من التعليم لا يقتصر على مجموعة قليلة من المواعظ العقيمة، بل حمايتهم من أولئك الّذين يرغبون في تحويلهم إلى نسخٍ عن عقلياتهم الفاسدة.[289] والتركّيز على تعليم التعددية، وتنويرهم في سبل الحياة المختلفة، وقبول تنوعها، وتأكيد الوفرة وتكاثر النظريات، وليس التمسك بأخلاق مطلقة عديمة النفع، أو كما يقولُ نيتشه: ««الخير» لا يعود خيراً إذا تفوه به الجار. فكيف يمكن أنْ يكون ثمة «خيرٌ عام»! إنَّ اللفظ يناقض ذاته: ما يمكن أن يكون عاماً، له أبداً قيمة ضئلة وحسب».[290] ولا يمكن بموجب ذلك الحديث عن أخلاقٍ عامة مطلقة ملزمة لكلّ النّاس في كلّ زمان ومكان؛ لأنَّ المبادئ الأخلاقية تنبثق أيضاً كما يؤكد آدم سميث A. Smith من طبيعتنا الاجتماعية، باعتبارنا كائنات اجتماعية، ونشعر بالتعاطف تجاه

288. فييرابند، بول، ثلاث محاورات في المعرفة. ص100 (بتصرف)

289. المصدر نفسه. ص102. (بتصرف)

290. نيتشه، فريدريش، ماوراء الخير والشر: تباشير فلسفة للمستقبل، تر: جيزيلا فالور حجار، مراجعة: موسى وهبة، دار الفارابي، بيروت، ط1، 2003. ص73.

بعضنـا البعـض، فننقـاد تلقائيـاً نحو فعل الخير.[291] وهذه المشـاركة تشـعرنا بالسـعادة، مع أنَّ العاطفة برأيه لا تشـكل بحد ذاتها ما نشـاركه مع الآخرين، وإنَّمـا الموقـف الـذي انبثقت منـه، كما أنَّ مشـاركتنا العاطفية مـع الآخرين أضعـف حتمـاً وأقل حـدة، لذلك نعجـز عن تحقيـق المشـاركة الكاملة.[292]

وبذلك ظهـرت تيارات مناهضة للعقلانيـة النقدية، ونُظر إلى عقلانية كانط علـى أنَّها من أكبر النقم التـي منيت بها العقلانية المعاصـرة. وتركت أفكاره لدى الباحثين الكثير من الشـكّ وعلامات الاستفهام، وظهرت لاحقاً العديد من التيارات التي تميل إلى التقليل من إمكانية المعرفة القبلية أو حتى إنكارها؛ لذلك تراجعت العقلانية التي تعتمد أيضاً على هذه المقولة، في حين ظهرت فكرته، أنَّ العقل تتمخض عنه مقولات مصاغة مسبقاً تحدد بنية لغتنا وطرق تفكيرنا أحياناً، في أعمال اللغويين لاحقاً.[293]

لـم يُنظر إلـى عقلانية عصر الأنوار بالمطلق على هـذا النحو، إذ ظهرت في الفترة ذاتها عقلانية إفرايم ليسنغ G.E.lessing؛ الّذي نظرَ إلى العقلانية علـى أنَّها أداة للتحـرر، وينبغي إعادة بنائهـا باستمرار.[294] ويُعتّبر أول من وضع تأويـلاً فلسـفياً للتاريخ، وآمنَ بتربيةٍ إلهيةٍ للجنس البشـري، ولم يدّع أنَّ هنـاك دينـاً يمتلـك الحقيقة؛[295] أي لم يجعلْ من أيّ معرفة قالبـاً مغلقاً، بل هناك انفتاح ملموس ضمنَ فلسفته على الفلسفات الأخرى، إذ تمثّل فلسفته بـرأي اللاعقلانـي فييرابنـد أسـلوباً للحياة، ويعدّ مذهبـه أداةً لتطويـر الفكر

---

291. باتلر، إيمون، أدم سميث، تر: علي الحارس، مراجعة: إيمان عبد الغني نجم، مؤسسة هنداوي،2017. ص66(بتصرف)

292. المرجع نفسه. ص67(بتصرف)

293. The Oxford Dictionary of Philosophy, Simon Blackburn (Ed).p.318.

294. فييرابند، (بول)، ثلاث محاورات في المعرفة، تر: محمد أحمد السيد، منشأة المعارف، الإسكندرية، (دون تاريخ). ص142.

295. رايت، (وليم كلي)، تاريخ الفلسفة الحديثة، تر: محمود سيد أحمد، تقديم ومراجعة: إمام عبد الفتاح إمام، المجلس الأعلى للثقافة، 2001. ص235.

والعواطف ووسائل التعبير والمبادئ العامة والظروف الخاصة.[296] ومهدت عقلانية ليسنغ وعقلانية كانط لولادة عقلانية جديدة في القرن التاسع عشر، وتتويجها في شكل المثالية المطلقة عند هيغل، الذي حاول أن يخرج من دائرة الشك التي أحاطت بأفكار كانط، وذلك من خلال طرحه لأعظم نسقٍ في تاريخ الفلسفة، وهو النسق الديالكتيكي؛ الذي وصف فيه تطور الروح أو الوعي الإنساني عبر التاريخ. وذهب إلى أنَّ الوجود روح مطلق يتطور في التاريخ تطوراً جدلياً، فالروح أو الفكرة المطلقة غير المحدودة حقيقة وأساس الوجود، وليس المادة، فكانت عقلانيته على عكس العقلانية السابقة مقابلة ليس للتجريبية بل للمادية التي اتخذت من المادة أساساً للوجود، في حين أنَّ المادة عند هيغل عبارة عن تجلٍ من تجليات الروح. فكانت العقلانية عنده منهجاً للجدل أو الديالكتيك الذي ينتقل عبر ثلاث مراحل: الفكرة ونقيضها والمركب الجديد.

لكن حال عقلانية هيغل كان مماثلاً لعقلانية كانط، ولم تستطع التحرر من عقلانية الحداثة، وكانت سبباً في ترسيخ مفاهيم العقلانية، وجسراً سار عليه العديد من الفلاسفة اللاحقين في الفلسفة المعاصرة في القرن العشرين، وما شهدته من انبثاقٍ لعقلانيات جديدة كالعقلانية العلمية، التي اتسمت بثقتها المطلقة بالعلم التجريبي، ورغم قبولها سيادة العقل، لكنها آمنت بفكرة التحقق التجريبي، واتخذتْ في عقلانيتها أبعاداً مختلفة ارتبطت بتطور العلم، ونشوء مباحث جديدة في المعرفة، بيد أنَّ محاورها الأساسية بقيتْ هي ذاتها، كالبحث في نظرية المعرفة، والدين، والأخلاق، والتربية، وبدلاً من العودة إلى الذات سنشهد مع العقلانية العلمية في القرن العشرين غياباً لرفاهية الإنسان، وتفكيكاً للوعي الإنساني، بيد أنَّ هذا لا يمنعنا من القول: إنَّ تطور الفلسفة ما بعد كانط في القرن العشرين كان من أهم

296. فييرابند، (بول)، ثلاث محاورات في المعرفة. ص142.

مميزات فترة ما بعد الحداثة، التي نميز فيها بين جانبين لتطور تاريخ الفكر الإنساني، الأول عقلاني يدعمُ العلمَ، والثاني لاعقلاني مناهض لعقلانية كانط وأتباعه العلميين، ويؤيّدُ التعددية والانفتاح، وإذا كانتْ الحداثة مبنية على وجود تاريخ للفكر يتحرك عبر انبثاق تدريجي على أساسِ إعادة امتلاك الأسس، فإنَّ الفكر قد اتخذ اتجاهاً آخر عبر فلسفة ما بعد الحداثة من خلال ابتعادهِ عن فكرةِ التجاوز النقدي الّذي ينحو نحو تأسيس جديد، والابتعاد عن الأحلام والآمال باحتمال الحداثة؛[297] أيّ أنَّ ما بعد الحداثة مثّلتْ حالة فقدان المركزية والدعوة إلى العدَمية Nothingness؛[298]* الّتي كانَ من أبرز وجوهها النسبية، والذاتية، والتفكيك، الّذي ظهر عند العقلانية بوجهها العلمي

ثانياً: العقلانية وتحول النظر في مسألة الإيمان

تأثرت العقلانية بما اعترى القارة الأوروبية من تغيرات ثقافية وعلمية كان لها صدى في الموقف الديني المسيحي، وظهر تأثير عقلانية ديكارت عند الكثير من الربوبيين الذين جادلوا حول مسألة الوحي، من أمثال جون تولاند John Toland، في كتابه «المسيحية ليست غامضة»، وأيده أنتوني كولينز Anthony Collins، الذي أكّد أنَّ نبوءات التوراة فشلت في التحقّق، وأثار توماس وولستون Thomas Woolston الجدل حول معجزات العهد الجديد، وأكّد جميعهم أن تركيزنا ينبغي أن ينصب على الأخلاق المسيحية. وظهر بعد ذلك تيارٌ أقل اعتدالاً ناقش مسألة الشرّ الطبيعي، وشكّل اضمحلالاً في اللاهوت الطبيعي للربوبية التي قادت إلى الإلحاد المادي، وكان من أشهر

297. عطية، أحمد تعبد الحليم، نيتشه وجذور ما بعد الحداثة، الفكر المعاصر: سلسلة أوراق ثقافية، دار الفارابي، بيروت، ط1، 2010.ص 126.

298. * العدمية: نزعة تقوم على النفي والإنكار المطلق لأي حقيقة ثابتة وترفض أية أفكار إيجابية. للمزيد انظر:(مجمع اللغة العربية)، المعجم الفلسفي، تصدير: إبراهيم مدكور، الهيئة العامة لشؤون المطابع الأميرية، القاهرة، 1983. ص118

المتأثرين بها فولتير، الذي آمن بقدرة العقل على الإيمان بالله من دون وحي أو معجزات، ومن الداعمين له دينيس ديدروD.Diderot ، الذي كان تجريبياً مقنَّعاً، وقَبِل «الحقائق» العلمية ورفض جميع الأنظمة الميتافيزيقية، وخاصة الوحي المسيحي، وادعاء الكنيسة بالسيطرة على العقل.[299] وظهرت عقلانية دينية هدّامة مثلها كلّ من ديفيد فريديش شتراوس D. F. Strauss؛ الذي قدم نقداً هداماً للفكر المسيحي في كتابه «حياة يسوع، فحص نقدي»، وجادل فيه بأنَّ المعجزات في العهد الجديد كانت إضافات أسطورية، وظهرت هذه العقلانية أيضاً عند إرنيست رينان E.Renan؛ الذي حاولَ إعادة بناء عقل يسوع كشخصٍ بشري بالكامل، وفيورباخ في سلسلة محاضراته الشهيرة التي بيّن فيها أنَّ كلّ إنسان يخلق آلهته على شاكلته، وقدّم مناقشة لحقيقة المعجزات والوحي، وجميعهم لا تخلو فلسفاتهم من صبغةِ الإلحاد، التي وجدت مساحة لها لاحقاً في عرش العلم الواسع، ذلك العلم الذي كان الأساس لأفكار العقلانية، وشكّل ركيزة للعقلانية اللاهوتية.

وبدت العقلانية مع تطور العلم كشبحٍ يخفي حقيقته باسم نظريات لا أساس لها سوى الميتافيزيقا، ويظهر ذلك واضحاً في نظرية الانفجار العظيم، ونظرية التطور عند داروين C.R.Darwin، التي جاءت لتثبت عبثاً بالمقابل عدم وجود الله، بيد أنَّها فشلت في ذلك؛ لإيمان العديد بأنَّ عجزنا عن وضع دليلٍ على وجود الله، لا يعني أنَّ العكس صحيح، بل إنَّ عقلنا المحدود عاجز عن الإثبات، كما أنَّ البحث في هذا الأمر لا طائل منه. ومقابل ذلك وجدت العقلانية اللاهوتية في نظرية التطور عند داروين ثورةً على ما نصّ عليه الكتاب المقدس حولَ الخلق، ولاسيما كتابه أصل الأنواع، نظراً لما أظهره من تناقض بين رواية الخلق الإنجيلية والتوراتية،

299. The concise Encyclopedia, Jonathan Ree And J.o. Urmson (Ed.s), Western Philosophy, Third Edition, Routledge, London and New York, 2005.p.110.

وما يظهره علم البيولوجيا من حقائق حول نشأة وأصل الإنسان، وظهر صراع بين أنصار نظرية داروين ورجال الدين وانتهت باكتساب نظرية التطور الداروينية قبولاً عند الكثيرين، رغم ما قدّمته من حقائق تعارضت مع ما نصّ عليه الكتاب المقدس حولَ الخلق، مما زاد من التوتر بين نظرية الخلق في الكتاب المقدس ونظرية التطور.

وهذا ما أوضحته تجربة القرد تنس المشهورة في عام 1925، والّتي حُوكم على أثرها مُدرّس علم الأحياء جون سكوبس Scopes؛ لأنَّه درَّس التطور في الثانوية العامة، وعُرضت تجربته على أنَّها هجوم على الأفكار المتشددة دينياً عن أصل الحياة، ونُظر إليها على أنَّها أفكارٌ خاطئة عن الواقع.[300] إذ تُبرز نظرية الخلق في كتب الأديان جميعها، نشوء الكون بطريقةٍ مختلفة عمّا أظهرته نظرية التطور، وهي نظرية غير مقبولة من وجهة نظر دينية؛ لأنَّها تتعارض مع خلق الله للإنسان في أحسن تقويم وصورة.

لكن النتائج التي أحدثتها هذه النظرية في بنية تطور علم الأحياء، شجعت الكثير من الباحثين على بثّ الحياة فيها، وكان لها هذا بفضلِ ريتشارد دوكنز R.Dawkins، الذي أظهر أنَّ الكائنات الحية توجد وتتطور على نحوٍ أعمى من دون الحاجة إلى فرض وجود إلهٍ مدبر ومنظم، وميز في كتابه «صانع الساعات الأعمى» بين صانع الساعات الحقيقي الذي يصمم آلته بعناية، ويضع هدفاً له وبين صانع الساعات في الطبيعة وهو الانتخاب الطبيعي، وهو ساعاتي لا عقل له، ولا هدف، ولا عين يعقل بها، ولا يخطط للمستقبل، ولا بصيرة ولا بصر، فهو ساعاتي كفيف. وهنا يأخذُ دوكنز بالاعتبار الحجة التالية المقدمة لإظهار صعوبات التفسير المتعلقة بأصلِ الحياة ووجود آلية التوالد الأصلية: يمكن أن ينتج عن الانتخاب التراكمي مُركب في حين لا

300. Boyer, P.S. Et Al. The Enduring Vision: A History of the American People. Lexington, Massachusetts: D.C. Heath, 1993. P.826.

يمكن ذلك بالنسبة للانتخاب ذات الجانب الأحادي، لكن لا يمكن أن ينجح الانتخاب التراكمي ما لم يكن هناك حدٌّ أدنى من آلية التوالد وقوة مولدة، وتبدو الإيلية الوحيدة التي نعرفها عن التوالد معقدة للغاية بحيث لا يمكن أن تنشأ عمّا لا يقلّ عن عدة أجيال من الانتخاب التراكمي.[301] وحاول أن يثبت بذلك أهمية الصدفة في التطور، ولم ينتبه أنَّ التطور الأعمى الذي يتخيله لا هدف له؛ لأنَّ المعلومات التي ينبغي للصدفة أن تنتجها يشترط وجودها أصلاً في الكائن الحي الذي لم يتطور بعد، وهذه مغالطة منطقية أو مصادرة على المطلوب.

كما أنَّ نظريته زادت من حدّة الخلاف بين نظرية الخلق ونظرية التطور، والتي باتت كما يرى بعضهم مفروضة في الكتب المدرسية على حساب الخُلقية، وتُدرّس على نحوٍ واسع في المدارس الأمريكية، في حين من النادر أن يكون الدين جزءاً من المنهاج الدراسي، غير أنَّ هذا لا يعني غياب الخُلقية؛ حيث استمرتْ بمقاومة نظرية التطور، وأصرّتْ على تقديمها بالتوازي مع البيولوجيا التطورية في المدارسِ العامة الأمريكية.[302] وهذا يدلُّ على أنَّ التحرر من السيطرة الدينية لم يكنْ كاملاً؛ إذْ نظرَ الدين إلى نظريةِ التطور كفرضية، وعمل الأصوليون على نقلِ الكتاب الأول من سفر التكوين من التعليمِ الديني إلى فصولِ علم الأحياء ليتمكّنوا من مهاجمة داروين، وعلى الرغمّ من أنَّ تدريس جميع النظريات العلمية كفرضيات هو أمرٌ مرغوب فيه، غير أنَّ تاريخ الخلق لا يُدرّس كفرضية؛ لأنّه ليس كذلك.[303] وإنْ كانَ

301. Dawkins, R. The Blind Watchmaker, Harlow: Longman, 1986, p. 141 .

302. Tilghman, B.R. An Introduction to The Philosophy of Religion, Oxford: Blackwell. 1994. P.158.

303. Munevar, G. (Ed), Beyond Reason, Essays on the Philosophy of Paul Feyerabend, SpringerScience Business Media, B.V.Washington, Dordrecht: Kluwer Academic Publishers ,U.S.A,vol.132.1991.p.445.

لا يمتلك إمكانيـة التحقق التجريبي الّتي يمتلكها العلم، غير أنَّ هيمنته عبر الكتب المقدسة كانَتْ كافية بحدّ ذاتها. وهذا ما قادَ مع تعاظم وتطور العلم إلى فقدان العقلانية اللاهوتية للكثير من بريقها.

لكـن تطور العلم والتغير الذي اعترى العقلانية شـكّل المباني الأساسـية لنشـوء العقلانية العلمية لاحقاً، وذلك لا ينفي أنَّ مسـعى العقلانية كان بناء إمبراطوريـة لا يدخلهـا إلا بعـض البشـر المالكيـن للعقل المجـرد، أي العقل الرياضـي القـادر علـى إدراك المجردات، وباسـم العقل حاولـت العقلانية أن تكرس فكرة خرافة الدين، بدلاً من توضيح مسعاه. وكانت لأفكارهم تداعياتها على صعيد العقلانية اللاهوتية المعاصرة، وظهر تبرير للعديد من المسـائل، كالعلاقـة بيـن العقـل والوحـي، ولـم يعد مـن الممكـن وصفهمـا كمصدرين للحقيقة المطلقة؛ لأنَّ تعارضهما يؤدي لتعارض الحقيقة بحد ذاتها، كما أعيد النظر في مناقشة مسألة الشرّ والقدرة على معرفة الذات الإلهية عند العديد من المناطقة المعاصرين من أمثال كيني، وغيره من المناطقة الذين شـهدوا عقلانية القرن العشـرين، أو ما يُعرف باسـم العلمية أو العلموية؛ التي تحمل فـي طياتهـا فكر الحداثة والعقلانية الكانطية، إذ شـهدت العقلانية تحولاً في النظرة إلى الدين، الذي كبّل عقلانية الحداثة، واختلف علماء اليوم عمّا كانوا عليه في السابق، وربما لم يعد يشكّل لهم الدين أيّ عقبة، وهذا ما ذهبَ إليه العديد من علماء الاجتماع في عصر ما بعد الحداثة من أمثال ريمون بودون R. Boudon، الّذي وجدَ أنَّ الدين في أمريكا رسم حدوده بنفسه؛ لأنَّ المِلل البروتسـتانتية فيها متعددة، ومتمايزة مـن الناحية العقائدية، وهذا أدى إلى عدمِ نشوء نزاع بين العلم والدين، إضافةً إلى أنَّ كثرة الكنائس البروتستانتية منعتْ الاصطدام مع الدولة، ومن ثم فإنَّ فصلها عن الدولة ألزم الكنائس بأنْ تمتنع عن التدخلِ في الأمور السياسية، ومكّنها ذلك من المحافظة على نشاطٍ

بارز في مجالات التربية والصحة والتضامن الاجتماعي.[304] وهذا ما قاد الكثير من الباحثين اللاعقلانيين إلى المطالبة لاحقاً بضرورةِ فصل الدولة عن الدين.

ثالثاً: العقلانية العلمية والعودة إلى مركزية عقلانية الحداثة

استبدل المفكر العقلاني في عصر العلم والتقنية كينونات الحداثة المفارقة للطبيعة بكينونات تقبل التحقق التجريبي ويمكن ملاحظتها والتدليل عليها، ولم تعد الحقائق الإلهية هي المبحث الأساسي للعقلانية، وإنَّما الحقائق الواقعية، وأحلتْ العقلانية العلم محل الدين، ودافعتْ عنه مقابل شبح التجريبية الجديد المتمثل بالتجريبية المنطقية، التي طرحَتْ تساؤلات تمحورَتْ حول مدى صلاحية الاستقراء ومشكلته، والموقف من المبادئ الأساسية للفكر، ولا سيما فكرة السببية التي واجهت نقداً لاذعاً بعد ما قدمته ميكانيكا الكم من نتائج تتعلق بموقع الإلكترون وسرعته، وغيرها من الحقائق التي تصدّت لها أيضاً العقلانية العلمية متمثلةً بـ بوبر، وكون، ولاكاتوش، الذين قدّموا نظريات مختلفة حولَ العلم ودور التاريخ والعالِم في البحث العلمي، والتمييز بين مرحلةٍ سابقة ولاحقة للعلم، لكنهم حافظوا على الركائز الأساسية التي نادت بها العقلانية منذ نشأتها، كالقول بوحدة المنهج بناء على ثبات العقل، والموقف من الخبرة ودور الملاحظة وغيرها من المسائل التي لا تفيد العلم في شيء، وستكون إجابتنا فيما يلي عن سؤال: كيف نظرت العقلانية إلى سياق تطور العلم؟ ولماذا ظهرت نزعتها التفكيكية؟ وكيف رسخت العقلانية العلمية المركزية الأوروبية؟

304. بودون، ريمون، أبحاث في النظرية العامة في العقلانية: العمل الاجتماعي والحس المشترك، تر: جورج سليمان، مراجعة: سميرة ريشة، المنظمة العربية للترجمة، مركز دراسات الوحدة العربية، لبنان، بيروت، حزيران، ط1، 2010. ص 149. (بتصرف)

1. سياق التطور العلمي العقلاني

حاولت العقلانية العلمية أن تفسّر الشكل الذي يتخذه تاريخ العلم في تطوره، وعن الفاعل الأساسي في هذا التطور، فنشأ تياران: الأول يتناول التحول التاريخي للعلم من الخارج من أمثال بوبر ولاكاتوش. وبنى التيار الثاني نظرياته على البنية الداخلية للعلم، وعلى دور الفاعلين العلميين، من أمثال باشلار، وتوماس كون، اللذان أدخلا الرؤية النفسية في تاريخ العلم، وقدّما تحليلاً نفسياً للمعرفة العلمية للكشف عن العقبات الإبستمولوجية، أو الأزمات، وكلا التيارين قادا الفلسفة إلى نفقٍ ضيقٍ، من دون التأثير في مسار التطور العلمي، واختلفا حول المعيار الذي نقيس فيه التحولات العلمية، وسنكتفي فيما يلي بتوضيح ذلك ضمن عقلانية كل من بوبر ولاكاتوش وكون

أ. العقلانية التكذيبية

ارتبط فهم العقلانية العلمية للتطور العلمي بالدور الذي يؤديه الاستقراء في مسار التحول التاريخي للعلم، واتفقت حول استبعاده كنقطة بدء في البحث العلمي، وهذا ما فعله بوبر صاحب العقلانية التكذيبية؛ الذي ذهب إلى أنَّ العلم يبدأ دائماً بشيءٍ له طبيعة النظرية، كالفرض أو الحكم السابق أو المشكلة، الّتي توجه مشاهداتنا على نحوٍ معين، وتساعدنا على اختيار ما له أهمية من بين عدد لا يحصى من الأمور الملاحظة؛[305] التي يلتزم أمامها العالِم بمنهجٍ محدد، وبمعيارٍ يحدد له صحة النظرية العلمية، وما يميزها عمّا لا نسميه علماً، أو عن العلم الزائف، وتكون النظرية قابلة للتكذيب إذا كانتْ فئة مكذبات القضايا الأساسية بالقوة أكثر من نظرية أخرى، ويكون لها فرصة بأنْ تُرفض عن طريق الخبرة. ويُقال: إنَّ النظرية الأولى قابلة للتكذيب

305. بوبر، كارل، عقم المذهب التاريخي، تر: عبد الحميد صبرة، منشأة المعارف، الإسكندرية، 1995.ص163. (بتصرف)

بدرجةٍ أعلى؛ أيّ أنَّها تخبرنا أكثر عن عالم الخبرة من النظرية الثانية؛ لأنَّها تستبعد فئة أكثر اتساعاً من القضايا الأساسية.[306] وكلّما زادتْ قابلية تكذيب النظرية دلّ ذلك على زيادة محتواها التجريبي، وكلّما زادَ المحتوى التجريبي كانَ ذلك دليلاً على صدقها والإقرار بعلميتها.

وبموجب هذا المعيار البوبري يتخذ العلم طبيعة الثورات الدائمة، فما من نظرية تنجو من معيار قابلية التكذيب الذي يفسح في المجال دائماً لنظرية جديدة، بيد أنَّ التكذيبية تخفق في فهم آلية العلم؛ لأنَّ كلّ نظرية لا تبدأ من الصفر بل تستند إلى ما قبلها، كما أنَّ العلماء لا يتخلّون عن نظرياتهم لمجرد أنَّها تُعارض بعض الوقائع، ولا يستبعدون النظريات بل يبقونها ويكثرون منها، ويطوقونها بعددٍ كبيرٍ من النظريات المساعدة القديمة؛ فقد تبدو لنا نظرية معينة كاذبة، بينما يتضحُ بعد فترة من خلال النظريات الأخرى المساعدة أنَّها ليست كذلك.[307] وبناءً عليه لا يمكن قبول القطيعة بين النظريات العلمية، وليس من المنصف أن نطبق معيار بوبر على تاريخ التطور العلمي؛ لأنَّ العديد من النظريات لازالتْ تنبض بالحياة، ويكون تكاثرها خيراً من تكذيبها، وهناك العديد من التحولات الهامة في العلم حدثَتْ من دون تكذيب.

ولا يمكن قبول معيار القابلية للتكذيب أيضاً؛ لكونه مبنياً على عقلانية كانط، ولأنَّه يضع حدوداً بين العلم واللاعلم، حيث يميز بوبر بين العلم الّذي يمكن تكذيبه وتلك المعارف الّتي لا تقبل التكذيب، كعلم التنجيم والميتافيزيقا والتحليل النفسي، والمذهب الماركسي، ورغمّ تأكيد أهمية الدراسة التاريخية للعلم، والّتي تُظهر العلاقة بين العلم والميتافيزيقا، وصدور

306. بوبر، كارل، منطق الكشف العلمي، تر: ماهر عبد القادر محمد علي، بيروت، ج6، ط1، 1997.ص ص161162. (بتصرف)

307. فييرابند، بول، ثلاث محاورات في المعرفة. ص19. (بتصرف)

النظريـات العلمية في أغلبهـا عن الميتافيزيقا، وتمييزهـا عنها في أنَّها تقبل التكذيب، وتبحث عن الحقيقة الفعلية الكامنة وراء الظواهر.[308] لكنه أخرج الميتافيزيقـا، وعباراتهـا من حيـزِ العلم، ولم يدرك، ذلـك الفيض الذي تحمله المعرفة الإنسانية ككل، وأنَّ تاريخ العلم يُظهر على الدوام أنَّ تطوره لا يأخذ بالاعتبـار قبـول أو رفـض الميتافيزيقـا. إذ ليـس هناك مـن حدودٍ بيـن العلمِ والميتافيزيقـا؛ لأنَّ العلـم يحتوي كما يرى بول فييرابنـد العديد من العبارات الميتافيزيقيـة، ومـا كان لـه أنْ يبلـغ مـا بلغه من دون الاسـتعانة بهـذا البعد الفلسـفي،[309] وقد قـدّم العلم مقاربـات متضاربة من طبيعـة ميتافيزيقيّة، كفكـرةِ وجـود عوالـم مختلفة، والتي اعتبرهـا بعضهم غيبية؛ لأنَّهـا تعود إلى اعتقـادات ميتافيزيقية، رغمّ تأكيـد الأديان لها، فالعوالم المختلفة كما يقول: «موجـودة جنبـاً إلى جنـب مع الله، ولكن علـى نحوٍ مختلـف»،[310] وبرهـنَ عليها من خلال مقارنة ما تحمّله هذه العوالم من كيانات مع تلك الموجودة فـي العلـم، وقـدَّم أدّلة علـى حقيقتها، يـردّ بها على من سـخِرَ مـن وجودها، بقولـه: «يذكـر كتاب [إينوخ Enoch] ثمانية [عوالـم]، بينما يذهب الحاخام [أكيبـا Rabbi Akiba] إلـى أنَّها ثلاثة عوالم، وهكـذا فهناك روايات مختلفة، غيـر أنَّهـا جميعهـا تفترض وجود سلسـلة من العوالـم [...] لدينـا نمطان من [العوالم] حول كلّ جرم سماوي، يقع[...] الأول في الفضاء العادي، والثاني في الفضـاء الخـاص بكمية التحرك [...] وهما يمثلان [العوالـم]».[311] أي العوالم المتعددة والمختلفة، وعدم رؤية تلك العوالم ليس دليلاً على عدم وجودها،

308. بوبر، كارل، بحثاً عن عالم أفضل، تر: أحمد مستجير، الهيئة المصرية العامة للكتاب، 2001. ص159. (بتصرف)

309. فييرابند، بول، ثلاث محاورات في المعرفة.ص44.

310. Feyerabend, P.K. Conquest of Abundance, A Tale of Abstraction Versus the Richness of Being, B. Terpstra (Ed), University of Chicago Press, Chicago,1999. p.166.

311. فييرابند، بول، ثلاث محاورات في المعرفة.صص150151.

إذْ يكفي الاستدلال عليها من خلال عدة ظواهر، والأمر ذاته نقوله مع عالم الذرات الصغير، والكينونات التي لا تُرى بالعين المجردة، وما تتضمنه من أبعاد ميتافيزيقية. ولا يمكن أن نقبل أيضاً رفض بوبر للماركسية؛ والّتي لم تقدّمْ برأيه نظريات قابلة للتكذيب، لذلك لم تستحقْ اسم العلم، ويمكن اعتبارها علماً زائفاً؛ لأنّها أساءتْ للتاريخ وكانَتْ المسؤولة عن البؤس الّذي وصلتْ إليه البشرية، ولابدَّ من الإعلان عن موتها بعدَ فشل تنبؤاتها للتاريخ، حيث يقولُ بوبر: «للنظرية الماركسية جوانب كثيرة، أهمها أنَّها نظرية تاريخية، تزعم بأنَّه يمكنها التنبؤ بيقين مطلق وعلمي في الوقت ذاته بمستقبل البشرية»،[312] وهي خاطئة برأيه، ولا يمكن مقارنتها مع نظرية النسبية في الفيزياء كونها تقبل بدورها التكذيب، فكانَ معيار التكذيب بذلك معياراً للتمييز بين ما يمكن تكذيبه واعتباره علماً، وما لا يمكن تكذيبه ليس علماً، وتناسى بوبر هنا أنَّ هناك مجتمعات لا يمكن تطبيق النظرية الماركسية عليها أيضاً، فإذا كانت قابلية التكذيب معياراً فستنطبق على الماركسية أيضاً.

وكذلك فيما يتعلق بالتحليل النفسي الذي رفضَ بوبر اعتبار نظرياته من ضمن العلم، ولا يحق لنا أن نطلق على المشتغلين فيه اسم علماء، لكنه قدّم هنا صورةً مشوهةً عن التحليل النفسي، وليس الأمر على هذا النحو؛ لأنَّ نظريات التحليل النفسي، ولاسيما ما قدمه فرويد كان أغنى مما ظنه بوبر، حيث بدأ فرويد عملية البحث بمفرده، وكانتْ لديه أفكار معينة طورها، واختبرها، وغيّرها، وانتقدها تلاميذه، ونشأَ عن ذلك علم نفس الفرد، وغيره من فروع علم النفس، التي قدّمت عوناً مباشراً للإنسان، حتى أنّها ساعدتنا في اكتشاف تاريخ الوعي الإنساني، في حين لم يترتب على نظرية النسبية أبداً مثل هذه الوفرة، وذلك الكمّ الهائل من النقد. وهكذا يبدو أنَّ الغنى

312. بوبر، كارل، بحثاً عن عالم أفضل. ص314.

المعرفي الّذي تحدثَ عنه بوبر نبع من هذه النظريات الّتي انتقدها، وكانتْ الوفرة معياراً أكثر صلاحية من معيار قابلية التكذيب؛ كونها تحتفظ بأشكال المعرفة المختلفة، ولا تهملها أو تستبعدها، وليس كتفسيراته السطحية وغير الصحيحة،[313] وهذا يقود إلى أنَّ معياره لا يأخذ بالاعتبار اهتمامات الإنسان الأساسية، وهي جوهر البحث في المعرفة، كتحريره على سبيل المثال من كافة أشكال الطغيان التي وضعته فيها العقلانية، ومنها الجوع والمرض والبؤس.

ولما كان هذا حال معيار بوبر، فلا يمكننا تطبيقه أيضاً على الأسطورة، وفصلها عن العلم، بحجة أنَّه عقلاني، إذ لا ينبغي إنكار أنَّ جذور العلم بدأتْ من الأسطورة، لذلك يجب أن نكفّ عن النظر إلى تاريخ العلم على أنَّه في معركة متواصلة ضد الأسطورة، أو أن ندعي أنَّه عبارة عن أسطورة، ونقول مع أليكسي لوسيف: إنَّ ميكانيكا أوروبة الحديثة في صراع مع أسطورة قديمة، فالعلم لم يهزم الأسطورة، وكلّ ما في الأمر أنَّ أسطورة جديدة هزمت أسطورة قديمة، ولا علاقة للعلم البحت بذلك بل هو كمبدأ قابل للتطبيق على أيّة أسطورة، فلو أنَّ العلم هزم فعلاً الأساطير المتعلقة بالتقمص لما كانت ممكنة على الإطلاق نظرية النسبية العلمية،[314] فلا وجود للعلم من دون الأسطورة، ولا يعني ذلك أنَّه يولد منها، أو يطابقها؛ لأنَّ العلم الذي يكون في حقيقته غير ميثولوجي هو علمٌ مجرد كمنظومة قوانين عامة منطقية ورقمية، وهذا هو العلم في ذاته وبذاته، العلم المجرد البحت، غير أنَّ العلم لا يكون كذلك مطلقاً، فالعلم الموجود واقعياً هو دائماً ميثولوجي، كحال ميكانيكا نيوتن، والتي إذا أخذناها بصورة

313. فييرابند، بول، ثلاث محاورات في المعرفة. ص143.(بتصرف)

314. لوسيف، أليكسي، فلسفة الأسطورة، تر: منذر بدر حلوم، دار الحوار، سورية، اللاذقية، ط1، 2000. ص61. (بتصرف)

مجـردة، نجد أنَّها ليسـت ميثولوجيـا، إلا أنَّ التعامل الواقعـي معها قاد إلى جعل فكرة المكان المتجانس المتموضعة في أساسـه تبدو الفكرة الوحيدة المهمـة، وهـذه بعينها ميثولوجيا، والعلم قائمٌ بذاته، لا يمكنه من أيّة جهة كانـت أن يحطـم الأسـطورة، وكلّ ما يقوم به هـو أن يدركهـا، ويخلصها من الغريب عنها كمخططهـا المنطقي العقلي والرقمي.(315)

ولا يمكننـا بالمسـتوى ذاتـه أن نرجِّـح العلـم علـى غيـره مـن المعارف بحجة الاتسـاق المنطقي والوحدة؛ لأنَّ العلم مؤلف أيضاً من نظريات غير متسـقة مـع بعضها، مما يفنّـد الزعم بوحدتـه، ويجعلُ فكـرة الوحدة غلافاً لتقديـس العلـم الغربـي، فالعلم ليـس أكثر نجاحاً ولا أفضل من الأسـطورة، وينبغـي الاعتـراف بـأنَّ لـكلّ عصرٍ يقينـه الخاص بـه، وأدلتـه وحججه، ولا فرق بين ما يثبته العلم والأسـطورة حول شـكل السـماء، ووضع الإنسان في هـذا الكون، طالمـا أنَّه يعيش وفقهما فـي رفاهية وطمأنينـة.(316) وكما أنَّ الأسـطورة فشـلتْ في عصرٍ من العصور في تحقيق رغبات الإنسان، فكذلك بـاتَ العلـم فـي العصر الراهن عدواً للإنسـان، وينبغي أن نعتـرف أيضاً كما يقـول فييرابنـد: إنَّ ثـورة العلـم كانتْ منـذ البداية ضد اللاعقـل واللامنهج، مـع أنَّـه يحملُ العديد مـن العناصر اللاعقلانية كالتحيـز والنزوات والميول، فالعالِـم يمتلـك العقل واللاعقل في الآن ذاته، والأسـاطير لا تقل أهمية عن العلم، ولا يُشَـكُ بمصداقيتها ولها محتوى واقعي، وتاريخي، وليسـت مجرد قصص تُروى من أجل التسـلية أو أجزاءٍ من طقوسٍ خاصة.(317)

---

315. المصدر نفسه. ص5970. (بتصرف)

316. الشيخ، محمد، فلسفة الحداثة في فكر المثقفين الهيغليين: ألكسندر كوجيف وإريك فايل، الشبكة العربية للأبحاث والنشر، بيروت، ط1، 2008.ص. ص. 600601. (بتصرف)

317. فييرابند، بول، ثلاث محاورات في المعرفة. ص154ص155.(بتصرف)

ب. عقلانية برامج البحث

ظهرت عقلانية برامج البحث عند لاكاتوش الذي حاول تجاوز العقلانيات السابقة عليه، واستيعاب التحولات الحاصلة في العلم على أنَّها مجموعة من برامج البحث العلمي، التي يدل فيها انبثاق برنامج بحث على تدهور آخر، لكن فهمه لتاريخ العلم لم يخرج عن ثوب بوبر العقلاني، رغم أنَّ هدفه الأساسي كان تجاوز تكذيبه، لكن تمييز لاكاتوش بين ثلاثة مستويات من قابلية التكذيب: الدوغمائي، والمنهجي، والواعي، يؤدي للقول: إنَّه بوبري بمعنى من المعاني، إذ يمثّل التكذيب المنهجي بوبر خير تمثيل، من حيث الخطوات المتّبعة لاختبار الملاحظات الّتي تعارض النظرية، ويؤدي فشل النظرية في اجتياز الاختبارات إلى الإطاحةِ بها، وتبقى تلك النظرية الّتي نجتْ من الاختبار، ويختلف المُكذّب المنهجي عن المُكذّب الدوغمائي؛ في أنَّ المنهجي يفرِّق بين الرفض وعدم البرهان، ويؤمنُ بإمكانية الخطأ، ويقترحُ معياراً جديداً للتمييز.[318] وينبغي أنْ يحمل المكذّب بهذا المعنى بديلاً لتلك النظرية الّتي رفضها.

ولعلّ هذا ما جعلَ لاكاتوش يرفضُ هذا المستوى من التكذيب؛ لأنَّ مسيرة تاريخ العلم كانتْ ومازالت تأييدية لا تكذيبية، ولا يُقارب هذا التكذيب واقع العلم الفعلي؛ كونه يكذِّب النظريات من دون مراعاة وجود بديل وكشف علمي جديد.[319] فعملية التكذيب ينبغي أنْ تأخذ بالاعتبار توفر بديل للنظرية، وإلَّا سيترك التكذيب الفرد من دون نظرية، ولعلَّ فكرة توفير البدائل تتفقُ مع ما أكّدَ عليه فييرابند حولَ تكاثر النظريات والبدائل في العلم، في تأكيدهِ أنَّ أيّ برهان نستخدمه في تفنيدِ النظرية لا يمكن

318. لاكاتوش، أمري، برامج الأبحاث العلمية.ص75(بتصرف)

319. اختيار، ماهر، إشكالية معيار قابلية التكذيب عند كارل بوبر في النظرية والتطبيق، منشورات الهيئة العامة السورية للكتاب، دمشق، 2010. ص240 (بتصرف)

اكتشافه إلّا بمساعدة بديل مضاد، والعالِم الّذي يرغب بزيادة المحتوى التجريبي لآرائه، يمكن أنَّ يقدّم آراءً أخرى، وليس من الضروري أنْ تكون علمية، ويقارن أفكاره مع أفكار أخرى وليس مع «خبرة» أو وقائع ملاحظة، ويحاول تطويرها، بدلاً من تجاهلها.(320) مع فرق أنَّ لاكاتوش لا يقابل بين برامج البحث العلمي، بل يقابل القضايا بقضايا أخرى، فالخبرة ليست معياراً لتأكيد صدق النظرية برأيه، ولا يتضمن ذلك قبول بدائل ليست علمية، أو مقابلة برنامج بحث بآخر، والاحتفاظ بكليهما.

ويؤكّد ذلك توضيحه للتكذيب الواعي، الذي تنمو المعرفة بموجبهِ على شكلِ سلسلة من النظريات الّتي تسود عن طريق زيادة المحتوى الإمبريقي، بشرط أنْ تكون هذه الزيادة معززة، وأنْ يُظهر برنامج البحث تغيُّراً تجريبياً تقدمياً. وتؤدي زيادة هذا المحتوى إلى زيادة مكذباتها بالقوة، في حين أنَّ زيادة محتواها المنطقي تزيدُ من قابليتها للاشتقاق، ويجب التحقّق من صحة هذه الزيادة بدورها؛ لكي تُفضَّل على النظريات الأخرى، ولا يجري هنا تقييم نظرية مفردة بل سلسلة من النظريات المتشابكة مع بعضها.(321) ومما لا شكَّ فيه أنَّ برامج البحث العلمي وفّرت معايير للحكم، تُلزم العالِم بترتيب برنامج يعدّد قائمة بسلسلة من النماذج المعقدة الّتي تحفّزه نحو الحقيقة، وبناء نماذجه بمساعدةِ تعليمات وُضِعت في الجزء الموجب لبرنامجه، لذلك عليه أنْ يتجاهل الأمثلة المضادة الحقيقية والمعلومات المتاحة.(322) وتكون مهمة العالِم هنا التركيز على حمايةِ وتطوير برنامج البحث، والحكم على برنامج بأنَّه متدهور وآخر متقدم، بحيث يكون أمام النظرية وقتٌ لتتطور، وذلك يظهرُ

320. فييرابند، بول، ضد المنهج، تر: منال محمد خليف، دار أبكالو للتوزيع والنشر، بغداد، 2020. ص44. (بتصرف)

321. لاكاتوش، أمري، برامج الأبحاث العلمية.ص116. (بتصرف)

322. المصدر نفسه.ص. 120(بتصرف)

عندما يتيح البرنامج المتدهور مجالاً للبرنامج المنافس بأنْ يتقدّم، ولا يمكن تفضيل برنامج على آخر من دون حجج. أو الحكم على مزايا أحدهما من دون وجود هذا الفاصل الزمني.

بيد أنَّ هذه المعايير تبدو ثابتة ولا تقدّم وصفة حول إمكانية تطبيقها، لاسيما أنَّ الحديث هنا عن سلسلة من البرامج، لا يمكن ربطها بلحظة معطاة بل بأكثرِ من فترة زمنية، ويبدو أنَّ لاكاتوش طرح هنا مشكلة جديدة تمثَّلتْ كما أشارَ فييرابند في تمييزٍ جديد بين برامج متقدمة وأخرى متدهورة؛ أي التمييز بين صلاحية نظرية ورفض أخرى، وهو تمييز فاسد؛ لأنَّ معاييره ترتبط بفترةٍ محددة، وسيكون بعدها الاستمرار بالعمل وفقاً للبرنامج المتدهور لاعقلاني، ومن غير الحكمة أيضاً رفض برامج البحث؛ لأنَّها قد تتعافى وتحرز امتيازاً غير متوقع.(323) ولا يمكن بهذا المعنى تفضيل برنامج بحث على آخر؛ لأنَّ النظريات الّتي يتبيّن عدم صلاحيتها في تفسيرِ بعض الظواهر، قد تُفصح عن توقعات جديدة في ميدان آخر. ولا يمكن النظر إلى منهجيةِ لاكاتوش على أنَّها تُعلم الطريقة الّتي ينبغي أنْ تقودَ إلى النظرياتِ الجيدة؛ لأنَّ منهجيته مقيدة بمعايير، وكلّ ما تفعلهُ هو الحكم على ما يقوم به العلماء، من حيث إذا كانَ تقدّماً أم لا.

وإذا نظرنا إلى تاريخ العلم، كما أوضح لنا اللاعقلاني فييرابند، فسنجد أنَّ ما يبدو متدهوراً ويجب التخلي عنه، من الممكن أنْ يكون بداية لمرحلة تقدمية، وأبرز مثال على ذلك فكرة حركة الأرض، فهي ليست بالفكرة الجديدة الّتي اعتُقد أنَّها افتتحتْ العلم الحديث، بل تعود جذورها إلى العصور اليونانية، وربما أبعد من ذلك بكثير، والأمرُ ذاته ينطبقُ على باقي النظريات؛ لذلك لا يمكن قبول زعمه بتدهور برامج بحث وقبول

323. Motterlini, M. (Ed), For and Against Method, University of Chicago Press,1998.p.8.

أخرى أكثر تقدماً، لكونه أغفل أنَّ نمو المعرفة أشبه بمحيطٍ من البدائل يتزايد دائماً؛ فكلُّ نظرية فريدة، وكلُّ حكاية خرافية، وكلُّ أسطورة تدفعُ بقوةٍ الآخرين نحو فصاحةٍ أعظم، وبوساطة التقدّم التنافسي يساهمُ الكلّ بتطوير وعينا.[324] ولا يمكن بموجب ذلك أن يُهجر شيءٌ من المعرفة الإنسانية؛ الّتي تقدّم دائماً وفرة من النظريات.

وهذا يقود إلى عدم الاقتناع بعقلانية لاكاتوش؛ لأنَّها تشجع برنامج بحث على حسابِ آخر، وتستبعدُ البدائل المتنوعة من العلم، وتَقصر المعرفة الإنسانية على العلمِ فحسب، وتتضمّن رفضاً للإنجازات الماضية، ولا يمكن قبول معاييرِهِ الصارمة، ومنهجه العلمي المرن الّذي يبدو بالظاهر فقط متقبلاً للتعددية، في حين أنَّها تعددية قبول سلسلة من برامج البحث التقدّمية وتحطيم أخرى، ولا يمكن قبول منهجية التكذيب؛ لأنَّ هذه التكذيبية ليست سوى قناع يخفي وراءه غطرسة الهيمنة العقلانية على فكرةٍ أو نظرية بعينها، بدلاً من احتفاظها بكلّ النظريات، ولو كانَتْ كلّ نظرية كاذبة لفُقدت بذلك مصداقية العلم، ذلك أنَّ النظرية لا تُهمل بل يُحتفظ بها.

كما أنَّنا قد نجد إذا تأملنا في النظرية الجديدة شيئاً من النظرية القديمة التي سبقتها في التخصص العلمي ذاته، أي أنَّ كلّ تقدم في العلم لابدّ له من أن يحتفظ بحقائق الماضي، ويؤسس عليها، وهذا ما ذهب إليه الفيزيائي لويس دي برويL.De Brogile عندما أشار إلى أنَّنا إذا تحققنا على نحوٍ يقيني من صحة قانون ما، ولو بصورة تقريبية لأصبح قانوناً ثابتاً، ولا يمكن لأي محاولة تنظير لاحقة أن تنقضه، وقد تأتي نظرية جديدة أكثر دقة من سابقتها إلا أنَّها لا تعكس أي شيء أثبِتَ فعلاً، وقد ننبهر أحياناً بما تحويه من جديد فننسى الاستمرارية في العلم ونتخيل بأنَّ الفيزياء في

324. Ibid.p.12.

تقلّب مستمر ولا أساس تقوم عليه.[325] وفي بعض الحالات كما يرى فؤاد زكريا قد تحل النظرية العلمية محل القديمة وتنسخها أو تلغيها، إلا أنَّها في حالات أخرى لا تكون بديلاً يلغي سابقتها، وإنَّما توسعها وتكشف عن أبعاد جديدة لم تستطع النظرية القديمة أن تفسرها أو تعمل لها حساباً وبذلك يكون القديم متضمناً في الجديد، دون أن يلغيهِ أو يهدمهُ. [326]

ت. عقلانية البرادايمات

ظهر الحديث عن البرادايمات العلمية عند كون، الذي انطلق من فكرة مفادها أنَّ العلم لا يعتمد على الاستقراء في الوصول إلى النظرياتِ، بل عن طريق إجماع العلماء على البرادايمِ الأول، ووصفَ سير التطور العلمي بأنَّه يجمعَ بين التراكمِ واللاتراكم عبرَ عدة مراحل متعاقبة، ولكلٍّ منها محورٌ أساسيٌ يتمثّل بمفهومِ البرادايم، وتسبقُ المرحلة الّتي يتوصلُ فيها أعضاء المجتمع العلميScientific Community [327]* إلى البرادايمِ، مرحلة ما قبل البرادايم، تليها مرحلة العلم القياسي، ثم تعقبها مرحلة الأزمة Crisis، والّتي تنتهي بمرحلة العلم اللاقياسي Abnormal Science أو مرحلة الثورة العلمية، التي تمثل انبثاقاً أو تجاوزاً للنظريات السابقة عليها، وهي تشبه ما يسميه باشلار بالقطيعة الإبستمولوجية التي تشكل انبثاقاً أو قفزةً كيفية

325. اغروس، روبرت، ستانسيو، جورج، العلم في منظوره الجديد، تر: كمال خلايلي، سلسلة عالم المعرفة، المجلس الوطني للثقافة والفنون والآداب، الكويت، العدد134، فبراير 1989. ص113.

326. زكريا، فؤاد، التفكير العلمي، سلسلة عالم المعرفة، المجلس الوطني للثقافة والفنون والآداب، الكويت، ع:3، مارس، 1978.ص17. (بتصرف)

327. * المجتمع العلمي: قصد به كون مجموعة من العلماء، الّذين يربط بينهم اتفاقهم على برادايم معين، وعلى طبيعة المشكلات التي يخلفها البرادايم وحلول الألغاز المعروضة. وللمزيد انظر: خليف، منال، مفهوم المجتمع العلمي عند توماس كون، وزارة الثقافة، دمشق، 2012.ص19.

فـي تطور العلم، بقوله: إنَّ «القطيعة الإبسـتمولوجية حصلت داخل عقولنا، وغيّرتْ جميع الأسـس العقلانية لفهم الواقـع واتجهت تطبيقاتها الكثيرة إلى الخارج، وهذه هي عقلانية النفي التي تفترض انفصالاً في بنية العقل في فهم الواقـع، وتتحول بموجبه المعرفة القديمة إلـى حالٍ تتكاملُ فيه مع المعرفة الجديدة رغم نفي الأخيرة لها.»[328] وينبغي الكشـف عن اللاشـعور العلمي الـذي يسـهم في إنتاج النظريـات العلمية، بغية الوقوف عنـد البنيات الثابتة باعتبارهـا قيَماً لاواعية، والاعتراف بأنَّ العلم تاريخ لتصحيح الأخطاء، وما من حقائق أولية يمكن الكشف عنها.[329]

مـع فـرق بين باشلار وكـون، أنَّ الثاني يرسـم تاريخ التطـور العلمي على أنَّـه يجمع بين التراكـم واللاتراكم، كما أنَّ اهتمامه بعلـم النفس الاجتماعي، كان قاصراً على حديثه عن المجتمع العلمي القياسي الذي جعل منه يوتوبيا لـم نشـهد مثلها من قبـل، إذ رفع مرتبـة المجتمع العلمي، لاسـيما الفيزيائي إلـى مرتبـةٍ عالية ضمن شـجرة تطـور المعرفة، وذلك لأهميـة العمل العلمي الـذي يقومون به في مرحلة العلم القياسـي.[330] تلـك المرحلة التي لا قيمة لها بحسـب بوبر؛ نظراً لخطورتها على العلم والحضارة معاً، مؤكداً أنَّ القيمة الحقيقية للعلم تكمن في المرحلة التي تُكذَّب فيها النظريات السابقة، وليس كمـا يقـول بوبر:«بالأبعـاد الأيديولوجيـة، والسوسـيولوجية، والسـيكولوجية، والالتزامـات الخلقيـة، وأصـول التنظيـم والإدارة للظاهرة العلميـة من حيث

328. باشلار، غاستون، فلسفة الرفض، تر: خليل أحمد خليل، دار الحداثة، بيروت، ط1، 1985. ص 204.

329. بوخليط، سعيد، غاستون باشلار: نحو نظرية في الأدب، دار الفارابي، بيروت، ط1، 2011. ص ص 120126. (بتصرف)

330. الخولي، يمنى طريف، فلسفة العلم في القرن العشرين: الأصول الحصاد الآفاق المستقبلية، سلسلة عالم المعرفة، المجلس الوطني للثقافة والفنون والآداب ، الكويت،العدد264، ديسمبر،2000. ص406ص407.

هـي ظاهـرة في عالم الإنسـان»،[331] ومحصـورة في فئة معينـة، واختصاص دون آخـر، وفتـرةٍ معينة تمثّلـت في مرحلة العلم القياسـي؛ الذي يعتقد فيه المجتمع العلمي ببراديايم معين في عصرٍ بذاته، ويصفه كون بأنّه: «مسـعى نشـط ومخلّصْ لإدخـال الطبيعة، وبقوة في المعلبـات الفكرية الّتي هي من مؤونـةِ التربيـة المهنية»،[332] الّتي تُعّد المجتمع العلمي للممارسـةِ العلمية القياسـية، بفضل البراديـم الذي يوفّر جميع ما يحتاجه للاسـتمرار في العلم القياسـي، مـن قوانيـن، وتقنيـات، وأدوات، وقواعـد، ويمكن اعتباره المرشـد الأساسـي لهـم، لما يوفره مـن قواعد تمكّنه من التركيز بثقةٍ على المشـكلات الغامضـة، وتحـدّي الألغـاز المتبقية، وإعطاء فكـرة عن الالتزامـات الفكرية، والنظريـة، والأداتيـة، والمنهجيـة، وشـبه الميتافيزيقية، وهي شـرطٌ أساسـي لوجود واستمرار العلم القياسي.[333]

غير أنَّ كون أساءَ فهم التاريخ برأي فييرابند؛ إذ ليس هناك من مرحلةٍ ثابتة فـي تاريـخ العلم، ولا وجود «لمثل هـذه المرحلة ضمـنَ التحقيب التاريخي للعلم»؛[334] لأنَّ هذا يتعارضُ مع حرية التفكير الّتي يحتاجها العلماء، وذلك مـا ازدراه فييرابنـد في وصـف العلم القياسـي، بقوله: «ما يزعمـه كون حولَ تركيـز العلمـاء على حلّ مشـكلاتٍ محدّدة مـن خلال البراديايم السـائد، ليس سـوى تقييـد لحريـةِ العلماء، بدلاً من السـماح لهم من أنْ يعبّـروا عن آرائهم الخاصـة بهم».[335] ولا ينبغي سـلبهم قدرتهم العقلية علـى إبداعِ آراء خارج

331. المرجع نفسه.ص406.

332. كون، توماس، بنية الثورات العلمية، تر: حيدر حاج إسماعيل، تر: حيدر حاج إسماعيل. منظمة الوحدة العربية للترجمة، بيروت، ط1، 2007.ص.56.

333. المصدر نفسه. ص.109. (بتصرف)

334. Feyerabend, P. K. How to Defend Society Against Science, in: Hacking, I. (Ed) Scientific Revolutions. Oxford: Oxford University Press, 1981. P.160.

335. Feyerabend, P.K. Farewell to Reason, New Left Books, London, Verso, 1987.P.190.

إطار ذلك البرادايم؛ لذلك لا يمكن النظر إلى العلم القياسي سوى أنّه مرحلة جمود، وحتمية، ويتضمّن التسليم بكلّ الفرضيات الأساسية في البرادايم، ولم يحتوِ على أيّ شكلٍ للتقدّم، سوى إجماع قوي حول النتائج العلمية الّتي يتمّ التوصل إليها،[336] فالإجماع هو المهم هنا في هذه المرحلة، ولا يهمُّ إنْ ظهرتْ شذوذات غريبة عن البرادايم.

وإذا كانَتْ هناك أيّةُ محاولة للخروج عن هذا الإجماع، فإنّها تُقابلُ بالإحباطِ والرفض، ذلك أنَّ جُلّ نجاح العلم القياسي كما يقولُ كون: «يتوقفُ على افتراض أنَّهم يعرفون صورة العالم، وعلى دفاعهم عن ذلك الافتراض حتّى ولو بثمن غالٍ».[337] وهم يعرفون العالَم عبر البرادايم الّذي أعطاهم شكلاً واضحاً لكلّ الظواهر وليس هناك من حاجةٍ للخروج عنه، غير أنَّه ليس من الحكمةِ تأكيد أهمية هذه المرحلة، والوثوق بالأوصافِ التاريخية لها؛ لأنَّها برأي فييرابند أوصافٌ مضلّلةٌ، وغامضة، وتحتوي على عناصر معيارية، ووصفية مختلطة في عملية واحدة، ولا يمكننا استيعابها؛ لأنَّ ذلك سيعني التقييد بكلّ المعايير.[338] وإن دلّ ذلك على شيءٍ فهو يشير إلى افتقارِ كون للرؤية النقدية لتاريخِ العلم؛ لأنَّ أسلوبه في تقديم الأفكار لم يكنْ أسلوباً لعرض تاريخ التطور العلمي، بل وسيلةً ماكرةً ليأسر القارئ بأيديولوجيته الخاصة دون أيّ بُعد نقدي، وهو بحاجة لهذه الأيديولوجية، لإقناعنا بتفسيره للحقائق التاريخية.[339] وليس هكذا يُفهم تاريخ العلم، ولا يمكنْ أنْ يُقبلْ

---

336. Herbrechter. S. & Michael Higgins (Ed.s),Returning (to) communities, Rodopi,2006.p.93.

337. كون، توماس، بنية الثورات العلمية.ص.56.

338. Huene, P.H. More letters by Paul Feyerabend to Thomas S. Kuhn on ProtoStructure, Studies in History and Philosophy of Science, 7 June, 2006.p.614.

339. Preston, J. The Worst Enemy of Science? Essays in Memory of Paul Feyerabend, Oxford University Press, New York, 2000.p.109.

150 \ العقلانية الغربية

الوصـف كطريقة لتقديـم الحقائق التاريخيـة المتعلقة بالعلمِ؛ كونه غلافاً يُخفـي وراءه الطبيعـة المهيمنة علـى عقولِ العلماء.

كمـا أخطـأ كون عندما ربـطَ فهمه للعلـم برؤية ما يفعلـه العلماء ضمنَ العلم القياسـي والتقيد ببرادايم وحيد، لذلك لا وجود لهذه المرحلة تاريخياً، والقـول بضرورتهـا كونهـا تـؤدي إلى الثـوراتِ غير صحيـح؛ لأنَّـه يعتمدُ على افتراضيـن: أولهمـا الرغبـة بالثـورات، وهـو افتـراضٌ باطـل؛ لأنَّ هـذه الرغبة لا يمكـنْ البرهنـة عليهـا نظـراً لعدم وجـود معيار يمكـن أنْ تُقيّـم من خلاله التغييرات الّتي تقود الثورة إلى تحسـينات بسـبب اللاقياسية بين النظريات. وإذا كانتْ الثورة العلمية لا تجلب سـوى تغيير وليس تحسـيناً، فليس هناك أيّـة حجة للرغبة فيهـا،[340] ويمكن القول مع جون واتكينز J. Watkins:«إنَّ العلـم القياسـي لدى كـون هو العلـم الحقيقي بينمـا العلم الثـوري هو علم غيـر قياسـي وربمـا لا يسـمى علمـاً علـى الإطلاق».[341] أما الافتـراض الثاني، وهـو وجود أفراد راغبين بالعلم القياسـي وأنَّه طريقٌ للثـورات، فإنَّ فييرابند لا يأخـذُ بهذا الافتـراض؛ لأنَّ لا أحد يرغبُ بالمراوحةِ في المكانِ، وقد يصيب العلماء الاشـمئزاز، والإحباط والملل؛ نتيجة المشـكلات الكبيرة الّتي توصلهم إلـى درجة الاسـتسلام فجـأة، وهذا يدعو للشـك بوجود العلم القياسـي.[342] ومـن ثم فهو ليس طريقـاً مرغوباً للثورات، والأجدر القـول بتكاثر النظريات، وأن يكون الانتقال بينها لاعقلانياً.

2. العقلانية العلمية ونزعة التفكيك

تعدّ العقلانية الغربية التي تحاول حالياً تبيان نسبوية القيم والأفكار، فكراً

340. Preston, J. The Worst Enemy of Science? P.111.

341. قطب، خالد محمد أحمد، منطق التقدم العلمي، دار قباء، القاهرة، 2001. ص148.

342. Preston, J. The Worst Enemy of Science p. 111.

عدمياً يفكك الحقيقـة إلى حقائق متعددة، ومتضاربـة، ويجزئ المعنى إلى دلالات متشـابكة ومتشظية، إنَّه عصر اللايقين واللاتعين، والارتياب، والفراغ، ونهاية اليقين، وانسجام الظواهر الثقافية وتغيرات البرادايم كما أوضحها كون والتي تحول مجرى الوقائع وتخلطها، وتحول الإبداعات الإنسانية، وقد تجسّد فكر كون العدمي كما يرى صادق العظم في إنكاره لكلّ معطى أياً كان نوعه، فهو عدمٌ وإنكارٌ للموضوع مقابل الذات، ولـلأنا الفرد أي العالِم مقابل نحن المجتمع العلمي، ونفيٌ لليقين الواحد مقابل اليقينيات المتعددة، وللاتصال مقابل الانفصال والتفكك، وعودة لروح الثنائية الديكارتية المتمثلة بالجوهر الروحانـي والمـادي، ولكـن بحلّـةٍ جديدة مدافعة عـن العلـم، وتظهر الذات بالمجتمـع العلمي، حيث يتحول موضوع المعرفة إلى اهتمام هذا المجتمع بالكامـل بالمـواد التي يعمـل عليها، والظواهـر التي يتعامل معهـا، والأدوات التـي يمتلكهـا، والبرادايـم الذي يسـاعده على تفّهـم الظواهـر الطبيعية من حولـه.[343] وتتجلى الذاتية أكثر عندمـا يحاول المجتمع العلمي الاختيار بين البرادايمات في فترة التحول، في تأكيد كون أنَّ المعطيات لا يمكنها أن تؤكد تفـوق برادايـم علـى آخـر؛ لأنَّ المعطيات ذاتها تُـدرك مـن خلال منظار هذا البرادايم أو ذاك.[344]

لكـن إخضاع المعاييـر المتبناة للموضوعية للبرادايم برأي شـوقي جلال، سـيؤدي إلى انعدام إمكانية وجود أي معيار موضوعي لتقييم المعرفة، ومع أنَّ هنـاك إمكانيـة للقيـاس بيـن النظريات ضمـن برادايم واحد، غيـر أنَّه من المتعـذر تقييم البرادايمـات أو الحكم على موضوعيتها، وعندما يكون مصير المشاهدات مرهوناً بها، سوف يكون ما نشاهده مختلفاً تبعاً لاختلاف البرادايم

343. العظم، صادق جلال، دفاعاً عن المادية والتاريخ، دار الفكر الجديد، بيروت، ط1، 1990.ص77ص80. (بتصرف)

344. جلال، شوقي، على طريق توماس كُوْن، المكتبة الأكاديمية، القاهرة،1997. ص60. (بتصرف)

152 \ العقلانية الغربية

الذي يتبناه المشاهد، وستكون المقايسة بين النظريات تابعة للمقايسة بين البراديمات، ومن ثم إذا كانت البراديمات غير قابلة للقياس، فسوف تختل إمكانيـة الحكـم على معايير غيـر قابلة للقياس، كالبسـاطة والانسـجام،(345) وبالتالـي تتعارض نظريـة كون مع موضوعية العلم، وفـي خضم ذلك تختفي الـذات الفرديـة واليقيـن الواحـد، ولا تظهـر سـوى الـذات الجماعيـة وتعدد اليقينيات ووجهات النظر.

وكلّ مجتمـع علمـي مختلـف عـن الآخـر، ويدّعـي أنّ برادايمـه صحيـح وصادق، ويمكنه أن يفسر الظواهر أفضل من سابقه؛ لذلك تشتد الحرب بين المجتمعـات العلميـة المتصارعـة إلى الحـد الذي تصل به إلى عـدم القابلية للمقايسة بينها، وافتقارها في الوقت ذاته إلى معيار يمكن الاحتكام إليه في مسـألة الاختيـار بينها، لذا تلجأ إلـى النقاش والإقناع بعد يأسـها، وربما يكون الوجه الخفي لهذا الموقف هو دلالة على أنّ اليقين الأوحد قد مات وأصبحنا أمام يقينيات متعددة.(346) ويصبح تاريخ تطور العلم أعمى، ويسير على غير هدىً وبلا معنى، وهنا تظهر النسبية التي تمثل بحسب صادق العظم علامة من علامات انحلال الظاهراتية وتدهورها باتجاه العبثية والذاتوية واللامعنى، فقـد ألغـى كون كلّ معنى ممكن وكلّ هدف محتمـل لفكرة تقدم العلم عبر نظريتـه في التراكـم واللاتراكم، وألغى أيضاً كلّ معنى جـدي لعملية التحقق من صدق النظريات كما أقرها أنصار التحقق الاحتمالي.(347)

وفـي النهايـة لا تقـدم تلـك العقلانيـة العلمية شـيئاً؛ لكونها تطـرح فكرة المجتمعـات العلميـة المؤلفة من عقول فرديـة، بوصفها لا تقبل التفاهم ولا

345. دير باز، عسكر، الموضوعية العلمية والرؤية الدينية، النقاشات الراهنة حول العلم والدين في الإسلام. http://scienceislam.net (بتصرف)

346. الشيخ، محمد، فلسفة الحداثة في فكر المثقفين الهيغليين ألكسندر كوجيف وإريك فايل، الشبكة العربية للأبحاث والنشر، بيروت، ط1، 2008.ص547. (بتصرف)

347. العظم، صادق جلال، دفاعاً عن المادية والتاريخ. ص83ص84. (بتصرف)

الحـوار مـع غيرها من المجتمعات العلمية في الاختصاص نفسـه، سـوى أنَّها أخطـأت فـي قولها بعـدم إمكانية الحـوار بين النظريـات العلميـة، فالعلماء يتحـاورون وإنْ لـم يكونوا ضمـن العصر ذاته، وينجم عـن حوارهـم وفرة من النظريـات الجديـدة، ومـا مـن عقـول مختلفـة جذرياً عـن بعضها كمـا يزعم العقلانيون، وبذلك آن الآوان لتوديع العقلانية.

3. العقلانية العلمية والمركزية الأوروبية

تظهـر المركزية الأوروبية في زعم العقلانيـة العلمية بتفوق العلم على غيره من المعارف العلمية، إلى حدّ القطيعة بين العلم وغيره من المعارف التي نشـأت عند مختلف الشـعوب، ولكن ما التفوق المزعوم للعلم سـوى جسـمٍ غريـب يهـددُ الحيـاة الثقافيـة بأكملهـا، عبـر تهميشـه لعالمنـا، فما كان مصـدراً للفرح والدهشـة لأجيالٍ كثيرة، بات الآن محطاً للاشـمئزاز عند العلمـاء، الّذيـن اتهمـوا كلّ ما يمـس وجودهم علـى أنَّه غير إنسـاني.[348] فقبـل انبثاقه كانَ النّاس يعيشـون ويتواصلون ويمارسـون حياتهم من دون الحاجـة إلى تلك الإضافـات الّتي أبرزها العلم، صحيح أنَّـه كانَ يمتلكُ ميزة تحريريّـة، ولكنَّـه لم يعدْ كذلـك الآن، وينبغي النظر إلى الجوهـرِ الحقيقي لـه بعيـداً عن تصـورات العقلانيين، وكما يقـولُ فييرابند: «دعونـا لا ننخدعْ مـن البلاغـة التحرريّة الّتـي يقدّمها دعـاة العلم لتصوير ذلـك الطاغية على أنَّه وجِدَ من أجل منفعتنا».[349] فهذا الدور التحرري للعلم كانَ عند انبهار الإنسـان فـي بدايةِ تحقيق العلم لإنجازاتٍ معينـة، وكانَ هدفه القضاء على الجوع والمرض عبر سبل متنوعة، والنّاس لم يشهدوا شيئاً على أرضِ الواقع،

348. بريغوجين، واستنجر، إيزابيلا، نظام ينتج عن الشواش: حوار جديد بين الإنسان والطبيعة، تر: طاهر بديع شاهين وديمة طاهر شاهين، وزارة الثقافة، دمشق، 2008. ص ص. 6768.(بتصرف)

349. فييرابند، بول، العلم في مجتمع حر.ص.90.

ولازلوا يشاهدون على شاشاتهم يومياً مجاعات كبيرة تفتك ببلدان عدة

وربما نعرّف العلم كما يقول نيتشه: «بواسطة وسائله العظيمة، وقدرته على سلب الإنسان أفراحه وعلى جعله أشد بروداً وأشد شبهاً بتمثال [...] إنَّه أكبر ممون للألم».[350] وهذا صحيح، فالعلم يسبب الألم عندما يُترك بأيدي من يديرونه لصالحهم فحسب؛ أي عندما يخضع للمصالح الشخصية، والنزوات الذاتية، ويخضع لحساب سلطة معينة. والأمر ذاته بادعاءِ العلم القضاء على جميع الأمراض، والوعد بعالمٍ سليم وصحي، صحيح أنَّ البشر ودّعوا أمراضاً كثيرة، غير أنَّ هناك أمراضاً أكثر قتلاً، باتَ الإنسانُ المعاصر يقفُ عاجزاً أمامها، ولازال المرضى يموتون كما أشارَ فييرابند؛ لأنَّ «الأطباء العلميين وأنصارهم من فلاسفةِ العلم الجهلة، يفضّلون أنْ يكونوا «علميين» على أنْ يكونوا إنسانيين».[351] فالطب الحديث لم يعدْ يكترث لحياة النّاس، وهذا أمرٌ لم تنتبه إليه العقلانية العلمية التي تناولتْ مسألة المنهج في العلم من دونِ الإشارة إلى أيّ عيوب في العلم.

حتَّى أنَّ أكثر المفكرين جرأةً عجزوا عن نقدهِ، فهذا هو عالِم الإنسان ليفي شتراوس C.L.Strauss، الّذي رفضَ فكرة التقدّم فقط لكي ينسف كلّ مفاضلة بين أنماط التفكير البشري، ويضع حداً للتفرقة بين البشر ومجتمعاتهم، وثقافاتهم، ولأنَّ القول بالتقدّم أيضاً سيؤدي إلى تصنيف الفكر الأسطوري ضمنَ مرحلة تاريخية غابرة تجاوزناها اليوم، ولن ينظرَ من ثم لهذا الفكر على أنَّه مهم أمام ما حققه الفكر العقلاني العلمي من إنجازات كبرى.[352] وهذا إسهامٌ بارز لـ شتراوس؛ لأنَّه أدركَ أهمية المعارف الأخرى في حياة

350. نيتشه، فريدريش، العلم الجذل، تر: سعاد حرب، دار المنتخب العربي، بيروت، ط1، 2001.ص ص.4243.

351. فييرابند، بول، ثلاث محاورات في المعرفة. ص188. (بتصرف)

352. الدواي، عبد الرزاق، موت الإنسان في الخطاب الفلسفي المعاصر، دار الطليعة، بيروت، 2000.ص108.

البشر، وأهمية التعدد والتنوع، لكنَّه أغفلَ مضار العلم، ولم يوجّه أيّ نقد له ولسلطته ضمن الأيديولوجيات المهيمنة، رغم معرفته لقدرة الشعوب على النهوض من دونه، وذلك بقوله: «لم يستنفذْ الهنود [...] الموارد الطبيعية الّتي توفرها منطقة من صحراء كاليفورنيا الجنوبية [...] كانوا آلافاً وعرفوا حياة الوفرة [...] كانت حياتهم رغيدة؛ كونهم تعرفوا [...] على ما لا يقل عن 60 نبتة غذائية و28 نبتة ذات خصائص مخدرة وطبية».[353] ولكن العلم لم يعِ ذلك، وأصبح أعمى ولا يرى طبيعةَ مصيره ولا مساره، وباتت الحضارة الغربية عديمة التفكير، ولتجاوز هذا الوضع بدأ توجهٌ جديد يشقّ طريقه مخلخلاً البنية الفلسفية المادية لنظرية العلم الغربي، ذات النزوع الوضعي المتطرف؛ فبدأ التشكيك في قيمة العلم المادي وإمكانية حفاظه على مستقبل الإنسان، وتحقيق رفاهيته.[354]

وبات الأمر يتعلق فقط في ترسيخ العقلانية لمركزية الغرب عبر العلم، والتمييز بين العلم الغربي وما قدمته الحضارات الأخرى، أو بمعنى آخر أيديولوجية العلم وموضوعيته، وأمام هذا عمل جاك ديريدا J.Derrida على تفكيك المركزية العقلية والقول بشمولية العقل وأصالته ومطلقيته، وذهب إلى أنَّ الموضوعية مجرد ادعاء؛ لأنَّها مرتبطة بالتراث اللغوي، والثقافي الغربي، ولا قيمة موضوعية لتصنيف الغرب العقلاني والشرق كنقيض له، كما أنَّ التصورات الغربية عن الشرق غير مبنية على أساس قيم الشرق ومعاييره، وإنّما على أساس القيم الثقافية الغربية.[355] ولا يوجد

353. شتراوس، كلود ليفي، الفكر البرّي، تر: نظير جاهل، المؤسسة الجامعية للدراسات والنشر والتوزيع، بيروت، ط3، 2007. ص24.

354. عكاشة، رائد جميل، التكامل المعرفي: أثره في التعليم الجامعي وضرورته الحضارية، المعهد العالمي للفكر الإسلامي، ط1، فرجينيا، 1012. ص65. (بتصرف)

355. العربي، صديقي، البحث عن ديمقراطية عربية: الخطاب والخطاب المقال، تر: محمد الخولي وعمر الأيوبي، مركز دراسات الوحدة العربية، بيروت، 2007. ص 165

تمييز بين الحضارات ودورها في التطور العلمي، ولاسيما الحضارة المصرية والهندية والصينية.

ولكننا نجد أنَّ العقلانية العلمية أغفلت ما تركه العلماء العرب من أثرٍ على العلم الأوروبي من خلال دعوتها إلى عوالم علمية ثقافية مختلفة، في حين كان عليها النظر إلى العلم على أنَّه مخزون يحوي إسهامات العلماء العرب والمصريين القدماء وأثر الفلسفات الهندية، والتي هيأت لولادة العلم المعاصر إلى حدٍ كبير. ويظهر ذلك جلياً عندما وضع كون ببراديماته حداً فاصلاً بين العلم واللاعلم، وأغفل أنَّه ما من حدّ فاصل يجعلُ من العلم المنطلق الّذي بدأتْ به الإنسانية معارفها، يقولُ فييرابند: «ما قبل العلم [...] تعددي برمته، ولذلك من الخطورة التركيز على الأفكارِ بدلاً من الأشياء».[356] هناك تعددية وغنى لا يمكن تجاهلهُ في المعرفة بدأ من بداية وجود الإنسان على هذه الأرض. ولكن كون غيب تماماً دور الحضارات الأخرى في التقدم العلمي في فترة ما قبل البراديم الأول، بالإضافة إلى إسهامات الخوارزمي في الرياضيات والفلك، وجابر بن حيان في علم الكيمياء والحسن ابن الهيثم، ذلك البرنامج البصري الذي سمى من سبقه باسم أصحاب التعاليم، وقدّم نظرية في علم البصريات، أثّرت في مفكري العصور الوسطى فيما يتعلق بمبدأ العدسة المكبرة، وفي مفكري العصور الحديثة، إلا أنَّ كون لا يذكر قبل البراديم الأول سوى وجود عدد من المدارس اليونانية التي تنافست حول تحديد طبيعة الضوء.

ولكننا إذا قبلنا كما يقول عالم الاجتماع توبي هف T.Huff: «أطروحة كون القائلة إنَّ العلم القياسي يبدأ في الواقع باكتساب البراديم وتطويره، فإنَّه يحسن بدارسي تاريخ العلم أن يدرسوا تاريخ العلوم المتخصصة من

356. فييرابند، بول، ضد المنهج. ص44.

وجهة نظر تطوير البرادايمات وتغييرها»،[357] بيد أنَّنا لا يمكن أن ننظر إلى الشرق على أنَّه برادايم من برادايمات كون، أو ندّعي أنَّ الغرب وحدهم رسل العلم، ومنْ غذّى الحضارة كافة بالأفكارِ العلمية. ولا يمكن إغفال دور الصين، والتي كما يقولُ فييرابند: «توحدت فيها الإجراءات التقليدية مع رؤى علمية فأدَتْ إلى فهمٍ أفضل للطبيعة»،[358] مع العلمِ أنَّ الصين من الشعوب العظيمة ذات الإنجازات العلمية الكبيرة، لكن ذلك لم يستبعدْ ما ألفته من أدوات، وطرائق، ومعارف غير علمية، ولا يمكن تجاهل إسهاماتها التي غيبها كون، بزعمه أنَّ الحضارات الأخرى لا تمتلك ما لديها أكثر مما تملكه الحضارة اليونانية التي اشتملت على المبادئ الأولى، وأنَّ المقدار الأعظم من المعرفة العلمية كان من نتاج أوروبا في القرون الأربعة الأخيرة.[359]

ولم تكنْ غزوات الغرب ومناهج العلم الغربي والشوفينية Chauvinism،[360]* الّتي حملتها تلك الغزوات هي من خلق عظمة الصين وإنجازاتها، ويبدو ذلك واضحاً عندما حاولتْ الصين كما أشارَ فييرابند أنْ تحيي الطب التقليدي، وهي بلدٌ عظيم له تقاليد عظيمة وخضع للهيمنة الغربية، ولكن أدرك الشيوعيون الصينيون الأخطاء الكامنة في هذه الشوفينية وشرعوا في إزالتها، وتمكّنوا من استعادة أجزاء هامة من التراث

---

357. هف، توبي أ. فجر العلم الحديث، الإسلام، الصين، الغرب، تر: محمد عصفور، مجلة عالم المعرفة الكويتية العدد 260 أغسطس 2000 ..ص43.

358. فييرابند، بول، العلم في مجتمع حر. ص92.

359. Kuhn, T. The Structure of Scientific Revolutions, 1st. ed., Univ. of Chicago Pr., Chicago, 1962, pp. 167168

360. * الشوفينية: مصطلح سياسي يرمز إلى التعصب القومي المتطرف، وتطور معنى المصطلح للدلالة على التعصب القومي الأعمى والعداء للأجانب، واستخدم كذلك لوصف الأفكار الفاشية والنازية في أوروبا. وقد عنى به الباحث هنا التعصب للعلم. انظر: (https://www.politicsdz.com/community/threads/mstlxhatsiasi.17066)

الفكري والعاطفي للشعب الصيني، وطوروا أيضاً ممارسة الطب. وسيكون من النافع أنْ تحتذي الحكومات الأخرى حذوهم.[361] وهذا يعني أنَّ سرَّ عظمة الصين يكمن في قدرتِها على التفاعل مع التقاليد الأخرى من دون أنْ تتقيد بمنهجٍ محدد، أو تستبعد المعارف الأخرى، وهذا أمرٌ لم يكنْ موجوداً عند غيرها من الشعوب، مما يسقط قناعاً آخر من أقنعة العقلانية المتمثل في تقديس العلم الغربي بحجة المنهج، والدقة، والموضوعية، وعدم إمكانية الحوار بين النظريات العلمية، ومن ثم الحضارات.

ولا يمكننا أنَّ نتجاهل تاريخ المعرفة الإنسانية ككل أو نقبل بما ذهب إليه جون كينز J.Keynes بقوله: «لنعتق أنفسنا من الأفكار القديمة الّتي تشعبت؛ لأنَّها قد أُفرِغت كما لدى أكثرنا في كلّ زاوية من عقولنا»؛[362] إذ لا يمكننا الحكم بتفوق العلم الحديث على ما قدّمه الأرسطيون وغيرهم، أو أن نقول: إنَّ ما قدموه هم والمصريون أقل علمية مما قُدّم اليوم، وليست هناك أيّةُ ميزة تجعل العلم متفوقاً على أشكالِ المعرفة الأخرى، ولا يمكن قبول مزاعم العقلانيين التي لم تأخذْ بالحسبان أنَّ المعارف القديمة من الممكن أنْ تكشف يوماً ما عن معطيات جديدة.

ولا يمكن أن نؤكد تفوق العلم بناءً على وحدة المنهج، بل لابدّ من ترسيخ الدعوة إلى التعددية المنهجية والأخذ بالاعتبار أهمية الطرق غير العقلانية في التفكير الإنساني، أو كما يقول فييرابند: «ليس هناك منهج علمي أو مجموعة من القواعد الّتي تشكّل أساساً لكلّ نموذج بحث، يتضمن أنْ يشكّل بحثاً علمياً وأنْ نثق به».[363] وهذا يخلعُ عن العلمِ

361. فييرابند، بول، ضد المنهج. ص 36، ص163. (بتصرف)

362. Keynes, J. M. The General Theory of Employment, Interest and Money, MacMillan, London 1973.p. xxiii.

363. فييرابند، بول، العلم في مجتمع حر، تر: السيد نفادي، المجلس الأعلى للثقافة، المشروع القومي للترجمة، القاهرة، 2000. ص112.

صفة القداسة، فالعلم لا يمتلك منهجاً محدداً يجعله متفوقاً على جميع المعارف الأخرى، ولا يخضعُ ابتكار النظريات لقواعد محددة، ولا يمكنْ أنْ تكون العقلانية العلمية الحكم الأساسي على العلم، ولا توجد وحدة إلا في أذهان العقلانين العليلة، والمريضة، ولا وجود لرؤيةٍ تفسّر كلّ شيء، ولا يمكن قبول رأي العقلانيين بأنَّ العلم يسيرُ باتجاهِ الحقيقة لامتلاكهِ الصدق والموضوعية، بل وحتّى عصاً سحرية لكلّ شيء؛ لأنَّ العلم فوضوي، وتعددي، ويبتكرُ نظرياته بطريقة يحافظُ فيها على كلّ التنوع والغنى الّذي حصّلته البشرية خلال تاريخها الطويل، وكلُّ شيءٌ مقبول Anything Goes، ولا يمكنْ رفض السّحر، والشعوذة، والأسطورة، والفن، والأدب بوصفها ممارسات منفصلة عمّا أنتجه العقل من أفكارٍ تحقّق اتساقاً ونظاماً وغيرها من المفاهيم الّتي لا تفيد العلم في شيءٍ، ولا تقدم سوى مسوخ وأوهام مضرة بالعلم والمجتمع.

ويظهر ضرر العقلانية على المجتمع من خلال تحطيم قيمه وأخلاقه، لما اتسمت به أفكارها الأخلاقية من صرامة وثبات، حيث يرى بعضهم أنَّ القيم التقليدية تتفكك في مجتمعات «مابعد الحداثة»، فيما يذهب آخرون إلى أنَّهم يخشون في النسبية الثقافية ظهور حقيقة واحدة راسخة لن تنال منها مرحلة ما بعد الحداثة، ألا وهي ذهاب قيمته الحقيقة، والصواب إلى غير رجعة، ويزعم آخرون بوجود انقطاع بين الماضي والحاضر.[364] وشيوع الأخلاق غير العقلية، ولاسيما مع ظهور التيارات الرافضة لمطلقية القيم والأخلاق العامة، التي روّجت لها العقلانية الحديثة، وهنا نجيب عن سؤال هل العقلانية في مرحلة أفول أم ازدهار؟ نقول: إنَّ النقد والرفض الذي وجه للعقلانية في مرحلة ما بعد الحداثة، لا يعني أنَّ الحرب انتهت لحسم الموقف ضد العقلانية،

364. بودون، ريمون، أبحاث في النظرية العامة في العقلانية. ص275(بتصرف)

إذ إنَّ براثنها ما زالت في العديد من الفروع المعرفية، بحجة سلطان العلم والدين والعقل، وهيمنتها في عصرٍ بات يبرر القيم السلبية، ويكاد يختفي فيه الحد الفاصل بين الخير والشرّ. وفي هذا العصر برأي بودون زاد التسامح تجاه الانحرافات الخلقية، لا بسبب فقدان حس القيم، بل لأنَّ التسامح بات يُعتبر قيمة محورية في حدّ ذاته، ومردّ ذلك إلى عدم اعتبار الحقيقة معطى جاهزاً سلفاً في هذا المجال، وزاد تعميق الفردانية، وعقلنة القيم، وفيما يتعلق بالدين زادت الشكوك المتعلقة في وجود الله.[365] وتدنّت نسبة أن يجد الإنسان في الدين عزاءً وسلوى له، مع التشبث بأنَّ للحياة معنى على هذه الأرض.

وترافقَ ذلك مع تبدل المعتقدات وزوال الاهتمام بالآخرة ليحل محله اهتمام الإنسان بسعادته الدنيوية. وظهر اتجاهٌ يؤمن بالحياة بعد الموت أكثر منه في الجنة، وذلك يعود إلى سهولة التعامل مع الموت بطريقةٍ رمزية في حين لا يمكن ذلك مع مفهوم الجنة؛ نظراً إلى اتصافه بالعينية والحسية، كما أنَّ المفهوم الثاني يفترض الأول، مع صعوبة استيعابه وذلك يتوقف على مستوى تعلم الفرد. وظهر اعترافٌ بسلطة الكنيسة في المسائل الأخلاقية الكبرى، كالقتل الرحيم، والإجهاض، أي المواضيع التي تفترض حقّ الحياة لشخصٍ ثالث، وتلك التي تعرّض كرامة الإنسان، والشعوب للإهانة.[366] ويزداد التسامح مع ارتفاع المستوى العلمي، غير أنَّه يخلق هنا ما يُسمى بأزمة القيم أو العقلنة المتفشية، التي تتسامح مع الزواج المثلي، وتبنّي طفل، يمتلك الحقوق ذاتها التي ينالها الأبوان الفعليان. ولم تأخذ كلّ أنواع العقلانية بهذا النوع من التسامح، باستثناء العقلانية الأخلاقية، التي أخضعت العقلانية الأداتية

365. بودون، ريمون، أبحاث في النظرية العامة في العقلانية. ص ص280292 (بتصرف)

366. المصدر نفسه. ص294ص300 (بتصرف)

لقبولـه بحجـة أن القوانيـن المتعلقـة بهـذا الأمـر قائمـة منـذ مـدة طويلـة،
وكانـت تنـص علـى حـق العـازب فـي تبنـي طفـل.[367] وبذلـك بتنـا نعيـشُ فـي
عصر فوضى القيم، وتشـتت الأخلاق بسـبب عقلانية لا هم لها سوى ترسيخ
سـلطة العقـل، وهيمنـة مركزيـة الإنسـان فـي هـذا العالـم باسـم الديـن والعلـم

367. المصدر نفسه. ص 361ـ362(بتصرف)

الخاتمة

كان الهدف الأساسي من هذا الكتاب تتبع مسار العقلانية من ديكارت إلى توماس كون، لمعرفة مدى حفاظ العقلانية على عقلانيتها، وتوضيح التغيرات التي طرأت عليها، وتبيّنَ أنَّ جوهر العقلانية بقي ثابتاً لم يتغير، لكنها لم تتمكن من الانعتاق من ربقة الأفكار اللاهوتية الوسطية، وتبين أنَّها ليست بالفكر الانبثاقي ولم تشكل قطيعة في تاريخ تطور الأفكار، بل استندت في الكثير من أفكارها إلى النظريات العلمية الحديثة، والفكر الأرسطي، والمسيحي، وكذلك الإسلامي في القرون الوسطى، وظهر ذلك واضحاً في موقف ديكارت من نظرية المعرفة، وتيقنا أنَّ الكثير من أفكاره لم تكن أصيلة له، إذ لم يختلف منهجه ولا طبيعة فهمه للعقل عمّا أقرّه المفكرون في العصور الوسطى، ولا سيما في الفكر الإسلامي، ولم تكن أفكاره المثالية سوى نسخة معدّلة عن أفكار أفلاطون وأرسطو، وبيّنا أنَّ صرح المعرفة لا يمكن إقامته على العقل وحده، وليست الأفكار الفطرية وحدها من شكلتها، وهي موجودة ولكن للحواس دورها أيضاً في إيصال المعرفة، وينبغي الاعتراف بأنَّ للعقل طريقين كان لابدّ أن تقرّ بهما العقلانية، الأول عالم الكشف والمعقولات والآخر الحواس وبغير ذلك لا يمكن للعقل أنْ يشكل أفكاره. ولم تكن مسألة العلاقة بين الجسد والعقل مشكلةً بحد ذاتها إلا في عقول

العقلانيين الضيقة، التي أخفقت في فهم هذه العلاقة؛ بسبب تأثير الدراسات المدرسية الأرسطية، وتجاهلها لحقيقة العنصر الثالث المتمثل في الروح، ولم تقارب الصواب في قولها: إنَّ الحيوانات لا تمتلك وعيّاً وخيالاً كوعينا، لعدم فهمها للسلوك الحيواني وطبيعة التفكير عند الحيوان، وعدم ارتباط التفكير والوعي بالنطق عند الحيوان، وأنَّه يُقال بمعنى مغاير لما لدينا. وأغفلتْ أيضاً طبيعة تركيب الدماغ وعلاقته بالجسد والعقل، وخلطت بين العقل والنفس

وكذلك الأمر عند الحديث عن فكرة المونادات أو الجواهر الروحانية عند ليبنتز، والتي استقاها كمقولة أساسية من مقولات أرسطو، ورغم محاولة ليبنتز إعطاء معنى جديد لها، لكن تمييزه بين حقائق العقل وحقائق الواقع أدخله في فخ السببية ذاته الذي حاول أرسطو تلافيه في حديثه عن وقوف المحركات عند محركٍ أول لا يتحرك. ولم ينجح ليبنتز في حل المشكلات الفلسفية عبر ردها إلى علةٍ ميتافيزيقية، ولم يكن ما قدمه سوى مصادرة على المطلوب. كما أنَّ القول: إنَّ الوحدات العنصرية فطرية ومكتسبة يناقض العقلانية الأصيلة، وفيه نوعٌ من الخلط غير المبرر بين ما هو فطري وما هو مكتسب، فإنَّ لم يكن العقل صفحة بيضاء، فمن أين أتت تلك الأفكار؟ لم تجب العقلانية عن هذا السؤال سوى بتبريرات غير قابلة للتحقق، ولاسيما ليبنتز الذي أعطى تفسيراً يجهل ما توصل إليه العلم الحديث من نتائج حول الوحدات الصغيرة أو الذرات، ولم تقدم موناداته أيّ جديد؛ لكونها تجعل محمول قضيتها متضمناً في الموضوع، ولم تكن مبادئه جديدة، بل مستوحاة من أرسطو، وتؤدي إلى النتائج ذاتها.

لم تنجح أيضاً عقلانية الحداثة في توضيح المعرفة الإلهية، والوجود الإلهي، ولا تستقيم جميع الأدلة التي قدمتها أمام النقد؛ لكونها تنطلق من مبدأ واحد، وهو وجود الممكن وليس الواجب، ولا يمكن معرفة الغائب واجب الوجود، من وجود الشاهد الناقص؛ أي الإنسان والعالم، وبذلك لم

تقدم جديداً عمّا تحدث بـه المتكلمون الذين تجاوزتهم الفلسـفة الإسلامية منذ زمن ابن رشد، إذ لم تراعِ العقلانية في أدلتها على وجود الله التمييز بين الوجود الإلهي المنفصل عن اعتبار الزمان والمكان، والوجود المادي المحدد بزمـان؛ فاللـه ليس في زمـان ومكان حتى تتمكـن من إدخاله ضمـن معادلةٍ معرفية، والأقرب للصواب القول: إنَّ الله فوق الوصف والتعريف، وينبغي أن نكتفي بالإيمان والتسليم بوجوده.

ولـم يكن تمييزهـا بين القوانين الإلهية والإنسـانية ذا فائـدة تذكر؛ لأنَّها تسـتخدم قوانيـن الطبيعة في إثبـات وجود الله، وهذا غلـطٌ لا يمكن قبوله؛ لأنَّـه يؤدي إلـى حتمية المعرفة الإلهيـة، وثبات العلم الإلهـي، والذي أضافوا إليه ثبات الإرادة الإلهية، وانفصالها عن إرادة الإنسـان، مما قادهم إلى تبرئة اللـه مـن الشّـر، بيـد أنَّهم تناسـوا أنَّ اللـه خالق لكل شـيء ولما فـي الوجود من شـرّ وخير. وترتب على رؤيتهم للشـرّ نفي بعضهم للمعجزات والشـعائر والطقوس ودورها في معرفة الله، لجهلهم بمبدأ السـببية العكسية، وقوانين الفيزياء الآينشتاينية، والسفر عبر الزمن، وغيرها من القوانين، واكتفوا بوصف المعجـزات علـى أنَّهـا جهـلٌ بقوانيـن الطبيعة، بينمـا هي خـرق وإعجاز، لم يحدثـه اللـه إلا لغايـة في علمه سـبحانه وتعالى، ولـم يعرفوا أهميـة الدعاء والـصلاة فـي تغيير الأحداث الحاضرة والمسـتقبلة والموجـودة كلها في علم الله اللامتناهي.

وبذلـك انتهت عقلانية الحداثة إلى اللاهـوت المقنع، وهو كذلك؛ لكونه ينطلـق مـن وصفٍ مدافع عن العقل، ولكنه ما لبـث أن أكّد الحقائق الدينية ذاتهـا التي دافع عنها اللاهوت في القرون الوسـطى، بيـد أنَّ هذا لا يؤدي بنا إلى أن نطلق عليهم «ملحدين»، بل يمكن تسميتهم «منكرون لموقف ديني فـي عصرهـم»، وليس لجوهـر الدين ككل؛ ذلـك أنَّ لفظة ملحد نسـبية بحدّ ذاتهـا، ولا يحـقّ لنا أن نطلقها جزافاً، كما أُطلِقت علـى غاليليو؛ لكونه خالف

مركزية الأرض، أو سقراط لأنَّه نادى بإله واحد مقابل ما شهده في عصره من تعدد الآلهة. ولم يكن ما قدمته عقلانية الحداثة من فهم لقوانين الطبيعة سوى إيمان بحتمية نيوتن التي قادت إلى حتمية الأفعال الإنسانية، ولم تراعِ التغييرات الحاصلة في ميدان الفيزياء وأهمية اللاحتمية بالدرجة ذاتها، وأنَّ الكشوفات العلمية الحديثة تدلل جميعها على مفهوم الخلق بالمعنى الديني وليس كما وصفته نظريات التطور الداروني، والتي فشلتْ أيضاً في إثبات عدم وجود الله.

واتضح أيضاً أنَّ محاولة العقلانية في عصر الأنوار لخلق علم بعيد عن الميتافيزيقا لم تخلق سوى فجوة أسست عليها العقلانية اللاحقة في القرن العشرين تمييزها المرفوض بين العلم وغيره من المعارف، وكانت النتيجة وضع حدود للعقل، وتهميش ما قبله، ولم تكن مبادئ كانط العقلانية المطلقة بأكثر صلابة من العقلانية الأخلاقية المؤقتة التي نادت بها عقلانية الحداثة، فكلاهما يلغي دور الحدس والعاطفة في تحقيق سعادة الإنسان، وكان كانط المسؤول الأول عن ولادة العقلانية العلمية، والتي أوضحنا أنَّها لم تستطع أن تتحرر من ثوب العقلانية القديم، ولم تتخلَّ عن أيقوناتها الأساسية كالوحدة والثبات، التي يبدو أنَّها تنهار أمام اللاعقلانية التي واجهت غطرسة فلسفة العلم المدافعة عن العقلانية باسم العلم، ولم تكن هذه العقلانية محقة في رؤيتها لمسار التطور العلمية ونزعتها التكذيبية، وتمييزها بين العلم واللاعلم؛ لأنَّ تحديد نقطة بداية في نشأة العلم هو بحد ذاته مغالطة، إذ إنَّ العلم لا يجد جذوره إلا في الأسطورة والميتافيزيقا كما أنَّ هذه الأخيرة مازالت موجودة وبقوة ضمن نظريات العلم الحديث، ولا سيما ما تطالعنا به نظرية الكم من ابتكارات يومية على صعيد الجسيمات الصغيرة.

ولما كان العلم وليد العقل الإنساني فلا يمكن فصله أيضاً عن حياة الإنسان الاجتماعية ومظاهره النفسية، ومن ثم يمكن القول: إنَّ العلم لا

يمكن فصله عن العلوم الإنسانية كما ادعت العقلانية العلمية. ولم تكن محقة فـي صورتهـا التي قدمتهـا عن التقدم العلمـي، بوصفه انبثاقـات وبراديمات مقطوعـة الصلة بمـا قبلها، وكان الأجدر بها القـول: إنَّ التقدم العلمي عملية إكمال لتاريخ العقل البشري، وكلّ نظرية توسع وتزيد على سابقتها، وتستفيد من العلوم والمعارف المختلفة التي لا يمكن إنكار دورها في مسيرة التقدم العلمي. ومع فشـلها في تفسـير آلية التقدم العلمـي تخفق أيضاً في توضيح العلم وفهم بنيته، ولا يمكن قبول اللاقياسية بين النظريات العلمية؛ لأنَّ بنية كلّ نظرية تفترض رفضاً للاقياسـية، فالعلمـاء يتحاورون، وينجم عن حوارهم وفرة من النظريات، ولا سيما اليوم في عصر سرعة التواصل بين العلماء عبر شبكات التواصل المختلفة، ولم يعد لدينا مجتمعات علمية منفصلة ومغلقة، بل مجتمع علمي واحد ونسمية مجتمع المعرفة العلمية والإنسانية.

فـي الختـام لا يسـعنا سـوى القـول: إنَّ العقلانية رغـم كلّ الثغـرات التي أحدثتهـا فـي جسـد المعرفة الإنسـانية، لا يمكن القـول بأفولهـا، وهي باقية بوصفهـا جـزءاً مـن المعرفـة الإنسـانية، ولا يمكـن توديعها بالمطلـق، ولكن ينبغي أن نعيد النظر بها، وبآلياتها، وتطبيقاتها التي باتت تتعارض مع سعادة الإنسـان ورفاهه، ومراجعة فكرتها حول التوفيق بين العقل والنقل، لأنَّها من قبيـل المسـلمات، فلا خلاف بيـن العقـل والنقل، بـل إنَّهما واحـد، ولا يمكن الاتفـاق مع أخلاقها المطلقة، ومبادئهـا الأخلاقية الصارمة؛ لكونها غيبت دور العاطفـة، بحجـة عدم قدرتها علـى إدراك القيم الأخلاقية، ولـم يكن الواجب الذي دعت له سوى قناع لإخفاء غطرسة الفرد، والدفاع عنه مقابل المجموع المبنـي علـى التعاطف والعاطفـة، ولا يمكن الحديث عن تسـامح بالمطلق، وتغييـب ما لدى الشـعوب من طقـوس وعادات وتقاليد، لهـا دورها أيضاً في المسائل الأخلاقية المتعلقة بالطب والعلم، اللذين ينبغي تطويعهما لتحقيق رفاه الإنسانية جمعاء وقبول التنوع والتعدد والاختلاف.

فهرس الأعلام

- **أبيلارد، بيتر:** 10791142، فيلسوف ولاهوتي فرنسي، وله الفضل في إيصال التقليد اللاتيني الأصلي في الفلسفة إلى مكانةٍ مرموقة بإحيائه لفلسفة أرسطو، ومن مؤلفاته كتاب نعم ولا.
- **أرسطو:** 384 ق. م 322 ق.م فيلسوفٌ يوناني، وتلميذُ أفلاطون ومعلم إسكندر الأكبر، وواحد من عظماء المفكرين، غطتْ كتاباتهُ عدة مجالات منها الفيزياء والميتافيزيقيا والشعر والمسرح والموسيقى والمنطق والبلاغة واللغويات والسياسة والحكومة والأخلاقيات وعلم الأحياء وعلم الحيوان، ومن أشهرِ مؤلفاته: «الطبيعة»، و»السماء» والكون والفساد». و»الأخلاق إلى نيقوماخوس»، و» ما بعد الطبيعة».
- **الأفروديسي، الاسكندر:** 200م فيلسوف وجدلي، ومن أكبر شراح أرسطو، جاءت تسميته نسبة إلى أفروديسيا بآسيا الصغرى.
- **أفلاطون:** 427ق.م - 347ق.م فيلسوفٌ يوناني ولد في أثينا من عائلة أرستقراطية، وضعَ العديد من الحوارات الفلسفية، ويُعتبر مؤسس لأكاديمية أثينا الّتي هي أول معهد للتعليم العالي في العالم الغربي، كانَ تلميذاً لسقراط، وتأثَّر بأفكاره. ومن أهم مؤلفاته: «الجمهورية».

- **أكليس، جون:** 19031997 عالم فيزيولوجيا وطبيب استرالي.
- **الأكوينـي، توما:** 12251274 راهب دومينيكاني وفيلسـوف وكاهن كاثوليكـي ولاهوتـي، ويعتبـر مـن أتبـاع الفلسـفة المدرسـية، مـن أشـهر مؤلفاته: «الأسـئلة المتنازع عليها حول الحقيقة» و»الخلاصة اللاهوتية».
- **أنسـيلم كانتربـري:** 10331109 لاهوتـي وفيلسـوف، ومـن أوائـل المدرسـيين، اعتقـد أنَّ الإيمان يجب أن يسـبق المعرفة، فيجب أن تؤمـن لتعرف، ومع ذلك يمكن للإيمـان أن يُبنى على المعرفة، وقد دافـع بقوة عن حقوق الكنيسـة وحقوق العقـل، وكتب العديد من المحـاورات المتعلقـة بمشـكلات خاصة بالمنطـق واللاهوت: «عن الحقيقة» و»عن حرية الإختيار».
- **أوغسـطين:** 356430 كاتـب وفيلسـوف لاتينـي، وتعتبـره الكنيسـة الكاثوليكية قديسـاً، وله تأثيرٌ بالغٌ علـى الثقافة الغربية فيما يتعلق بالخطيئـة، والنعمـة الإلهيـة، والحرية، ومن أشـهر كتاباتـه: «مدينة الله».
- **بارمنيـدس:** 515 ق.م فيلسـوفٌ يونانـي ويرجّح أنّه أهم فلاسـفة ما قبـل سـقراط، وتركَ قصيدة «فـي الطبيعـة» ذكر فيها مـا اعتقد أنَّه الحقيقـة المطلقة على نحو يقيني، وقدمَ صورة هندسـية وواحدية واضحـة عـن العالـم الطبيعـي، وردّ إلـى الوحـدة الوجـود والعقـل، وذهـبَ إلـى أنَّ الوجود ليس فـي المحسوسـات، والتعقل والوجود شيء واحد، والوجود ثابت.
- **بركلي، جورج:** 16851753 فيلسـوف أيرلندي، وأسقف كلوين، ومن أبـرز مـن انتقـد المادية، مـن مؤلفاتـه: مقالـة نحو نظريـة جديدة للإبصار، والمحاورات.

- **بوبر، كارل: 1902 1994** فيلسوف علم نمساوي، بدأ عضواً في دائرة ڤيينا غير أنَّه ما لبثَ أنْ انفصلَ عنها، شاركَ التجريبية المنطقية في أسـس ومنهجيـة العلوم الطبيعيـة، أصبحَ عام 1949 أسـتاذ المنطق والمنهـج العلمـي في معهد لندن للاقتصـاد، من مؤلفاتـه: «منطق الكشـف العلمي»، «المجتمع المفتوح وأعداؤه».

- **بودون، ريمون: 19342013** عالم اجتماع فرنسي، وصاحب نظرية الفردانية المنهجي، عضو في أكاديمية العلوم الأخلاقية والسياسـية، والأكاديميا الأوروبي.

- **بونتام، هيلاري: 19262016** فيلسوف أمريكي له إسهامات أساسية في فلسـفات العقل واللغة والعلم، تأثر بالوضعية المنطقية، ولكنه انتقدهـا فيما بعـد، وأنكر وجود مبدأ ثابت للتحقق، ووجود تمييز بيـن الحقيقـة والقيمـة وفق تعريف الوضعييـن، واسـتحالة تقويم الجمـل بوصفها صادقـة أو باطلـة علـى نحـو فردي، أي اتجـه للكلية على حسـاب الذرية، وانتقد الواقعية الميتافيزيقية.

- **بيكون، فرنسيس: 1561 1626** فيلسوفٌ إنكليزي، ويعتبر الأنموذج البـارز الأول للاتجـاه التجريبـي فـي التفكيـر الإنكليـزي، وضعَ دائرة معـارف واسـعة بُنيت علـى أسـاس الملاحظـة التجريبيـة والمنهج الاستقرائي، عارضَ المعرفة السكولائية للعصر الوسيط، من مؤلفاته: «التجديد الكبير» و«الأرغانون الجديد».

- **تولانـد، جـون: 1670 1722** فيلسوف عقلاني أيرلندي وعالم هجائـي، كتـب العديـد مـن الكتـب والمنشـورات حول الفلسـفة السياسية وفلسـفة الدين، وهـي تعبيرات مبكرة عن فلسـفة عصر التنوير.

- **جاسـندي، بييـر: 1592م 1655م** فيلسـوفٌ وقسـيس وعالـم فلـك

ورياضي فرنسـي، وقائد مجموعة مـن المثقفين ذوي التفكير الحر، وكان عالماً رصدياً، حاول التوفيق بين الذرية الأبيقورية والمسيحية.

- **جولينكـس، أرنولـد:** 16241669، فيلسـوف ومنطقـي بلجيكي، من أهـم المتأثريـن بفلسـفة ديـكارت، مـن مؤلفاتـه: « مـن الفضائـل الأساسـية: أول رسالة تأديبية»، «الأخلاق»، «الأعمال الفلسفية».

داروين، تشارلز: 18091882 من أبرز علماء الطبيعة البريطانيين، اشتهر بإسـهاماته في نظرية التطور الّتي شـرحها في كتابِه الشهير «أصل الأنواع».

دوكنـز، ريتشـارد: 1941 عالـم سـلوك حيـوان وأحيـاء تطـوري ومؤلف بريطانـي، وأسـتاذ مـادة الفهـم العـام للعلـوم في جامعـة أوكسـفورد، ومن مؤلفاته: «الجين الأناني».

- **دي بـروي، لويـس:** 18921987 فيزيائي فرنسـي، وصاحـب مثنوية موجةجسيم للإلكترون.
- **ديدرو، دينيس:** 1713–1884 كاتب ومحرر فرنسي، وتلقى تعليمه في الكلية اليسـوعية في لويـس غراند في باريس. كتب العديد من المقالات في الفلسـفة والدين والنظرية السياسية والأدب، والعلوم التطبيقيـة، من أعماله الأفكار الفلسـفية 1746؛ أفكار حول تفسـير الطبيعة 1754.
- **ديـكارت، رينيه:** 1596 1650 فيلسـوفٌ ورياضي فرنسـي، مؤسـس الفلسـفة الحديثـة، وضـع القواعـد الأساسـية الّتـي ينبغي أنْ يسـير عليهـا العقل ضمـن كتابه «مقال في المنهـج»، وكتاب «تأملات في الفلسـفة الأولى، وكان تأثيره واضحاً في علم الرياضيات.
- **دينيت، دانيال:** 1942 فيلسـوف وكاتب وعالم إدراك أمريكي يهتم بالبحث في فلسـفة العقل، وفلسفة العلم، وفلسفة علم الأحياء.
- **رسـل، برتراند:** 18721970 فيلسـوفٌ إنكليـزي، وعالم منطق وناقد

اجتماعي. يعد مؤسساً للفلسفة التحليلية، وضع كتاب «مبادئ الرياضيات» مع الفيلسوف وايتهد، عرض فيه شكلاً جديداً للمنطق الرياضي.

- **روس، وليام:** 18771971 فيلسوف ومترجم أسكتلندي، عضو في الأكاديمية البريطانية، والأكاديمية الأمريكية للفنون والعلوم، ومن مؤلفاته أسس الاخلاق.
- **روسو، جان جاك:** 17121778 كاتب سويسري، كان لآرائه الفلسفية والسياسية دورٌ كبيرٌ في إشعال الثورة الفرنسية، ومن أشهر كتبه، إميل 1762، وهو كتاب عن التعليم، والعقد الاجتماعي وهو كتاب في السياسة.
- **رينان، إرنيست:** 18231892 فيلسوف وكاتب فرنسي مؤمن بشده بانتمائه إلى بريتاني. ومن أشهر مؤلفاته «حياة يسوع»، دعا فيه إلى نقد المصادر الدينية نقداً تاريخياً علمياً وإلى التمييز بين العناصر التاريخية والعناصر الأسطورية الموجودة في الكتاب المقدس.
- **سبينوزا، باروخ:** 1632م 1677م فيلسوفٌ هولندي، من مؤلفاته الأخلاق.
- **سقراط:** 470 399 ق.م فيلسوفٌ يوناني، أستاذ أفلاطون، حوّل النظر في الفلسفة من الطبيعة إلى الإنسان، وجمعتْ فلسفته بين الأخلاق والمعرفة والجدل، والّتي تضمنتها محاوراته الشهيرة الّتي تعرف الباحثين عليها من محاورات أفلاطون، مثل محاورة «الدفاع» و»أقريطون» و»فيدون».
- **سميث، آدم:** 17231790، فيلسوف أخلاقي، وعالم اقتصاد اسكتنلدي، ويعتبر مؤسس لعلم الاقتصاد الكلاسيكي، من أهم أعماله: ثروة الأمم.

- **شتراوس، ديفيد فريديش:** 18081874 كاتب وثيولوجي بروتستانتي ألماني صدم أوروبا المسيحية بتصويره يسوع التاريخي ونفيه طبيعته الإلهية. ارتبط عمله بمدرسة توبنغن التي أحدثت ثورة في دراسة العهد الجديد والمسيحية المبكرة والأديان القديمة. وبالرغم من أخطاء أعماله إلا أنَّه كان رائداً في التحقيق التاريخ ليسوع.
- **شيلر، ماكس:** 18741928، فيلسوف ألمانيّ، اعتُبر من رواد تطوير الفينومنولوجيا في القرن العشرين، درس الطب والفلسفة وعلم الاجتماع وحصل على الدكتوراه في عام 1897، وعمل كأستاذ مساعد في جامعة يينا، وأبدى طوال حياته اهتماماً قويًّا بالفلسفة البراغماتيّة الأميركيّة، من مؤلّفاته: «طبيعة التعاطف»، و«الصوريّة الأخلاقيّة والأخلاق غير الصوريّة للقيم».
- **غاليليه، غاليليو:** 15641642 فيلسوفٌ وعالم فلك وفيزيائي إيطالي، اكتشَفَ أنَّ مذهب بطليموس لا يُطابق المشاهدات الرصدية وغير مقنع، وبدا له مذهب كوبرنيكوس متفوقاً عليه، وعمل على نشر نظرية كوبرنيكوس والدفاع عنها على أسس فيزيائية، من أشهر مؤلفاته «محاورة حول مذهبي العالم الكبيرين»، و«رسول النجوم».
- **غيبيوف:** عالم لاهوت فرنسي، ولد في بورج في النصف الأخير من القرن السادس عشر. وتلقى تعليمه على يد الكاردينال دي بيرول، من مؤلفاته: «حرية الله والمخلوق»، و«حياة العذراء المباركة وعظمتها».
- **فولتير:** 16941778 فيلسوف وكاتب مسرحي فرنسي، تميّز بذكائه وانتقاده القويّ للنظام الملكي، والمسؤولين وللكنيسة الكاثوليكية، من أبرز مؤلفاته: «قاموس فولتير الفلسفي».

- **فيتغنشتاين، لودفيـك:** 1889 1951 فيلسوفٌ ومنطقـي نمسـاوي، رائد الفلسـفة التحليلية الحديثة، مـن مؤلفاته «الرسـالة المنطقية الفلسفية».

- **فييرابند، بول كارل:** 19241994 إبستمولوجي نمساوي، ومن أهم من انتقد العلم والعقلانية في القرن العشرين، عُرف بنظرته الفوضوية للعلم، وبرؤيتـه ما بعد الحداثية التي انعكسـت على مجالات عدة، من مؤلفاته: ضد المنهج، غزو الوفرة.

- **فيورباخ، لودفيغ:** 18041872 فيلسوف وعالم إنسان ألماني، ولد في لاندسهوت في ولاية بارفاريا ـ درس اللاهوت والفلسفة في هايدلبرج وبرلين. ومن أهم كتبه: عن الفلسفة والمسيحية، الخالق والإنسان، مسألة الخلود من منظور علم الإنسان.

- **كانتـور، جورج:** 1845 1918، رياضى روسـي ألماني، اتجهت أبحاثه فـى مجـال الأعـداد لدعـم أراء فايـر شـتراس، وأدخـل تعريفـاً دقيقـاً للأعداد غير النسبية.

- **كانـط، أمانويـل:** 1724 1804 فيلسـوفٌ ألماني، ومؤسـس الفلسـفة النقدية، اهتم في كتاباته الأولى في الفيزياء وعلم الفلك، وقدّم فيما بعـد الأسـس الميتافيزيقية للعلـم الطبيعي، من أبـرز مؤلفاته «نقد العقل المحض»، و«نقد العقل العملي».

- **كولينـز، أنتونـي:** 16761729 فيلسـوف إنكليزي، وربوبـي، من أهم مؤلفاته«بحث في التفكير الحر».

- **كـون، تومـاس:** 1922 1996 فيلسوف علم أمريكي، يُعدّ كتابه بنية الثورات العلميـة من أكثر الكتب تأثيراً في ميدان تاريخ وفلسفة العلم، حـاولَ مـن خلاله إلقـاء الضـوء أكثر على مفهوم الجماعة العلمية، ومفهوم التقدم العلمي، ومن أعماله « الثورة الكوبرنيكية»

ونظرية الجسم الأسود» و«التوتر الأساسي».

- **كيني، أنتوني:** 1931 فيلسوف ومنطقي إنكليزي، ظهرت اهتماماته الفلسفية بشكل أساسي بالمنطق الحديث وفلسفة الدين، للمزيد حول حياة كيني، يمكن الرجوع إلى الملحق في نهاية ترجمتنا لكتابه، إله الفلاسفة، دار أبكالو للطباعة والنشر، ط1، بغداد، 2021.

- **لاكاتوش، إمـري:** 1908 عالـم أنثروبولوجي فرنسي، يُعدّ من أهم مؤسسي النظرية البنيوية بوجهها اللغوي والأنثروبولوجي.

- **لوك، جون:** 16321704 فيلسـوف تجريبي إنكليزي، انتقد الفلسفة الديكارتية، رفض وجود أفكار فطرية في أسـاس المعرفة، في مقابل التأكيد على أنَّ كل المعرفة تجريبية، والعقل يولد صفحة بيضاء. من مؤلفاته: مقال في الفهم البشري.

- **ليبنتـز، جوتفريد فيلهم:** 1646م 1716م فيلسـوفٌ ورياضي ألماني، عُرف بابتكاره لحسـاب التفاضل والتكامل بشكلٍ مستقل عن إسحق نيوتـن، وضع مذهباً فلسفياً معقداً وغريباً وانطلـق فيه من اقتناعه التام بأنَّ كل فرد يطابق فكرة كاملة لا يعرفها إلا الله، ونستخلص منها كل الخصائص التي يمتلكها الفرد في كل لحظة من حياته، ومن أشهر مؤلفاته «ثيوديسا».

- **ليسـنغ، إفرايم:** 17291781 كاتب ومسـرحي وفيلسوف ألماني، ساهمَ في تحرير الدراما الألمانية من النمط الفرنسي الكلاسيكي.

- **مالبرانش، نيكولاس:** 16381715، فيلسوف عقلاني فرنسي، وكاهن، جمع بيـن فكر القديس أوغسـطين وديكارت ليظهر الـدور الفعال للـه في كل جانب مـن جوانب العالم، من مؤلفاته: «في البحـث عن الحقيقة».

- **مونتسـكيو:** 1689 1755 قاضي وأديب وفيلسوف سياسـي فرنسي،

وهو صاحب نظرية فصل السلطات الذي تعتمده حالياً العديد من الدساتير عبر العالم.

- **هف، توبي:** 1942 عالم اجتماع أمريكي، من أهم مؤلفاته: فجر العلم الحديث.
- **هيغل، جورج فيلهلم:** 17701831 فيلسوفٌ ألماني، مؤسّس المثالية المطلقة، ومن مؤلفاته كتاب «علم المنطق"، وكتاب «ظاهريات الروح».
- **هيوم، ديفيد:** 17111776 فيلسوف ومؤرخ وعالم اقتصاد أسكتلندي، يُعدّ فيلسوفاً تجريبياً وشكياً ووضعياً وخصماً لتصور نيوتن للطبيعة وللعقل الرياضي، غير أنَّه طبّق مناهج البحث التجريبي الّتي جاءَ بها نيوتن على دراسة الجنس البشري، من مؤلفاته: «رسالة في الطبيعة البشرية».
- **واتكينز، جون:** 18281895 قاضي ومحامي أمريكي.
- **وولستون، توماس:** 16691733، عالم لاهوت إنجليزي، اهتم بالتفسير الرمزي للكتاب المقدس، ويعتبر من أهم من دافع عن المسيحية، من مؤلفاته: الوسيط بين الكافر والمرتد.

المصادر

———————— أولاً: المصادر الأجنبية ————————

- Boyer, P.S. Et Al. The Enduring Vision: A History of the American People. Lexington, Massachusetts: D.C. Heath, 1993.

- Dawkins, R. The Blind Watchmaker, Harlow: Longman, 1986.

- Dennett, D. C, Toward an Understanding of Consciousness, Review by: Nicholas Humphrey, The Journal of Philosophy, Vol.94. No.2. Feb.1997.

- Fairweather, E.R. ed. and trans, Scholastic Miscelleny: Anselm to Ockham. Vol. 10 of The Library of Christian Classics. Philadelphia: Westminster Press, 1956.

- Feyerabend, P. K. How to Defend Society Against Science, in: Hacking, I. Ed Scientific Revolutions. Oxford: Oxford University Press, 1981.

- Feyerabend, P.K. Conquest of Abundance, A Tale of Abstraction Versus the Richness of Being, B. Terpstra Ed, University of Chicago Press, Chicago,1999.

- Feyerabend, P.K. Farewell to Reason, New Left Books, London, Verso, 1987.

- Feyerabend, Paul K., Galileo and the Tyranny Of Truth, University of California,Berkeley. http://adsabs.harvard.edu/abs/1985gamf.conf.155F.12.

- Herbrechter. S. & Michael Higgins Ed.s,Returning to communities, Rodopi,2006.

- Huene, P.H. More letters by Paul Feyerabend to Thomas S. Kuhn on ProtoStructure, Studies in History and Philosophy of Science, 7 June, 2006.

- Kaiser, D. Peter Abelard's Theology of Atonement: A Multifaceted Approach and Reevaluation, Journal of the Adventist Theological Society, 26/1, 2015.

- Kant, I. Fundamental Principles of the Metaphysic of Morals, Thomas Kingsmill Abbott trans in Great Books of the Western World Kant 39 fifth printing, United States of America. 1994.

- Keynes, J. M. The General Theory of Employment, Interest and Money, MacMillan, London 1973.

- Kuhn, T. The Structure of Scientific Revolutions, 1st. ed., Univ. of Chicago Pr., Chicago, 1962.
- Leibnitz, G. W. Theodicy: Essays on The Goodness of God, The Freedom of Man and Origin of Evil, Austin Farrer, E. M, Huggard Trans, open court, Chicago and La salle, Illinois, 1995.
- Leibniz, G. W. New Essays Concerning Human Understanding, Together With An Appendix Consisting of some of his shorter Pieces, Translated from The original Latin, French German, with Notes by A.G. Langley, the Macmillan Company, 1896.
- Marenbon, J. The Philosophy of Peter Abelard, Cambridge: Cambridge University Press.1997.
- Motterlini, M. Ed, For and Against Method, University of Chicago Press,1998.
- Munevar, G. Ed, Beyond Reason, Essays on the Philosophy of Paul Feyerabend, SpringerScience Business Media, B.V.Washington, Dordrecht: Kluwer Academic Publishers ,U.S.A,vol.132.1991.
- Popper, K.& Eccles.C. John, The Self and Its Brain: An Argument For Interactionism, Routledge, London And New York, 1983.
- Preston, J. The Worst Enemy of Science? Essays in Memory of Paul Feyerabend, Oxford University Press, New York, 2000.
- Putnam, H. Realism and Reason, in Philosophical Paper: vol.3. Cambridge: Cambridge University Press, 1983.
- Scheler, M. Formalism in Ethics and Nonformal Ethics of Values: A New Attempt Toward the Foundation of an Ethical Personalism, Northwestern University Press, 1973.
- Scheler, M. The Nature of Sympathy, Translated From The German by Peter Heath, B.A., London. 1970.
- Tarnas, R. The Passion of the Western Mind: Understanding The Ideas That Have Shaped Our World View. London: Pimlico, 1996.
- Tilghman, B.R. An Introduction to The Philosophy of Religion, Oxford: Blackwell. 1994.
- Berkeley, George | Internet Encyclopedia of Philosophy utm.edu.

ثانياً: المصادر المترجمة إلى العربية ───────

- اغـروس، روبـرت، ستانسـيو، جـورج، العلم فـي منظوره الجديـد، تر: كمـال خلايلي،
  سلسـلة عالـم المعرفة، المجلس الوطني للثقافة والفنـون والآداب، الكويـت،
  العدد134، فبراير 1989.

- أوغسـطين، مدينة الله، تر: الخور أسـقف يوحنا الحلو، دار المشـرق، مج1، بيروت،
  ط2، 2006.

- باتلـر، إيمـون، أدم سـميث، تـر: علـي الحـارس، مراجعـة: إيمـان عبـد الغنـي نجـم،
  مؤسسة هنداوي،2017.

- باشـلار، غاسـتون، فلسـفة الرفض، تر: خليل أحمد خليـل، دار الحداثة، بيروت، ط1،
  1985.

- بُتنـام، هيـلاري، العقـل والصدق والتاريخ، تر: حيـدر حاج إسـماعيل، مراجعة: هيثم
  غالب الناهي، مركز دراسـات الوحدة العربية، بيروت، ط1، 2012.

- برقـاوي، أحمـد، مـا الفلسـفة، بيـت الفلسـفة، الفجيـرة، دولـة الإمـارات العربيـة
  المتحدة، 2023. ص47

- بريغوجين، واسـتنجر، إيزابيـلا، نظـام ينتج عن الشـواش: حـوار جديد بين الإنسـان
  والطبيعـة، تـر: طاهـر بديـع شـاهين وديمة طاهـر شـاهين، وزارة الثقافة، دمشـق،
  2008.

- بوبـر، كارل، بحثاً عـن عالـم أفضـل، تـر: أحمـد مسـتجير، الهيئة المصرية العامـة
  للكتاب، 2001.

- بوبـر، كارل، عقـم المذهـب التاريخـي، تـر: عبـد الحميـد صبـرة، منشـأة المعـارف،
  الإسكندرية، 1995.

- بوبـر، كارل، منطـق الكشـف العلمي، تر: ماهـر عبد القادر محمد علـي، دار النهضة

181

العربية، بيروت.1986.

- بودون، ريمون، أبحاث في النظرية العامة في العقلانية: العمل الاجتماعي والحس المشترك، تر: جورج سليمان، مراجعة: سميرة ريشة، المنظمة العربية للترجمة، مركز دراسات الوحدة العربية، لبنان، بيروت، حزيران، ط1، 2010.
- بوشنسكي، إ.م، الفلسفة المعاصرة في أوروبا، تر: عزت قرني، عالم المعرفة، ع: 165، سبتمبر، 1992.
- ديكارت، رينيه، التأملات في الفلسفة الأولى، تر: عثمان أمين، المركز القومي للترجمة، ع1397، القاهرة، 2009.
- ديكارت، رينيه، العالم، تر: إميل خوري، دار المنتخب العربي، 1999.
- ديكارت، رينيه، تأملات ميتافيزيقية في الفلسفة الأولى، تر: كمال الحاج، منشورات عويدات، بيروت، باريس، ط4، 1988.
- ديكارت، رينيه، حديث الطريقة، تر: عمر الشارني، مركز دراسات الوحدة العربية، بيروت، ط1، تموز، 2008.
- رابوبرت، أ، س، مبادئ الفلسفة، تر: أحمد أمين، مؤسسة هنداوي، القاهرة، 2012.
- رسل، برتراند، تاريخ الفلسفة الغربية، الفلسفة الحديثة، تر: محمد فتحي الشنيطي، ج3، الهيئة المصرية العامة للكتاب، القاهرة، 2012.
- رسل، برتراند، تاريخ الفلسفة الغربية، تر: زكي نجيب محمود، الهيئة المصرية العامة للكتاب، القاهرة، 2010.
- سبينوزا، باروخ، رسالة في اللاهوت والسياسة، تر: حسن حنفي، مراجعة: فؤاد زكريا، التنوير، ط1، 2005.
- سبينوزا، باروخ، علم الأخلاق، تر: جلال الدين سعيد، مراجعة: جورج كتورة، مركز دراسات الوحدة العربية، بيروت، تشرين الأول، 2009.
- شتراوس، كلود ليفي، الفكر البرّي، تر: نظير جاهل، المؤسسة الجامعية للدراسات

والنشـر والتوزيع، بيروت، ط3، 2007.

– غرونـدان، جـان، فلسـفة الديـن، تـر: عبـد اللـه المتـوكل، مؤمن بلا حدود للدراسـات والابحـاث، الربـاط، المغرب، ط1، 2017.

– فولتيـر، قامـوس فولتير الفلسـفي، تـر: يوسـف نبيل، مراجعة: جلال الدين عز الدين علي، مؤسسـة هنداوي، 2017.

– فيورباخ، لودفيـغ، محاضـرات فـي جوهـر الديـن، تـر: منـال محمد خليـف وآخرون، مراجعـة: منـال محمـد خليـف، دار أبكالو للتوزيـع والنشـر، بغداد، ط1، 2021.

– فييرابنـد، بـول، العلـم فـي مجتمـع حر، تـر: السـيد نفـادي، المجلس الأعلـى للثقافة، المشـروع القومـي للترجمة، القاهرة، 2000.

– فييرابنـد، بـول، ثلاث محـاورات فـي المعرفـة، تـر: محمـد أحمـد السـيد، منشـأة المعـارف، الإسكندرية، دون تاريخ.

– فييرابنـد، بـول، ضـد المنهـج، تـر: منـال محمـد خليـف، دار أبكالو للتوزيـع والنشـر، بغداد، 2020.

– كانـط، إمانويـل، الدليـل الوحيـد الممكـن لإثبات وجود الله، تـر: منـال محمد خليف، دار أبكالـو للطباعـة والنشـر، بغداد، ط2، 2022.

– كانـط، أمانويـل، مقدمـات لـكل ميتافيزيقـا مقبلـة يمكـن أن تصيـر علمـاً، تـر: نازلي إسـماعيل حسـن، دار الكتاب العراقي للطباعة والنشـر، القاهرة، 1968.

– كانـط، إمانويـل، نقـد العقـل العمليّ، تـر: غانم هنا، مركز دراسـات الوحـدة العربيّة، المنظّمـة العربيّـة للترجمة، بيروت، ط1، 2008.

– كانط، إيمانويل، أسـس ميتافيزيقا الأخلاق، تـر: نازلي إسـماعيل حسين، موفم للنشر، الجزائر، 1991.

– كانـط، عمانوئيـل، نقـد العقـل المحـض، تـر: موسـى وهبـة، مركز الانمـاء القومـي، بيروت، د.ت.

– كوبلستون، فرديرك، تاريخ الفلسفة، اليونان وروما، تر: سعيد توفيق – محمود سيد أحمد، مراجعة: إمام عبد الفتاح إمام، مج1، المركز القومي للترجمة، القاهرة، 2013.

– كوبلستون، فرديرك، تاريخ الفلسفة، من أوكام إلى سوريز، تر: إمام عبد الفتاح إمام، ومحمود سيد أحمد، مراجعة: إمام عبد الفتاح إمام، مج3، المركز القومي للترجمة، القاهرة، 2013.

– كوبلستون، فرديرك، تاريخ الفلسفة، الفلسفة الحديثة من ديكارت إلى ليبنتز، تر: سعيد توفيق – محمود سيد أحمد، مراجعة: إمام عبد الفتاح إمام، مج:4، المركز القومي للترجمة، القاهرة، 2013.

– كوتنغهام، جون، العقلانية: فلسفة متجددة، تر: محمود منقذ الهاشمي، مركز الإنماء الحضاري، ط1، حلب، 1997.

– كولينز، جيمس، الله في الفلسفة الحديثة، تر: فؤاد زكريا، د.ط، مك: غريب، القاهرة، 1983.

– كُون، توماس، بنية الثورات العلمية، تر: حيدر حاج إسماعيل، تر: حيدر حاج إسماعيل. منظمة الوحدة العربية للترجمة، بيروت، ط1، 2007.

– كيني، أنتوني، الإله المجهول، تر: منال محمد خليف، دار أبكالو للطباعة والنشر، ط1، بغداد، 2023.

– كيني، أنتوني، إله الفلاسفة، تر: منال محمد خليف، دار أبكالو للطباعة والنشر، ط1، بغداد، 2021.

– لاكاتوش، أمري، برامج الأبحاث العلمية، تر: ماهر عبد القادر محمد علي، دار النهضة العربية، بيروت، ج6، ط1، 1997.

– لوسيف، أليكسي، فلسفة الأسطورة، تر: منذر بدر حلوم، دار الحوار، سورية، اللاذقية، ط1، 2000.

ليبنتـز، ج. ف، أبحـاث جديـدة فـي الفهـم الإنسـاني، سلسـلة نصـوص فلسـفية، تر: أحمـد فؤاد كامـل، دار الثقافة للنشـر والتوزيع، فاس، المغرب، 1983.

ليبنتـز، ج. ف، المونادولوجيـا والمبـادئ العقليـة للطبيعـة والفضل الإلهـي، تر: عبد الغفار مكاوي، مؤسسـة هنداوي، 2022.

ليبنتـز، ج. ف، مقالـة فـي الميتافيزيقـا، تـر: الطاهر بن قيزة، مركز دراسـات الوحدة العربية، بيروت، 2006.

نيتشـه، فريدريـش، العلـم الجـذل، تر: سـعاد حـرب، دار المنتخب العربـي، بيروت، ط1، 2001.

نيتشـه، فريدريـش، مـاوراء الخير والشـر: تباشـير فلسفة للمسـتقبل، تر: جيزيلا فالور حجار، مراجعة: موسـى وهبـة، دار الفارابي، بيروت، ط1، 2003.

هف، توبي أ، فجر العلم الحديث، الإسـلام، الصين، الغرب، تر: محمد عصفور، مجلة عالـم المعرفة الكويتية العدد 260 أغسـطس 2000.

هولبـاخ، بـارون دي، نظام الطبيعـة أو قوانين العالم الأخلاقـي والمادي: «عن الإله: أدلة علـى وجوده، وسـماته، وتأثيره على سـعادة الإنسـان»، مج2، تر: منـال محمد خليـف، دار أبكالو للتوزيع والنشـر، بغداد، 2023.

هيـوم، دايفيـد، تحقيـق فـي الذهـن البشـري، تـر: محمـد محجـوب، مركز دراسـات الوحـدة العربية، بيروت، ط1، 2008.

185

ثالثاً: المصادر العربية

- القرآن الكريم.
- الكتاب المقدس، العهد القديم.
- أسماء، خديم، منزلة العقل في عصر الأنوار، مجلة: المواقف للبحوث والدراسات في المجتمع والتاريخ، ع1، ديسمبر، 2007.
- ابن خلدون، عبد الرحمن بن محمد، مقدمة ابن خلدون، شرح وتقديم: محمد الإسكندراني، دار الكتاب العربي، بيروت، 2008.
- ابن رشد، أبو الوليد، فصل المقال فيما بين الحكمة والشريعة من الاتصال، تحقيق: محمد عمارة، دار المعارف، ط2، د.ت.
- ابن رشد، نص تلخيص المنطق االأرسطي، تج جيرار جيمامي، مج23، كتاب فاطغورياس وباري ارمينياس، دار الفكر اللبناني ط1 بيروت 1996.
- ابن سينا، التعليقات، تحقيق وتقديم: حسن مجيد العبيدي، دار الفرقد، دمشق، 2009.
- ابن سينا، النجاة في الحكمة المنطقية والطبيعية والإلهية، ط2، القاهرة، 1938.
- اختيار، ماهر، إشكالية معيار قابلية التكذيب عند كارل بوبر في النظرية والتطبيق، منشورات الهيئة العامة السورية للكتاب، دمشق، 2010.
- بدوي، عبد الرحمن، أرسطو عند العرب، وكالة المطبوعات، ط2، الكويت، 1978.
- البسوني، عبد السلام، العقلانية هداية أم غواية، دار الوفاء، المنصورة، ط1، 1992.
- البهي، محمد، الجانب الإلهي من التفكير الإسلامي، ط4، 1962.
- بوخليط، سعيد، غاستون باشلار: نحو نظرية في الأدب، دار الفارابي، بيروت، ط1، 2011.
- الجابري، محمد عابد، مدخل إلى فلسفة العلوم: العقلانية المعاصرة وتطور الفكر

العلمي، مركز دراسات الوحدة العربية، ط6، بيروت، فبراير، 2006.

- جعفر، عبد الوهاب، أضواء على الفلسفة الديكارتية، الفتح للطباعة والنشر، الأسكندرية، د ط، 1990.

- جلال، شوقي، على طريق توماس كُوْن، المكتبة الأكاديمية، القاهرة،1997.

- الخشت، محمد عثمان، أقنعة ديكارت العقلانية تتساقط، دار قباء للطباعة والنشر، القاهرة، د ط، 1998.

- الخشت، محمد عثمان، فلسفة العقائد المسيحية، قراءة نقدية في لاهوت ليبنتز، دار قباء، القاهرة، 1998.

- خليف، منال، مفهوم المجتمع العلمي عند توماس كون، وزارة الثقافة، دمشق، 2012.

- الخولي، يمنى طريف، فلسفة العلم في القرن العشرين: الأصول الحصاد الآفاق المستقبلية، سلسلة عالم المعرفة، المجلس الوطني للثقافة والفنون والآداب ، الكويت،العدد264،ديسمبر،2000.

- الدواي، عبد الرزاق، موت الإنسان في الخطاب الفلسفي المعاصر، دار الطليعة، بيروت، 2000.

- دير باز، عسكر، الموضوعية العلمية والرؤية الدينية، النقاشات الراهنة حول العلم والدين في الإسلام. http://scienceislam.net

- زكريا، فؤاد، التفكير العلمي، سلسلة عالم المعرفة، المجلس الوطني للثقافة والفنون والآداب، الكويت، ع:3، مارس،1978.

- زكريا، فؤاد، سبينوزا، مؤسسة هنداوي، 2018.

- الزواري، رضا، المخيلة والدين عند ابن رشد، دار حامد، تونس، ط1، 2005

- الساوي، زين الدين عمر بن سهلان الساوي، البصائر النصيرية في علم المنطق، تقديم وتحقيق: حسن المراغي، مؤسسة الصادق، ط1. د.ت.

- سعيد، حبيب، مادة «خلق» في: قاموس الكتاب المقدس، القاهرة، دار الثقافة، 1991.

- الشيخ، محمد، فلسفة الحداثة في فكر المثقفين الهيغليين ألكسندر كوجيف وإريك فايل، الشبكة العربية للأبحاث والنشر، بيروت، ط1، 2008.
- الشيرازي، صدر الدين محمد، الحكمة المتعالية في الأسفار العقلية الأربعة، السفر الأول: ج1، السفر الرابع: ج9، دار إحياء التراث العربي، بيروت، ط3، 1981.
- الشيرازي، صدر الدين محمد، المظاهر الإلهية، ت: سيد جلال الدين آشتياني، د.ت.
- عباس، رواية، ديكارت أو الفلسفة العقلية، دار المعرفة، الأسكندرية، د ط، 1989.
- عباسية، رحال، الحرية والسلطة السياسية في فلسفة سبينوزا، إشراف: أرزقي بن عامر، جامعة وهران، الجزائر، رسالة ماجستير غير منشورة، 2015.
- عبد المعطي، فاروق، ليبنتز فيلسوف الماضي والحاضر، دار الكتب العلمية، بيروت، ط1، 1993.
- عبد المعطي، فاروق، نصوص ومصطلحات فلسفية، دار الكتب العلمية، بيروت، ط1، 1993.
- العربي، صديقي، البحث عن ديمقراطية عربية: الخطاب والخطاب المقال، تر: محمد الخولي وعمر الأيوبي، مركز دراسات الوحدة العربية، بيروت، 2007.
- عطية، أحمد تعبد الحليم، نيتشه وجذور ما بعد الحداثة، الفكر المعاصر: سلسلة أوراق ثقافية، دار الفارابي، بيروت، ط1، 2010.
- العظم، صادق جلال، دفاعاً عن المادية والتاريخ، دار الفكر الجديد، بيروت، ط1، 1990.
- عكاشة، رائد جميل، التكامل المعرفي: أثره في التعليم الجامعي وضرورته الحضارية، المعهد العالمي للفكر الإسلامي، ط1، فرجينيا، 1012.
- العلي، صالح أحمد، وآخرون، مكانة العقل في الفكر الإسلامي، بحوث ومناقشات المجمع العلمي العراقي، الفصل الثاني، الصلة بين المنقول والمعقول في المنطق الإسلامي، مصطفى إبراهيم الزملي، مركز دراسات الوحدة العربية، ط2، بيروت، 1998.

- ───── الغزالي، أبي حامد، المنقذ من الضلال، حققه: جميل صليبا وآخرون، دار الأندلس، بيروت، لبنان، ط7، 1967.

- فضل الله، مهدي، فلسفة ديكارت ومنهجه، دار الطليعة، بيروت، ط3، 1996.

- الفضلي، صلاح، آلية عمل العقل عند الإنسان، عصير الكتب للنشر والتوزيع، ط1، 2019.

- قطب، خالد محمد أحمد، منطق التقدم العلمي، دار قباء، القاهرة، 2001.

- قنصوة، صلاح، نظرية القيمة في الفكر المعاصر، دار الثقافة للنشر والتوزيع، القاهرة، 1987.

- كرم، يوسف، تاريخ الفلسفة اليونانية، مؤسسة هنداوي للتعليم والثقافة، القاهرة، 2014.

- مبروك، أمل، العدل الإلهي بين ليبنتز والمعتزلة، مجلة: التفاهم، سلطنة عمان، وزارة الأوقاف والشؤون الدينية، ع: 47، 1436 هـ

- محمد، علي عبد المعطي، ليبنتز فيلسوف الذرة الروحية، دار المعرفة الجامعية، ط1، 1980.

- محمود، زكي نجيب، نحو فلسفة علمية، مؤسسة هنداوي، 2022.

- مصطفى، بلبولة، ليبنتز ديكارتياً، الاكاديمية للدراسات الاجتماعية والإنسانية، ع8، الشلف، 2012.

- نجيب محمود، زكي، وأحمد أمين، قصة الفلسفة اليونانية، مؤسسة هنداوي، 2018.

- نجيب محمود، زكي، وأحمد أمين، قصة الفلسفة الحديثة، مؤسسة هنداوي، 2020.

- النشار، علي سامي، المنطق الصوري منذ أرسطو حتى عصورنا الحاضرة، دار المعرفة الجامعية، 2000.

- هوديدي، يحيى، قصة الفلسفة الغربية، دار الثقافة للنشر والتوزيع، القاهرة، د ط، 1993.

- يدري، باديس، الواقع والزمن والفيزياء الأساسية، معهد الفيزياء، جامعة عنابة، الجزائر، 2018.

رابعاً: المعاجم العربية والأجنبية

The Concise Encyclopedia, Jonathan Ree And J.o. Urmson Ed.s, Western .Philosophy, Third Edition, Routledge, London and New York,2005

The Encyclopedia of Philosophy, Edward, Paul ed, vol.7, Macmillan Company, .New York 1967

The Oxford Dictionary of Philosophy, Simon Blackburn Ed, Linear, Oxford .University Press, Oxford New York, 1994

مجمع اللغة العربية، المعجم الفلسفي، تصدير: إبراهيم مدكور، الهيئة العامة لشؤون المطابع الأميرية، القاهرة، 1983.

المعجم الفلسفي، صليبا، جميل، ج2، دار الكتاب اللبناني، بيروت، 1982.

المعجم الفلسفي، الهيئة العامة لشئون المطابع الأميرية، القاهرة، 1983.

معجم مصطلحات الفيزياء، مطبوعات مجمع اللغة العربية، دمشق، 2015.

المعجم الوسيط، إبراهيم مصطفى وآخرون، تحقيق: مجمع اللغة العربية، ج2.

الموسوعة الفلسفية المختصرة، جوناثان. ري، وج. أو. أرمسون، تر: فؤاد كامل وآخرون، مراجعة: زكي نجيب محمود، المركز القومي للترجمة، ط1، 2013.

KHAYAT

www.ingramcontent.com/pod-product-compliance
Lightning Source LLC
Chambersburg PA
CBHW022008080426
42733CB00007B/519
9781961420328